汉语国际教育专业建设与教学研究

主　编　陈学广　陈　莉
副主编　王定勇

东南大学出版社
SOUTHEAST UNIVERSITY PRESS
·南京·

内容简介

长期以来，汉语国际教育的专业建设与教学都是学界研究、讨论的重要专题。本书共收录24篇会议论文。论文是从"汉语国际教育专业建设与教学研究"研讨会中选出，作者根据论文集编写要求进行了修改，作为会议论文发表。论文研究内容涉及教师素质与人才培养、课程设置与课程建设、汉语教学实践与研究三个专题的研究成果。在教师素质与人才培养专题中，既有宏观探讨教师的"知与能""人才培养体系""中外融通"目标如何达成等问题，也有聚焦具体院校专业的人才培养方案、培养现状的个案研究。在课程设置与课程建设专题中，有基于不同高校课程设置的比较研究，有教育类、文化实践类等课程的具体设置研究，也有新媒体、传统文化等特色教学内容的研究。在汉语教学实践与研究专题中，研究者从汉语作为第二语言的教学实践出发，对汉字、语法、写作、口语等教学中的问题以及具体语言点的习得顺序进行了深入研究并形成研究成果。

本书是汉语国际教育专业建设和教学研究的最新成果，可供从事汉语国际教育教学工作及研究的老师和专业学生参考。

图书在版编目（CIP）数据

汉语国际教育专业建设与教学研究/陈学广，陈莉主编. —南京：东南大学出版社，2019.12
ISBN 978-7-5641-8733-0

Ⅰ.①汉… Ⅱ.①陈…②陈… Ⅲ.①汉语－对外汉语教学－专业设置－研究②汉语－对外汉语教学－教学研究 Ⅳ.①H195.3

中国版本图书馆 CIP 数据核字(2019)第 287071 号

汉语国际教育专业建设与教学研究

主　　编	陈学广　陈　莉		责任编辑	陈　跃	
电　　话	(025)83795627		电子邮箱	chenyue58@sohu.com	
出版发行	东南大学出版社		出 版 人	江建中	
地　　址	南京市四牌楼2号		邮　　编	210096	
销售电话	(025)83794121/83795801		网　　址	http://www.seupress.com	
经　　销	全国各地新华书店		印　　刷	兴化印刷有限责任公司	
开　　本	700×1000mm　1/16		印　　张	16.25	
字　　数	310 千字				
版 印 次	2019 年 12 月第 1 版　2019 年 12 月第 1 次印刷				
书　　号	ISBN 978-7-5641-8733-0				
定　　价	78.00 元				

＊本社图书若有印装质量问题，请直接与营销部联系。电话：025-83791830。

序

汉语国际教育专业的前身为对外汉语专业。新中国的对外汉语教学肇始于1950年。改革开放以来,随着我国综合国力的不断增长以及国际地位的不断提升,在政治、经济、文化等方面与世界各国之间的交流日趋频繁,全球各地学习汉语的人数与日俱增,需要越来越多的专业人员从事对外汉语教学工作。从1983年教育部批准在国内高校开设对外汉语本科专业,到1985年北京语言大学、北京外国语学院、上海外国语学院、华东师范大学四所高校首批招收对外汉语专业本科生,再到2012年教育部在《普通高等学校本科专业目录和专业介绍》中将"对外汉语""中国学"与"中国语言文化"三个专业合并为"汉语国际教育",这个本科专业已经历了三十余年的发展。与不少传统本科专业相比,"汉语国际教育"本科专业是个新生事物,属于年轻的专业。如何办好这个专业,如何在新时代培养出能够胜任新使命的专业人才,满足日益增长的国际文化交流的需要,汉语国际教育界的同仁一直在不断思考与努力探索。

扬州大学汉语国际教育专业成立于2008年,经过十年来的不懈努力、砥砺前行,如今已建成本、硕、博三级人才培养体系。九尺之台,起于累土。扬州大学历来重视本科人才培养与专业建设,在汉语国际教育专业发展过程中,不断强化本科教学的地位与专业的内涵建设,吸收先进的教学理念与方法,创新教学模式与手段,倡导研究性学习,激发学生研究和创新的意识,提高学生的学习能力和实践创新能力,以培养适应社会需求的高素质专门人才。2012年,汉语国际教育专业被评为江苏省重点专业;2013年,该专业成为扬州大学整体推进研究性教学的首个教改特区,在本科人才培养方面做出了不少有益的尝试。

2019年,扬州大学汉语国际教育专业已经走过十年风雨历程,为了推进该专业在今后更好更快地发展,检视发展过程中存在的问题,探讨未来的发展之道,不断提高专业建设和人才培养的质量,4月13—14

日,扬州大学文学院主办了全国性的"汉语国际教育专业建设与教学研讨会"。该研讨会以推动专业发展为核心,主题设定为"新时代背景下的汉语国际教育本科人才培养"。

本次会议旨在通过有关论题的研讨进一步促进汉语国际教育本科专业的发展,完善本科人才培养体系,提高专业人才培养的质量和水平。会议分议题包括:汉语国际教育本科专业人才培养模式、汉语国际教育专业教学理念与方法、汉语国际教育本科专业课程设置、汉语国际教育本科专业教材建设、汉语国际教育专业师资队伍建设等。

本次会议邀请全国相关院校汉语国际教育专业的负责人、教学主管、专业课教师等会议代表约80人。参会代表在各个论题上进行了充分交流。会后决定将论文结集成书,由"扬州大学研究性教学改革专业"项目、"扬州大学本科专业品牌化建设与提升工程"项目资助出版。论文集分为"教师素质与人才培养""课程设置与课程建设""汉语教学实践与研究"三个版块,收录了部分与会代表论文及扬州大学汉语国际教育专业学生的研究成果。

我们希望该论文集既能作为扬州大学汉语国际教育专业建设与发展过程中的一个纪念,也能为更多设置了汉语国际教育本科专业的院校提供参考和借鉴。古人云:"万物得其本者生,百事得其道者成。"

是为序。

编者

2019年10月

目　录

教师素质与人才培养

海外汉语教师的知与能
　　　　　　　　　　　　　　　　　崔希亮（003）

构建中外融通的国际汉语教师培养体系，造就适应国别化教学的优秀人才
　　　　　　　　　　　　　　　陈　晟　林新年（013）

汉语国际教育专业培养现状调查——以扬州大学为例
　　　　　　　　　　　　　　　湛　谌　李现乐（017）

汉语国际教育本科留学生人才培养方案分析——以云南师范大学华文学院为例
　　　　　　　　　　　　　　　　　胡　浩（027）

汉语国际教育本科专业发展研究评述
　　　　　　　　　　　　　　　马　婧　刘炜丹（038）

课程设置与课程建设

汉语国际教育专业本硕专业课程衔接研究
　　　　　　　　　　　　　　　张　舸　孙万源（049）

汉语国际教育专业留学生本科课程设置初探——以国内十所院校为例
　　　　　　　　　　　　　　　江傲霜　韦秋霜（063）

汉语国际教育专业课程设置调查分析
　　　　　　　　　　　　　　　　　李雪梅（074）

论教育类课程在汉语国际教育专业培养中的设置
　　　　　　　　　　　　　　　陈　莉　于　森（081）

海峡两岸汉语国际教育本科专业课程设置比较研究
　　　　　　　　　　　　　　　　　刘　弘（086）

新媒体对汉语国际教育的助推作用
　　　　　　　　　　　　　　　李　丽　刘　洁（097）

国际学生语言文化实践活动调查与思考——以北京 M 高校和 L 高校为例

史 真 田 艳 (104)

国际学生了解中国传统文化的几种途径

李俊红 (114)

汉语教学实践与研究

谈国际汉语教育的汉字教学难点与应对

赵晨妤 (123)

教师书面修正性反馈有效性研究——以对外汉语中级班写作教学为例

陆圆圆 (131)

来华留学生汉语学习中的课外任务研究

孙泽霖 (148)

母语非汉语学习者介词"从"偏误情况之考察

聂羽菲 (162)

基于汉英对比的"正、在、正在"习得研究

徐 苗 (175)

外国学生"刚才"及其同义词习得研究

周 楠 (190)

韩国大邱观光高中学生汉语祈使句习得研究

唐粟芳 (206)

对外汉语教学视角下的汉语称谓语研究述评

陶 然 (221)

汉语作为第二语言习得顺序研究述评

刘嘉玲 (229)

近十年国内二语习得中口语纠正性反馈研究述评

阮思瑶 (237)

来华印度医学留学生汉语学习动机研究综述

陈晋豫 (246)

汉语国际教育专业建设与教学研究

教师素质与人才培养

海外汉语教师的知与能

崔希亮[①]

引　言

海外的汉语教师不同于我们在国内教留学生的汉语教师。首先，教学环境不一样。海外的汉语教师面对的是学生的母语环境，国内的汉语教师面对的是目的语环境。其次，教学理念不一样。比如同是在美国，有的学校要求汉语教师用学生的母语授课，有的学校要求汉语教师不能使用学生的母语授课。再次，教学目标也不一样。有的学校汉语课是公共外语课，有的学校汉语课是专业外语课，而公共外语课和专业外语课的教学目标是不一样的。

因此，即将赴海外进行教学的汉语教师应该认识到这种差别，为海外任教的工作生涯做好准备。那么，赴海外进行汉语教学的教师，应做哪些方面的准备呢？他们应该具有哪些方面的知识和能力呢？下面我们主要从海外汉语教师的生涯准备、上岗准备及海外汉语教师的知与能等方面对这些问题进行说明。

一、海外汉语教师的生涯准备

为了顺利地进行汉语教学，成为一名合格的海外汉语教师，每一位赴海外进行汉语教学的教师应注意从以下方面进行工作生涯的准备工作。

（一）语言学的专业训练

与国内的汉语教学相比，海外的汉语教学更加灵活多变，汉语教师必须适应学生的情况，适应当地的教育环境，因而赴海外教学的汉语教师在去之前要接受语言学的专业训练，其中包括教学法的培训、中国语言文化等本体内容的培训等。汉语

[①] 崔希亮，北京语言大学教授、校长、博士、博士生导师，世界汉语教学学会副会长，中国语言学会理事，北京市语言学会会长，中华炎黄文化研究会副会长，教育书画家协会副会长。主要研究方向为语言学及应用语言学。

教师在课堂上应努力成为一个优秀的匠人，课堂外应努力成为一个学者。

由于很多问题目前还没有现成的答案，只能靠我们自己去独立研究加以解决，故而，就要求我们有一些基本的专业训练，如教学技巧的训练、基本科学研究能力的训练等。基本科学研究能力的训练对于我们很多老师来说，积极性不高，或者不看重这方面的要求。但实际上，很多问题在课堂上出现后，我们无法从别的地方找到答案。如并列式的双音节词"桌椅、天地、脸面"，不能说成"椅桌、地天、面脸"，但"介绍"却有"绍介"的说法存在，为什么？这里面是否存在规律？这就需要我们自己去研究。

如果我们借助大规模语料库，对这类语料进行分析，就会发现这种现象其实和我们汉语声调有关，汉语的并列式音节排列是有规律的，就是平起仄收。但为什么两个音节都是去声的"道路"却不能反过来说成"路道"呢？这里面可能有别的因素。要解决这样的问题，就需要我们进行语言学的专业训练。

（二）国际视野

所谓国际视野，就是说要站在一个全球的角度来看问题，而不是只站在中国的立场上看问题。这一点非常重要，因为现在是一个全球化的时代，不管你愿意不愿意，我们这个世界都在变得越来越小，所以，我们现在每一个出国任教的老师都要有国际化的视野。有些现象在我们中国人看来很奇怪，但在有些国家却很自然。如关于吃饭的方式，我们中国人用筷子，西方人用刀叉，阿拉伯人用手抓。这三种不同的吃饭方式有无优劣之分？有人可能会认为使用筷子和刀叉很卫生，用手不太卫生。可阿拉伯人不这么认为，他们认为筷子和刀叉是别人洗的，干净不干净并不知道，只有手是自己洗的，所以最放心。又如巴西很多原始部落的印第安人，其主食就是虫子，我们去了之后就会觉得匪夷所思，怎么可以吃虫子呢？同样外国人到中国来，看到中国人吃海参，他们也觉得很奇怪，怎么吃这么恶心的东西呢？但我们认为海参是很好吃的东西。每个民族都有其历史传统文化，国际视野就是不能有偏见，要有包容心。

（三）事业心

所谓事业心就是指要将自己所从事的汉语教学看作一个值得做的事业。汉语国际教育或者说汉语作为第二语言教学，本身就是一个事业，是值得做的，因为你会发现你教的学生将来可能会在国际交流当中起非常重要的作用。让外国人学汉语，学中国文化，学中国历史，了解中国社会，这是一件非常重要的事情。

（四）责任感

有了事业心还要有责任感。如作家董桥在一本书里讲到，他有一位老朋友是一位学者，他送给老学者一本自己的书，结果那位学者在宾馆里三天就看完了，还给他写了三页的勘误。他非常感动，他说这就是责任心、责任感。而这本书的编辑要是有责任感就不会出现这样的问题。从事对外汉语教学也是一样的。

（五）包容精神

对不同的文化要有包容心，这是非常重要的。我们常常认为中餐是最好吃的食物，可是出国之后你会发现法餐很好吃，意餐也很好吃。所以我们不要说中餐是世界上最好吃的食物，对我们来说是这样，可是对别人来说不见得，我们要包容。

（六）合作精神

我们在外面工作离不开跟同事的合作，离不开跟学生的合作，还离不开跟校方的合作、跟社区的合作、跟社会各界的合作。因此，我们需要有合作精神。

二、教师上岗 ABC

海外汉语教师除了进行上面所提到的生涯准备外，还应了解"教什么、怎么教、怎么学、在哪儿教、教什么人、用什么方式教"等方面的问题。其中最重要的是"教什么、怎么教、怎么学、用什么方式教"四个方面。下面我们进行具体说明。

（一）教什么

海外汉语教师教的是什么？教的是语言和文化。因此海外汉语教师对汉语和中国文化一定要有所了解。汉语和印欧语很不一样，汉语是孤立语，印欧语是屈折语。屈折语有很多屈折变化，汉语没有。如印欧语里日耳曼语族的德语有四个格三个性，每一个名词前都有阳性、阴性或中性的标记。我们中国人搞不清楚哪个词是哪个性，需要一个一个地记，因而觉得比较难。那么汉语难在什么地方呢？汉语没有这些形态，如句子"我明天去上海"中，"我"是主语，"明天"是什么？有人说是状语，因为它是时间词，有人说它是第二层的主语。这在西方人看来很难界定，因为没有任何标记。印欧语里一个句子只有一个动词，不可能有第二个动词。如果有第二个动词，一定要用分词的形式或是不定式的形式出现。而对于汉语来说，一个句子出现几个动词都可以，如"我派张三去找李四让王五给我进城买一台电视机"里有好几个动词。这就是我们汉语和其他语言不同的地方。除了这些不同外，更大的不同是书写系统——汉字系统。汉字对于习惯了字母文字的人来说是一个非常奇怪的书写系统。

（二）怎么教

教学法有很多，如"3P教学法""5P教学法""任务型教学法"等。没有放之四海而皆准的教学法。教学法要随着教学环境的变化、教学对象的变化而变化。什么是好的教学法？能解决问题的教学法就是好的教学法。那什么样的教学法是能解决问题的教学法呢？这需要随机应变。就好比你会十八般武艺，在打仗的时候你不会都用出来，你用什么要看实际的情况，临时来处理。

（三）怎么学

怎么学，这是我们不知道的，或者说是一个秘密。就学生来说，他的第二语言习得过程我们是不太清楚的，虽然有汉语作为第二语言的习得研究，但我们得到的结论都是局部的，我们并不了解整体的习得过程。我们可以在教学的过程中，专门研究学生的学习过程。为什么在同样的条件下，学习能力差不多的人有的成功，有的不成功？成功的经验是什么？不成功的教训又是什么？这些都是我们可以研究的问题。

（四）用什么方式教

我们汉语里面这样的问题大量存在，学生会问，可是你说不出来个所以然。还有就是在美国学习汉语的除了美国人还有世界各地移民及其后裔，比方说亚裔的日本人、韩国人、华人等，他们的学习策略是不一样的。日本学生学习的时候非常认真，每个不会的地方都会标得清清楚楚，上课的时候不问，下课的时候问。美国学生上课的时候搞不清楚就会马上问："为什么会这样？"如果我们没有办法解释，只是告诉他汉语就这样说，他是不会满意的。那怎么办？办法有两个：一是查阅现有的参考语法，看看有没有现成的研究成果；二是自己进行研究，得出结果。作为一名教师，我们要知道，作为一名匠人、一名好的教师，就是在课堂上怎么当好教练，把学生组织起来让学生来说，来参与，来练习，老师主要是起指导作用。作为一位学者，除了这些之外还要有一些研究的能力。教师的知识结构、能力结构、文化热情、包容精神、教学技巧、教学艺术、道德修养都是非常重要的。这就是教师的素养。

三、海外汉语教师的知识

（一）汉语知识

海外汉语教师要想了解汉语知识，就要先了解自己语言的特点和规律。既包括语音方面的知识，也包括词汇和语法方面的知识，还包括语言学理论方面的知识。下面我们主要简单说说语音、语法及语言学理论方面的相关知识。

1. 语音方面

（1）声调的问题

汉语是有声调的语言，普通话有四个声调：阴平、阳平、上声、去声。这四个声调按照五度标音法都有调值,可是对于外国学生来说学会四声并不是简单的事。如对说英语和阿拉伯语的人来说,第二声很困难,第四声也常常发得很不到位。为什么?因为我们教的时候用的五度标音法是赵元任先生创制的,有误导的作用。如"——好不好?——好。"我们不会说"好(214)",这里的 214 不是真正的 214,而是 211 或 212。再加上汉语的语调,外国人把声调和语调混在一起,就会出现洋腔洋调的问题。英国人、美国人说汉语时的语调是英语的语调,不是汉语的语调。因此,我们要了解声调和语调的问题。

(2)声母、韵母发音的问题

声母的问题在哪?对于美国人来说最难的是 r,他们常用英语的 r 来发汉语的 r。英语 r 的发音开口度大一些,而且更加灵活。对于说日语的人来说最难的是双唇、后、高、圆唇元音/u/,因为日语没有这个音,只有后、高、不圆唇元音/ɯ/。学过语音学的就知道,这两个元音的主要差别在于口腔的圆展程度不同。对于日本人来说还有一个问题就是他们会将送气音和不送气音分别发成清音和浊音。因为日语有清音、浊音的区别,没有送气、不送气的区别,所以你说"兔子"和"肚子"对他来说没有区别,他听不出来"兔子"和"肚子"的不同。这些情况我们都应该了解。

2. 语法方面

语法方面也有很多问题,如关于"的"的隐现问题,很多外国学生都掌握不好。为什么"我狗"要加"的",而"我爸爸""我妈妈"可以不加"的"?我们用"可让渡性"来解释,凡是可让渡,即可以送给别人的,都必须加"的"。"我的狗"可以送给别人,"我的爸爸妈妈"不能送给别人,所以"爸爸""妈妈"可以不加"的"。加"的"表示距离远,不加"的"表示距离近。是不是这样就把问题都说清楚了,其实大家会发现并不完全这样。如"我的老婆","老婆"离婚后就可以让渡给别人,不离婚不可以。这里面是很多概念的问题,所以很难一句话说清楚。

3. 理论方面

香港科技大学张敏教授,用认知语言学的距离像似(iconicity)动因理论来解决"的"的隐现问题。所以我们还得有点理论准备,能用语言学理论来解决所碰到的类似的问题。

(二)外语知识

海外汉语教师最好懂两门外语,会用一种语言。所谓懂,就是说要在知识层面上了解这种语言是怎么回事,同时我们也强调要会用一种语言。假如我们去美国,就要会用英语。如果不会用,就会出现很多生活方面的问题。外语知识懂得多了,我们就会知道学生为什么会犯这样的错误。如韩国人为什么会把/f/发成一个双唇音的/p/,因为韩语只有双唇音/p/,没有唇齿音/f/。又如"鸡不吃了",汉语是有歧义的,"鸡"可以是受事,也可以是施事。可德语、日语就不会出现这样的问题,因为德语有格的标记,日语也会标记宾格还是主格,同时还会在词尾或定冠词上有变化。德语的"在火车上写字",汉语至少有三个意思:(1)坐在火车里面写字;(2)在火车表面写字;(3)在火车车顶上写字。究竟表达哪个意思?这是不确定的。而德语用三个不同的介词把三种不同的场景表达得很清楚。如果我们懂两门外语,我们就会发现不同的语言会有不同的语法手段。

(三)驻在国的知识

古人说"入国问禁,入境问俗,入门问讳"。要了解驻在国的知识,知道他们忌讳什么,不能当着和尚骂秃子。如到了日本,吃面的时候要把碗端起来吃,而且要吃出声音来,并且一边吃还要一边说:"开始吃啦。"吃面条时不出声,主人会认为面条不好吃,如果你一边吃一边出声,吃完了,还要品一品,回味地说:"吃饱了/感谢款待。"这样日本人就会很放心。而在美国人家里吃面条要一根一根地吃,既不能出声,也不能把碗端起来。在韩国吃米饭的时候,碗也是不能端起来的。而在中国,吃米饭碗端起来或不端起来都没关系。这些都属于餐桌礼节。每个民族都有自己的餐桌礼节,所以,我们要了解驻在国各种各样的知识,包括生活上的细节和常识。

(四)语言学知识

海外汉语教师应该了解一些语言学的基本知识,因为很多问题,语言学理论上已经解释得很清楚了。如果我们没有语言学的知识就会乱解释,因为我们不知道它究竟为什么。比方说,如果一个美国人到中国来旅行,他会发现一个很有趣的现象,到了四川"鞋子"不叫"xiézi",而叫"háizi"。他就会问为什么四川人把"xiézi"叫作"háizi"。其实我们中国人也问这个问题。如果我们学过语言学,就会发现 j/q/x 这三个音是后来产生的,原来都读作 g/k/h。这是语言的一种发展变化。日语、越南语、韩国语都保留了汉语古代的发音,所以四川话中有古代的发音一点也不奇怪。语言学的很多问题都可以用语言学的理论解决,所以,我们要有语言学的知识。

(五)中国文化知识

具体来说包括文学、艺术、思想、宗教、建筑、医药和传统武术等。对于这些文化,西方人有两个迷思:第一,他们认为中国人都会功夫;第二,他们认为中国人都会打乒乓球。这两个问题不管我们走到哪儿,外国人都会问到。

如果中国人不会打乒乓球,他们会觉得非常奇怪。又比如,他们会和我们讨论老子、庄子、孔子、孟子,如果你不能和他讨论,他就会认为你不适合做他的老师。作为一位外派的汉语教师,他们会理所当然地认为你是中国问题的百科全书。

(六) 中国历史、地理知识

我们对中国整体的历史和地理知识了解较多,但是,在某些细小的、局部的方面,我们可能会不如某些对中国某一方面的历史和地理感兴趣的外国人知道得多。我读书时的一位美国室友,他对武则天特别感兴趣,所以,他对唐代的历史了解较多。他的很多问题,我也无法回答。但是,我可以和他讨论唐代的历史、社会、典章制度、民族状况、官职等。所以作为对外汉语教师,要了解中国的历史、地理知识。

(七) 中国社会的知识

我们要洞悉中国社会的社会结构和社会现象,如我国中古封建社会是以宗法氏族为主要结构的,那么,什么是宗法社会?在南方,很多村子都有祠堂,也有宗亲会,大家会经常聚在一起,互相帮助。那么,宗法社会的特点是什么?在现代中国,宗法社会还有它的影响力吗?这些都是我们需要了解的。另外,现在的村级民主选举制度、人民代表大会制度等这些政治制度我们也需要了解。

(八) 教育心理学知识

海外汉语教师还需要了解教育心理学方面的知识。我们的志愿者,有的可能会去社区,有的会去大学,也有的会去小学。小孩儿和成年人的学习心理有很大的不同。另外,人和人之间也是有差别的。我们应该有一些教育心理学的知识,能针对不同的学生采取不同的教学方法和技巧。如我在澳大利亚教学的时候,教学对象是大学生,通常课上到30分钟的时候他们就要求休息。为了吸引他们,每次上到30分钟的时候,我就给他们讲一个故事。这些故事都来源于中国的寓言,如刻舟求剑、南辕北辙等,同时,又将故事与当地的地名、习俗结合起来,使故事具有当地特色。这样学生们都很喜欢,最后形成了一日一故事的习惯。

(九) 百科知识

海外汉语教师还要有百科知识。要有百科知识并不是说我们要了解所有的知识,但是常识性的知识我们要知道。如我们要了解所在校园的植物、动物。美国的校园里会有很多动物,像松鼠、鼬、獾、乌鸦、喜鹊等,我们要知道它们叫什么。我们要尽量多读一些书,看到身边的事物多问一个为什么。

四、海外汉语教师的能力

作为一名海外汉语教师,应具备以下能力:

(一)语言表达能力

所谓语言表达能力,就是会说话,能把话说清楚,这是对教师最起码的要求。这个要求看起来很简单,但做起来却并不容易。如何才能把话说清楚?首先,要明确说话对象,即教学对象是哪国人;其次,要明确他的汉语水平;最后是要看表达事件的复杂程度。这要求我们的教师有一定的功力。如在汉语中有两个词"看"和"见",如何将二者的差异说清楚?最好的办法就是用例句的方式解释。据胡明扬先生讲,某词典征求意见稿对"跳"是这样解释的:"双脚离开地面,身体向上运动。"张志公先生看了之后,说这不是"跳",这是"上吊"。所以,给一些词下定义是很难的事情。我们该怎么办?目前有专门用于第二语言教学的词典,用元语言等基本词汇来解释词,而且采用举例的方式进行解释。在教学中要避免的是只讲理论不讲例子。

(二)课堂组织能力

课堂组织能力就是说当好教练。有的教师没有把握好匠人和学者的关系,在课堂上,90%的时间是个人独白,这样只能使学生昏昏欲睡。教师在课堂上要做个匠人或者教练,在课堂外要做个学者。

(三)外交能力

海外汉语教师,尤其是在孔子学院工作的教师,外交能力是很重要的。很多教师尤其是孔子学院的院长,更多的不是教课,而是要经常和社会人士打交道。比如招生工作,就要去政府、社区、中小学参加很多外交活动。如何寻找交流的话题,成功地进行交流?我曾经参加过在英国举办的大学校长交流会,会上出现了这样的场面,很多中国校长聚在一起聊天,他们为什么不和外国校长交流?原因有两个:一是担心自己的英语不好,无法进行交流;二是不知道该交流什么。我想可能更重要的原因是不知道该交流什么,害怕交流不成功。在交流的过程中,最忌讳的是冷场,如果冷场,对方会认为他说的话题你不感兴趣。如何让话轮继续下去,涉及谈话的技巧。外交能力和语言技巧是分不开的。

(四)表演能力

在进行汉语教学时,有些知识我们可以直接表演给学生看,如教"跳"时,我们可以直接"跳"给他们看。教"怒发冲冠"时，可以通过表情、语音等表演出来。

（五）理解能力

理解能力就是要听得懂学生的问题，知道学生问的是什么。举个例子，以前有个学生问我："老师，什么是Y头？"我一时没明白，就问他从哪儿看见的这个词，他说在《红楼梦》里有"凤Y头"。原来是将"丫头"看成了"Y头"。又如在对外汉语课堂上，有个巴西的学生说："我很瘦，因为我的妈妈没有牛奶，我是吃母牛的牛奶长大的。"显然他对"牛奶"的理解是有问题的。又如，有个学生去我家时问我："老师，你媳妇在家吗？"显然这是语用方面的问题。"媳妇"有很多表达，如"爱人""夫人""老婆"等，但是，每个词的用法是有区别的。台湾人觉得"夫人"是别人对自己爱人的尊称，自己不会叫自己的爱人"夫人"。但在大陆，我们称自己的爱人为"夫人"是很正常的。所以，在对外汉语课堂上，教师要认真听，体会学生的问题，分辨出他们的问题是语音、语法、文化还是语用方面的问题。

（六）科学研究的能力

海外汉语教师还需要具有一定的科学研究的能力，在研究一个问题的时候，要抓住问题的本质。汉语作为第二语言教学中出现的很多问题都是很有代表性的，而且有很多是我们在本体研究中不会想到的问题。如"我差点儿没摔倒"和"我差点儿摔倒"，都是"我没摔倒"的意思；而"我差点儿没考上北大"和"我差点儿考上北大"，前一句意思是"考上了"，后一句意思是"没考上"。这种肯定、否定是否有规律？这个问题我们要抓住它的本质去研究。"差点儿"句分两种情况，一种情况是肯定和否定意思不同，一种情况是肯定和否定意思相同。什么时候意思相同？什么时候意思不同？这要看是否符合说话人的主观期望。如果是说话人主观希望发生的，肯定形式和否定形式意思不同；如果是说话人不希望发生的，肯定形式和否定形式意思相同。在这个问题上，主观愿望是问题的本质。又如，学生按照"把"字句的特点造出"我把饺子吃在五道口"这样的句子，为什么这种表达是错误的？因为"把"字句中动作行为的对象要存在位移的现象，"我把饺子吃在五道口"没有这种逻辑上的联系。在对外汉语课堂上这样的问题俯拾即是，发现问题要有慧眼，解决问题要有慧根。如果你没有足够的学术储备，你对发现的问题可能永远不知道从何下手。

（七）亲和能力

一位教师能否得到学生的喜欢，有很大一部分取决于这位教师的亲和力。有的教师上课不看学生，看天花板，还有的教师讲课总是习惯皱眉。这样学生就会觉得和教师有距离。教师的亲和力是教师自己可以控制的。上课时，教师必须要和学生有交流。

（八）现代教育技术的应用能力

教师要学会运用多媒体等现代教育技术。在教学的过程中，我们可以辅助一些动画使复杂的问题变得简单。例如"把"字句的教学，我们可以做一些动画来图解。有时一个很复杂的问题，我们可以用一张很简单的图说清楚。当然将复杂问题简单化，深入浅出，这是需要修炼、需要功力的。

结　　语

（一）汉语教师的使命

我认为汉语教师的使命是：以此为业，以此为乐，以此为荣，以此为善，以此为己任。作为一名汉语教师，我们将来可能要到世界各地去讲课、讲学，云游四方，这是我们的事业。在云游四方的时候我们要以此为乐，这样我们就会兴致勃勃地去做。

（二）对汉语教师的期望

教师要做个有心人，要搜集各种各样的问题，要有书卷气，要有烟火色，要有雨露功。所谓烟火色，是指对底层有所了解，比如最炎热的时候，我们的建筑工人拿着喷火枪在高层施工，我们要有同情心，要感同身受。同时要了解农村，比如哈佛班，我们会安排社会实践，去中国西部，看看那里的农村。所谓雨露功是指用"润物细无声"的方式，慢慢地将中国文化传递给他们。中国有句古话叫"为学日益，为道日损"，就是说学的知识越多，我们知道的道理就越精练。

构建中外融通的国际汉语教师培养体系，造就适应国别化教学的优秀人才

陈 晟[①]，林新年[②]

随着"一带一路"倡议的提出，汉语国际教育事业蓬勃发展，各国开设汉语课程的学校和学习汉语的人数逐年递增，2017年，仅在孔子学院注册的学员就达210万。与此同时，教师、教材、教法问题日益突出，如何培养大量合格的国际汉语教师成为首要问题，主要涉及两方面。

第一，如何培养满足不同国家要求的汉语教师志愿者？在理论上，汉语国际教育专业（以下简称"汉教专业"）是培养对中国文学、中国文化及中外文化交往有较全面的了解、能够适应现代国际社会需要、具备良好的综合素质、全面发展的通用型汉语专门人才。但这是抽象且宽泛的。在现实中，汉语教师志愿者在具体国家或地区任教，面对的是有不同母语背景和民族文化的学生。在不同国家或地区，他们所面临的文化甚至生活环境都存在差别。同质化的培养只是让汉教专业学生具备基本的教师素养和通用型的教学技能，在面对赴任国学生在汉语学习过程中产生的中介语、跨文化交际等问题时，往往难以及时、有效解决，而在国外的汉语课堂，恰恰需要能够迅速解决上述问题，能够圆满完成语言教学和文化传播任务的教师。

第二，如何培养外国本土化汉语师资，增强他们的造血能力？中国每年派遣约1万名公派教师和汉语教师志愿者到世界各地教授汉语，传播、交流中华文化，这个数字相对于世界范围对汉语师资的巨大需求，只能起一个"火种"的作用。况且，这些中国师资绝大多数在任期结束后会返回国内。各国汉语教学的可持续发展要靠自身的本土化汉语师资，培养合格的外国本土化师资就是建立"造血"机制。那么，我们在培养外国本土化汉语师资方面能够做什么？怎么做？

10年来，我们着力于推进汉教专业人才培养模式的改革，形成了"构建中外融通"的国际汉语教师培养体系，打造适应"国别化教学的优秀人才"教学模

---

① 陈晟，福建师范大学文学院讲师，主要研究方向为语言理论、汉语国际教育。
② 林新年，福建师范大学海外教育学院教授，主要研究方向为语言理论、汉语语法史。

式。体系通过"五个融通"——中外教学资源的融通、中外学生结成语伴的融通、国内外实习并举的融通、汉教学生培养与外国本土化师资培训的融通、共性化课程与国别化课程的融通，全面培养中外学生语言能力、文化知识和教学技能，培养面向东南亚地区的"国别化教学的优秀人才"。截至目前，东南亚部分地区已较好地完成"输血"和"造血"的工作——通过"输血"，培养了近千名适合任教东南亚地区的汉语教师志愿者；通过"造血"，为东南亚各国培养了数百名本土化汉语教师，他们不仅缓解了汉语师资短缺的现象，更重要的是带去了先进的教学理念和方法，成为当地汉语教学的示范性教师。

一、主要方法

（一）"中外融通"与"国别化教学"并举，推进适切性、特色化人才培养模式改革

"中外融通"是为适应汉教专业学生与来华留学的外国汉语教师的自身特点和需求而设计的，汉教专业学生缺乏在国外教学所需的相关知识和技能，外国汉语教师缺乏对汉语的知识和中华文化的深入理解。为此，我们共同组织各类交流活动，如中外重要节假日的节日 PARTY、周末的"汉语沙龙"与"外语角"，以及各类文体活动及文化实践，让汉教专业学生与来华外国汉语教师结成"语伴"，在学习和生活过程中相互帮助，取长补短。实践证明，"中外融通"将课堂教学延伸到课外的做法，能全面提高他们的专业水平，特别是他们的外语能力、跨文化交际能力和语言感知与分析能力等。

"中外融通"还强调通过中外实践基地的实习、职教实践，全面提高汉教专业学生的师范生素养和教学能力。福建师范大学汉教专业的毕业实习分成国内和国外两个部分，国内一个月实习是在福州的两所中学，国外一个月实习是在菲律宾中正学院，这种专业实习方式对汉教专业学生熟悉国内外学校的教学对象、教材、教学规范和环境，全面提高他们的教学水平与课堂管理能力有明显的作用。

福建师范大学的"中国—东盟教育培训中心"和"来华留学示范基地"常年承接外交部、教育部、国侨办、孔子学院总部下达的东盟外国政府官员、中小学校长和中小学生等培训任务，汉教专业的学生参与上述培训班的管理和教学工作，也为他们今后的实习和从教打下良好基础。

"国别化教学"是为了精准培养汉语教师志愿者。根据福建师大的汉教专业学生作为汉语教师志愿者大多数被派往印尼、菲律宾等东南亚国家这一情况，我们精心设计了培养方案和实践环节。例如，开设印尼语、菲律宾他加禄语等小语

种课程，解决他们在赴任国的媒介语问题；开设了东南亚地区汉语教材的分析、案例教学等相关课程，使他们能够提前熟悉赴任国的课堂教学；开设了东南亚文化专题，进一步培养他们的跨文化交际能力。

"国别化教学"同时应用于培养优秀的东南亚本土化汉语师资。我们根据国别，分别开设系列培训课程，如汉语与相应国家语言的比较分析、文化差异与跨文化交际专题、语言要素教学和分课型教学、微格教学以及教学观摩、教材分析与案例研究、课堂组织及管理、教学测试与评估、汉办规划教材使用与本土化教材编写等，这些国别化课程能够有效地研究和分析不同国家教师在语言和文化教学中碰到的问题，为他们提供解决问题的思路和方法。

（二）教研相哺，提升东南亚地区国际汉语教师的素质与能力

优秀国际汉语教师的培养，需要理论与实践的结合，需要高水平创新平台和科研项目的支撑，才能达到科研反哺教学，实现高素质人才培养目标。

2009年，福建师范大学海外教育学院省级项目"福建师范大学华文教育基地人才培养模式创新试验区"获得立项并实施建设；2012—2016年，海外教育学院主持完成了教育部规划基金课题"20世纪以来东南亚地区华语教育的历史与现状研究"；2014年，海外教育学院承担了教育部重大课题"全球中介语语料库的建设与研究"的子课题"东南亚中介语语料库"的研发。为了拓展中外学生的学术视野和研究能力，我们让汉教专业学生和东南亚国家的本土化师资参与上述试验区的建设、教育部课题研究、中介语语料库研发的过程。这些中介语语料真实反映了东南亚学生在汉语学习过程中常常出现的语言问题，对于在东南亚地区从教的汉语教师志愿者和本土汉语教师来说，无疑是非常好的案例，使他们在教学过程中面对东南亚学生可能提出的各类中介语问题有较为充分的准备，由此也提高了他们的语言教学与研究能力。

二、主要创新点

（一）创立富有东南亚地区区域特色的国际汉语教师培养模式

我校派出的汉语教师志愿者多数前往东南亚国家任教，来校培训的外国汉语教师也是以东南亚地区汉语教师为主，我们创立的"中外融通"和"国别化教学"培养模式，就是充分发挥面向东南亚的区域特征和优势。例如，充分发挥"中国—东盟教育培训中心""来华留学示范基地"和菲律宾、印尼孔子学院等中外实践基地的作用，开设东南亚元素特征突出的系列课程，广泛开展以东南亚为背景的模拟教学、课堂管理和文化实践活动，参与以东南亚为主题的教育部课题

研究和东南亚语料库的研发，前往东南亚国家见习与实习等，使中外学生尽可能熟悉未来教学对象的语言、文化、宗教、习俗等，能够迅速适应在东南亚地区的教学工作。

（二）形成具有东南亚区域特色的课程体系

截至 2017 年 8 月，全国开设汉教专业的高校有 332 所，但许多高校在专业培养方案上大同小异，同质化现象突出。同质化的培养只是让汉教专业学生具备基本的教师素养和通用型的教学技能，在面对赴任国的学生在汉语学习过程中产生的各式各样的中介语、跨文化交际等问题时，往往难以及时、有效地解决。

专业建设和改革成功的一个重要因素是顺应并满足服务对象的需求。课程建设上，我们开设了富有东南亚元素的系列课程，例如菲律宾的他加禄语、印尼语等小语种课程，解决汉语教师志愿者的媒介语问题；汉语与东南亚国家的语言、文化对比课程、微格教学与案例分析、东南亚中介语问题研究、东南亚本土教材分析等，这些区域化特征明显的系列课程往往是其他高校不具备的。

汉语国际教育专业培养现状调查
——以扬州大学为例

湛谌①，李现乐②

引　言

随着我国经济的发展以及国际地位的提高，越来越多的人开始学习汉语，我国政府更是将推广汉语的工作放在了国家和民族事业的核心地位，汉语国际教育专业便是在此背景下产生的。然而，由于汉语国际教育专业起步较晚，在培养过程中仍存在一些不足。汉语国际教育专业作为一门新兴专业，自1983年起教育部批准开设对外汉语本科专业。随着国际上对汉语国际教学要求的提高，在2007年国务院学位办批准设置汉语国际教育硕士专业，首批汉语国际教育硕士专业学位培养单位共有包含北京大学、北京语言大学在内的27所高校，扬州大学自2010年起开始设立汉语国际教育专业硕士点，属于江苏省较早获批招收汉语国际教育硕士的高校，每年约招收汉语国际教育硕士生20余名。本文以扬州大学汉语国际教育硕士专业为例，运用问卷调查法对收集到的数据进行统计分析，并对个别学生进行访谈，发现在培养过程中存在的问题。

关于汉语国际教育专业培养现状方面的问题，崔永华认为汉语国际教育是一门新兴的学科，须服务于中国社会发展的需要，并不断完善。在汉语国际专业培养问题上，也存在不少矛盾，由于专业定位的不明确，大多数高校还未形成适应汉语国际教育专业发展的师资队伍③。杨同用指出大部分高校将该专业设置在文学院，任课教师大多属于应用语言学教研室，很多教师并没有从事海外教学的经验，甚至没有在国内教授汉语的经历，对外汉语教学方面的知识较为缺乏，很难

---

① 湛谌，扬州大学2018级汉语国际教育专业硕士研究生，研究方向为汉语国际教育。
② 李现乐，扬州大学文学院副教授，主要研究方向为社会语言学、汉语国际教育。
③ 崔永华．对外汉语教学学科概说[J]．中国文化研究，1997（1）：111-118，148．

满足专业人才培养的需求①。施家炜从师资队伍、专业定位与培养模式、课程体系、教学实践、教学管理及就业这六个角度对汉语国际教育专业人才培养中所存在的问题进行了分析，并认为我们应从经验教训、教育理念、人才培养目标、人才培养及教学模式、课程建设体系及专业资源建设这六个角度思考如何培养汉语国际教育专业人才②。吴应辉分析了汉语国际教育专业目前所面临的问题，提出汉语国际教育专业的发展应符合可持续发展的要求，还要紧密配合国家战略发展③。蔡武对2007—2017年这十年内中国知网关于汉语国际教育的研究进行了统计分析，结果发现汉语国际教育的发展在地区上也呈现出不平衡性，应大力推进地区协调发展，加大对汉语国际教育研究的资金投入力度，还应该扩大校际间的交流④。

汉语国际教育专业课程设置和学生实践一直是该专业较为严重的问题，对此已有不少学者进行了具体研究。吴方敏、陈颖指出要大力拓宽汉硕学生的实习渠道，不仅需要汉办给予支持，还需要学校积极开拓与海外院校的合作，在实习的同时需要更有针对性的实习指导，也需要建立相应的实习评价指标体系⑤。杨金华以上海外国语大学汉语教育专业全日制研究生为例，分析了在教学实践环节中存在的问题，并提出应从集体指导、个别指导、见习、试讲、实习以及跟踪指导这六个方面入手，以此让汉硕学生更有效地进行教学实践⑥。丁安琪认为汉硕课程更应有针对性和实用性，还需要改变传统政治课及英语课的教学内容⑦。冯丽萍认为汉硕课程应围绕对学生教学能力的培养，同时可以添加如何运用互联网等现代教学手段进行教学的课程，培养学生课程评价及教材分析的能力⑧。李泉认为不仅要重视知识的传授，还需要重视学生能力的培养。汉硕课程应该重视对汉字和中华文化方面的教学，同时要重视学生的教学能力，对学生的教学技能及教

---

① 杨同用. 汉语国际教育专业与中文专业课程设置的区别［J］. 汉语应用语言学研究，2013（3）：100-106.

② 施家炜. 汉语国际教育专业人才培养的现状、问题和发展方向［J］. 国际汉语教育（中英文），2016（1）：13-17.

③ 吴应辉. 汉语国际教育面临的若干理论与实践问题［J］. 云南师范大学学报（哲学社会科学版），2016，48（1）：38-46.

④ 蔡武. 汉语国际教育硕士的研究回顾与展望［J］. 云南师范大学学报（对外汉语教学与研究版），2018，16（4）：10-18.

⑤ 吴方敏，陈颖. 汉语国际教育专业硕士实习问题的调查与思考［J］. 云南师范大学学报（对外汉语教学与研究版），2012，10（2）：29-33.

⑥ 杨金华. 汉语国际教育硕士专业学位研究生教学实践探索［J］. 学位与研究生教育，2012（2）：54-56.

⑦ 丁安琪. 关于汉语国际教育硕士专业课程设置的思考［J］. 国际汉语教育，2009（2）：13-18.

⑧ 冯丽萍. 论汉语国际教育专业硕士培养中的若干问题［J］. 长江学术，2009（1）：114-118.

学方法进行训练①。

一、汉语国际教育硕士专业概况及问卷设计简介

扬州大学为省部共建高校,是中国最早一批具有博士、硕士、学士授予资格的高校。而汉语国际教育专业所属的文学院更是培养了许多享誉中外的知名学者,在国内外都享有较高的声誉。扬州大学自2010年起设立汉语国际教育专业硕士点,开始汉语国际教育硕士的培养,2019年已获批汉语国际教育博士点,开始招收汉语国际教育专业博士生。

(一)培养方案概述

1. 课程设置

扬州大学的课程设置遵循《全日制汉语国际教育硕士专业学位指导性培养方案》的要求,并在此基础上进行创新,对有关课程进行了一定程度上的调整,以更好地培养学生的综合素质。学生学习年限一般为2年,最长不超过5年。学生共需修满42学分,课程分为公共基础课程、学科基础课程、专业基础课程、选修课程和实践类课程。公共基础课程(6学分)包括中国特色社会主义理论与实践研究、马克思主义与社会科学方法论和英语;学科基础课程(8学分)包括中华文化与传播、汉语作为第二语言教学法、第二语言习得和跨文化交际;专业基础课程(11学分)包括汉语教材与教学资源、汉语语言学、汉语课堂教学案例分析、汉语语言要素教学和汉外语言对比与偏误分析;选修课程(5学分)包括教师口语、书法训练、中国文化经典和语言测试;实践类课程(6学分)包括教育调查与分析、课堂观察与实践、教学测试与评估、中华文化才艺与展示和教育实习。从课程设置来看,扬州大学在重视对学生专业知识培养的同时,也大力提高学生的综合素质,除了开设专业基础课,还开设了中华才艺方面的课程。

2. 教学实践

教学实践是汉语国际教育专业硕士研究生培养过程中的重要环节,也是汉硕学生提高教学技能的必要过程。让学生在此过程中将所学理论联系实际,提升对外汉语教学能力。扬州大学教学实践安排在第二学年的第一学期,汉语国际教育专业实习基地可以分为国内和国外两个地点。主要有三种途径:其一,通过汉办选拔并派出至海外,以汉语志愿者的身份进行为期10个月左右的教学。其二,安排在扬州大学海外教育学院,进行为期一年的汉语教学活动。其三,学生可以

---

① 李泉. 汉语国际教育硕士培养目标与教学理念探讨[J]. 语言文字应用, 2009(3): 105-112.

选择自主实习，但必须与专业相关。

扬州大学汉语国际教育专业硕士部分通过国家汉办的选拔赴海外进行实习，而绝大多数选择在海外教育学院进行为期一学期的实习。学校 2017 级汉语国际教育专业硕士共有 9 名学生通过国家汉办选拔赴海外孔子学院进行教学，其中 1 名赴美、1 名赴韩，其余 7 名学生分别派至泰国、摩洛哥、柬埔寨与印度尼西亚，其余学生选择在海外教育学院进行授课。2018 级汉语国际教育专业硕士共有 4 名学生通过国家汉办选拔赴海外孔子学院进行教学，其中 1 名被派至菲律宾，其余 3 人赴泰，1 名学生选择自主实习，其余学生选择在海外教育学院进行授课。学校还积极开展汉语国际教育专业实习基地的建设工作，目前与扬州大学海外教育学院、扬州市职业大学开展合作，共同建立汉语国际教育专业实习基地。在海外，学校与美国肯尼索州立大学开展合作，共同建设肯尼索州立大学孔子学院。从学生和这些单位的实习反馈来看，反馈情况普遍较好，这也意味着扬州大学汉语国际教育硕士的培养取得了较好的效果。

（二）教学管理

1. 招生考试

汉语国际教育硕士入学须参加教育部组织的全国研究生招生统一考试。考试共分为初试和复试两部分，考试科目共 4 门，分别是思想政治理论、英语一、专业课一汉语基础和专业课二汉语国际教育基础。思想政治理论和英语一采用全国统考的方式，总分均为 100 分。专业课一汉语基础和专业课二汉语国际教育基础采用自主命题的方式，总分均为 150 分。汉语基础主要考查学生语言学相关的知识，以黄伯荣、廖序东主编的《现代汉语》和王力主编的《古代汉语》两本书的内容为主。汉语国际教育基础考察范围较广，不仅考查汉语国际教育教学方面的知识，还考查学生对中华文化及跨文化交际方面的相关知识，需要学生具有较高的综合素质，主要以程裕祯主编的《中华文化要略》和赵金铭主编的《对外汉语教学概论》为主。学校以其深厚的文化底蕴以及悠久的教学历史，吸引了越来越多的学生报考，其分数线也在逐年提高。

除此之外，扬州大学还招收海外留学生。海外留学生大多通过申请到的"孔子学院奖学金"来我校完成学业，也有部分通过申请到的江苏省"茉莉花"奖学金来学校完成学业。然而，由于奖学金名额的限制，也有一部分学生自费来学校进行学习。

2. 培养模式

攻读全日制汉语国际教育硕士学位学习年限一般为 2 年，部分学生由于承担汉语教师志愿者的工作，可延期毕业，最高学习年限为 5 年。培养方式采用理论学习与教学实践相结合、校内导师和校外导师并行。

在汉硕学生的管理上，教学工作由文学院负责管理，海外留学生的日常事务由海外教育学院进行统一管理。分工明确，管理效果良好。同时，文学院还创立了"汉语津梁"微信公众号，用于发布关于汉语国际教育专业相关的各类新闻及学习资源等。此外，文学院还重视学生综合素质的培养，积极组织针对汉语国际教育专业学生的文体活动，如汉语国际教育硕士生教学技能大赛、汉语文化节等。

（三）问卷设计

针对汉语国际教育硕士的现状，设置专门针对中国学生的调查问卷，问卷分为两部分。第一部分针对学生对专业目前的理解展开调查，第二部分针对学生对专业现状满意度的角度展开调查。问卷以扬州大学2018级汉语国际教育硕士生为发放对象，从生源情况、课程安排、教学实践、毕业论文这几个方面分析并了解学生的需求及其存在的问题。学校2018级汉语国际教育专业硕士共23人，其中包含3名海外留学生。本次调查对象主要为中国学生，共发放问卷20份，回收问卷20份，回收率为100%，问卷有效率也为100%。除了通过问卷调查的方式进行调查，笔者还与部分同学进行了个别访谈，了解他们目前最真实的想法与诉求。

二、汉语国际教育硕士现状调查与分析

（一）生源情况

主要对学生的性别、年龄、国籍、本科专业、入学以前的英语（或汉语）水平以及报考途径进行考察，全面了解学生的基本信息，以此为后续的调查提供基础信息的支撑。

据悉，2018级汉硕专业仅有一名男生，占学生总数的4%，男女比例差距较大，且历年来男生人数较少。不难看出在我国的大环境下，汉语教师这一职业对女生来说更加具有吸引力。

从生源背景上来看，中国大部分学生是应届毕业生，仅有10%的学生有过工作经历，都是直接报考扬州大学。大部分学生本科专业为汉语国际教育，占中国学生人数的70%，仅有少部分为跨专业学生，占中国学生人数的30%。其中本科为英语专业的占15%（见图2-1）。

在参与调查的中国学生中，大部分学生掌握的语种为英语。70%的学生在入学前就已经通过大学英语六级考试，10%的学生达到英语专业八级水平，10%的

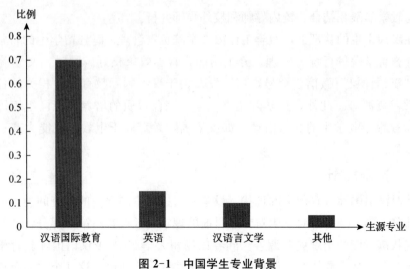

图 2-1 中国学生专业背景

学生达到英语专业四级水平。还有 10% 的学生达到大学英语四级水平。不难看出，学校招收的学生大部分都具有良好的英语水平（见图 2-2）。

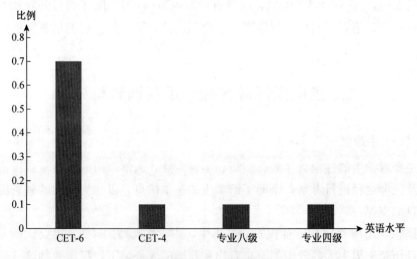

图 2-2 中国学生入学前英语水平

就业是学生报考该专业的主要动力，根据调查，40% 的学生在毕业后都把从事对外汉语教学工作作为自己的职业目标，还有 35% 的学生愿意从事中小学老师的工作，共计 75% 的学生在毕业后准备从事教育行业。仅有 5% 的学生选择在毕业后攻读汉语国际教育专业博士学位，这主要是由于就业形势的严峻，所以学生不愿意继续深造（图 2-3）。

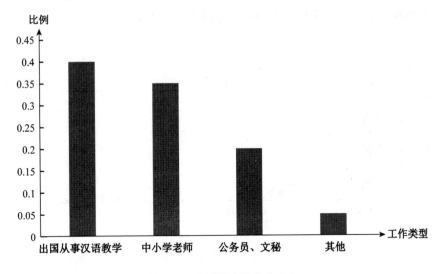

图 2-3　中国学生的就业方向

（二）课程安排及教学实践

该部分围绕扬州大学目前的课程安排及教学实践展开，调查的内容包含学生对于目前学校课程安排的满意程度，以及实习过程中产生的一系列问题。通过对该部分数据的收集，分析学校现有教学模式及实习安排所存在的问题。

根据调查问卷的数据显示，60%的学生认为该专业属于中国语言文学类，说明大部分学生对于汉语国际教育硕士专业的学科定位不明确。关于汉语国际教育究竟属于哪个一级学科，学界至今没有给出统一的答案，崔希亮在分析汉语国际教育本科、硕士和博士的教育体系后，认为汉语国际教育是一个交叉学科，不应依附于任何一级学科，是一门独立的学科[①]。

根据学生教学实践方面的调查显示，95%的学生对学校的课程安排非常了解且认为学校安排的课程对于自己实习过程中的教学工作很有帮助，70%的同学认为实习的经历对自己学位论文的完成很有帮助，说明大部分学生对学校安排的实习机会较为满意。根据统计，75%的学生选择在学校海外教育学院进行实习，25%的学生通过国家汉办志愿者选拔赴海外进行教学工作，但根据学生实习意愿调查，仍有60%的学生希望通过国家汉办志愿者选拔并派出（图 2-4、图 2-5）。90%的同学认为学校给该专业提供了很多机遇，值得注意的是，同时也有20%的学生对学校安排的实习并不是很满意，虽然学校已经不断努力扩大校际甚至是

---

① 崔希亮. 对外汉语教学与汉语国际教育的发展与展望［J］. 语言文字应用，2010（2）：2-11.

与地方组织之间的交流合作，但由于学校所处地理位置的缘故，展开的合作并没有那么顺利，能提供给学生的实习机会并没有那么丰富。

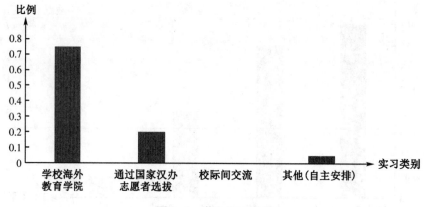

图 2-4　学生实习方式

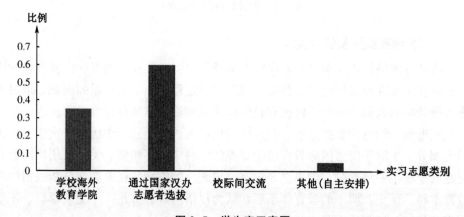

图 2-5　学生实习意愿

同时需要引起注意的是，通过调查和访谈的方式，我们发现超过一半的学生对该专业的就业前景不太有信心，60%的学生对其就业前景并不太看好。由于汉语国际教育学科归属的尴尬局面，该专业就业上存在一定的问题。许多学生在报考公务员或选择其他工作时对专业定位不明确，造成了很多机遇的流失。

三、扬州大学汉语国际教育硕士专业建设问题及设想

（一）提高招生标准，保证生源质量

要提高汉语国际教育专业学生的整体水平，首先要从招生入手，优化生源结

构。在调查的过程中，我们不难发现，很多考生的报考目的较为功利，不以汉语教师作为自己的职业目标，甚至不把它放在自己的职业规划中。目前，报考学生的专业背景较为复杂，造成学生专业基础水平差异较大。学校招收的学生本科专业主要以汉语国际教育、汉语言文学为主，也有少部分学生本科专业为英语或是其他小语种，更有与汉语国际教育专业相差甚远的行政管理等专业。虽然目前我国并未对报考专业做出严格的限制，但根据有关规定，汉语国际教育硕士学位获得者须具备扎实的语言文化知识，很难想象缺少四年专业知识学习的学生如何在短短一年的课程学习中就达到与汉语国际教育专业科班出身的学生相同水平。

针对这种现状，我们首先要做的就是严格制定招生标准，着重考察学生的专业知识。从专业水平入手，避免学生盲目跟风报考。在招生过程中应优先考虑汉语国际教育专业相关背景的学生，并鼓励英语及其他语种的双语背景专业学生报考。适当在研究生入学考试中的汉语基础科目划出特定的分数线，考生须达到该分数线，方可被录取。

（二）拓宽实习渠道，积极展开合作

扬州大学已积极开拓汉硕学生的实习渠道，但由于学校地理位置、交通、经济发展等方面的因素，开展汉语国际教育专业实习基地的建设并不顺利，同时也缺乏对于实习基地学生实习情况的监管。部分学者认为我们需要对实习生的课堂教学过程进行录像，并进行评价分析。但目前由于教学设备、师资等方面的因素，很难做到这一点，因此，很难收到实习生的教学反馈。通过对实习生备课笔记、听课笔记的检查，在一定程度上弥补了这些不足。学校也制定了专门的实习条例，专门请海外教育学院具有丰富教学经验的老师对学生进行岗前培训，并及时对学生的备课笔记进行检查。但由于实习方式的不同，某些自主实习学生的实习情况往往难以进行监管，学校应与具有办学资质的培训机构或学校积极进行沟通，建立合作关系。如此既加强了学校对学生实习的监管工作，也有利于学生的实习考核。

根据调查，大部分学生更愿意选择通过国家汉办外派至海外进行实习，虽然学校积极组织汉语教师志愿者的选拔工作，但在一定程度上存在一些弊端。如学校向汉办推荐的学生有些并不能达到其要求，学生在海外进行教学期间，学校也难以对其进行监管等。对此学校应在其管理上做出调整，如学生必须在研二期间才可以申请汉办志愿者的项目，针对外派学生，应适当延迟半年至一年毕业。这样的管理方式，有利于学生的学习效果，甚至有利于学生毕业论文的撰写。

结　语

　　自汉语国际教育专业创立以来，我国已经培养了一批又一批优秀的对外汉语教师。但由于其出现的时间较短，在其培养的过程中也存在着一些问题。本文以笔者所在的扬州大学为例，通过文献收集法、问卷调查法、数据统计法以及访谈法对其培养过程中所存在的问题进行分析。笔者相信，随着汉语国际教育硕士培养工作的进一步完善，我国对外汉语教学事业也将迈上新的台阶。

汉语国际教育本科留学生人才培养方案分析

——以云南师范大学华文学院为例

胡 浩[①]

一、引　言

（一）研究背景

1. 世界各国的汉语学习需求强烈

随着中国成为世界第二大经济体、第二大贸易体，世界各国对中国政治、经济的兴趣扩展到文化领域，对汉语学习提出要求。教育部、国家语委发布的《中国语言生活状况报告2009》指出，汉语国际传播规模稳步扩大。据国家汉办数据统计，美国2011年已成为全世界设立孔子学院和孔子课堂最多的国家，在48个州已设立81所孔子学院和299个孔子课堂。日本有95%以上的大学将汉语作为第二外语。据英国媒体报道，2017年汉语已成为英国人最热门的外语之一，英国首相表示增派1000名汉语教师到学校中去，而且英国广播公司将在电视上播出汉语教学动画节目。此外加拿大、德国、澳大利亚、日本等都已把汉语作为大学选修外语课程之一[②]。

东南亚国家包括越南、泰国、柬埔寨、老挝、缅甸。在这几个国家中，泰国的汉语教学发展是最突出的。据泰国教育部基础教育委员会办事处资料统计显示，目前泰国有3 000多所学校开设了汉语课程，80多万人在学习汉语，中泰还合作成立了12所孔子学院和11个孔子课堂。越南深受中华文化的影响，也是东

[①] 胡浩，云南师范大学汉语国际教育专业硕士，研究方向为汉语国际教育本科留学生人才培养。
[②] 张新平. 汉语国际教育专业硕士留学生培养问题与对策研究[D]. 重庆：重庆大学，2012.

南亚国家中华人较多的国家之一。目前,汉语在越南已成为仅次于英语的第二大外语,越南与新加坡、马来西亚等国以及中国台湾省和香港地区加强版权、知识产权合作,与其他东南亚国家和中国云南、广西等省区开展教学合作,汉语已经有向产业化发展的萌芽①。

2. 我国高等教育国际化程度不断提升

高等教育国际化已成为当今世界高等教育发展的趋势和潮流,教育观念的国际化、学生的国际化、课程和教学的国际化、科研的国际化水平等都在不断提升。目前高校开展的国际交流日益频繁,形式日趋多样化,内容日益丰富,"请进来"和"走出去"的规模都在不断扩大。来华留学生人数不断扩大,据教育部统计显示,2017年全年在华学习的外国留学人员总数突破80万,共有来自194个国家和地区的803 657名各类来华留学人员,分布在全国31个省、自治区、直辖市(不含台湾省、香港特别行政区和澳门特别行政区)的660所高等院校、科研院校和其他教学机构中学习。来华留学生总人数、生源国家和地区数、我国接收留学生单位数及我国政府奖学金人数四项均创新中国成立以来新高。

(二) 研究意义

1. 理论意义

目前大部分文献资料都是关于汉语国际教育专业硕士留学生人才培养的方案及建议,但是,关于汉语国际教育专业本科留学生的人才培养建议方面的文献还比较少。本文通过对云南师范大学汉语国际教育专业本科留学生人才培养方案及课程设置分析,希望在一定程度上丰富对汉语国际教育本科留学生人才培养方面的研究。

2. 实践意义

随着"汉语热"的发展,越来越多的国家开始接受汉语,学习汉语。只靠外派教师不能解决世界各国的汉语学习需求,所以需要我们做好汉语国际教育本科留学生的培养工作。目前汉语国际教育本科留学生需要掌握什么样的专业知识、具备什么样的专业素质成为亟待解决的问题。本文通过对人才培养方案和课程设置的优缺点进行分析,寻找相对科学和有效的培养方式,帮助留学生更好地服务于当地的汉语教学事业。

---

① 侯宇霞. 东南亚地区汉语教学现状及发展途径 [J]. 东南亚纵横, 2012 (5): 51-54.

二、汉语国际教育本科留学生人才培养方案及其课程设置介绍

（一）人才培养方案

1. 培养目标

本专业旨在培养具备扎实汉语基础知识、专业理论与基本中国人文知识，掌握汉语国际教育教学规律，进一步培养有潜能的高层次的汉语国际教育专门人才。此外，本专业还旨在培养能从事汉语教学、翻译、文化交流、文化管理及其他能适应中国—东盟自由贸易区经济和文化教育发展的应用型人才。

2. 人才规格

学生在毕业时能掌握 8 000 个左右的汉语词汇，具有比较系统的现代汉语语音、文字、词汇、语法、修辞和文学知识，熟悉汉语国际教育的基础教学理论与方法，能够独立进行课堂教学。

具有较强的逻辑思维和口头文字表达能力，并能初步从事学科专业研究，撰写并通过毕业论文答辩。

熟悉当代中国政治、经济概况，了解中国社会历史的发展。具备基本的中国哲学、文学、人文地理等知识，对中国文化有较全面的认识。

具有较强的汉语应用能力，能在中国或东南亚国家从事汉语教学、翻译、文化交流、文化管理及其他相关工作。

3. 培养模式

云南师范大学汉语国际教育专业本科留学生人才培养模式主要采用"1+3"模式。第一学年进行汉语基础教育；第二、三、四学年主要进行专业教育。

第一年主要是夯实学生的汉语语言基础，主要学习汉语语言类课程，后三年进入汉语国际教育专业学习。注重因材施教和差异化培养，主要学习有关专业主干课程、专业方向课程和专业选修课程等各类课程。

4. 专业学习要求

第一学年修完并通过所有汉语语言类基础课程，并通过中国国家级汉语水平考试（HSK）4 级，方可进入第二学年以后的专业学习。

第四学年毕业前须修完所有汉语语言类基础课程和专业课程。第四学年毕业前须通过中国国家级汉语水平考试（HSK）5 级。

5. 学位授予

完成汉语国际教育专业课程所必需的学习，修满规定学分，完成学位论文并通过答辩，通过 HSK 5 级考试者，即取得毕业资格，经云南师范大学学位评定委员会审核，授予文学学士学位，同时获得本科毕业证书。

（二）汉语国际教育本科留学生课程设置

1. 汉语基础课程

课程名称	课　时	学　分
初级汉语综合	360	20
初级汉语口语	144	8
汉字与阅读	144	8
初级汉语听力	144	8
中级汉语综合	216	12
中级汉语听说	72	4
中级汉语读写	72	4
高级汉语综合	144	8
高级汉语口语	72	4
中国概况	72	4

2. 专业主干课程

课程名称	课　时	学　分
学术汉语	72	4
现代汉语	72	8
语言学概论	72	4
中国现当代文学	72	4
华人华侨概论	54	3
华文教育概论	72	4
跨文化交际概论	72	4
论文写作指导	18	1
课堂教学案例分析	20	2
教育学	36	2
教育心理学	20	2
专业见习		3
专业实习	4 周	2
毕业论文	10 周	5

3. 专业选修课

课程名称	课时	学分
语言要素教学	72	4
国学经典导读	36	2
少儿华文教育	36	2
古代汉语概论	36	2
应用语言学	36	2
中外文化与礼仪	36	2
朗读与正音	36	2

4. 综合选修课

课程名称	课时	学分
报刊阅读	36	2
HSK 专题	36	2
中国文化通论	36	2
计算机应用	36	2
英语	36	2
书法	36	2
中国画	36	2
中国武术	36	2
剪纸	36	2

三、汉语国际教育本科留学生人才培养方案和课程设置分析

（一）优势

1. 人才培养方案

云南师范大学人才培养目标要求培养能从事汉语教学、翻译、文化交流、文化管理以及适应东南亚国家经济和发展的应用型人才，充分考虑到了学生就业的市场需求，以及适应国家战略的需要，既符合市场的需要，也展示出了学校的办学特色。

在人才培养模式方面，留学生第一年学习汉语基础课程，并且按照学生的水平分为5个不同程度的班级。这样做既考虑到了学生的基础水平，也保证了语言课教学的正常进行。遵循了"以人为本，因材施教"的教学原则。

在专业学习要求方面，首先学校要求留学生通过中国国家级汉语水平考试4级考试，才能进入第二学年及以后的专业学习。其次，第四学年毕业前须通过中国国家级汉语水平考试5级。这样做的目的既是对学生负责，保证学生的学习效果和能力，也是为汉语国际教育专业的人才培养质量负责，保证云南师范大学汉语国际教育专业社会就业的良好口碑。

2. 课程设置

汉语基础课程针对学生的汉语学习水平分别设置了初级、中级、高级的综合、口语、听力、读写等课程。为了加强学生对中国各方面的了解，学院还开设了中国概况、中国现当代文学、中国文化通论等课程，以保证学生对中国全方位的了解。

汉语国际教育专业是培养面向世界各国的优秀教师人才，需要具有扎实的汉语基础和过硬的教师素质和技能。学院开设了学术汉语、现代汉语、语言学概论、语言要素教学等汉语专业课程，以加强学生的汉语专业水平。在教育课程方面，学院开设了课堂教学案例分析、教育学、教育心理学等课程，以加强学生的教育观念。

学院不仅重视培养学生的教育理论知识，还注重培养学生的专业技能素质，比如学院要求学生实习4周。在实习结束之后，学院给每位学生安排了论文指导老师，指导学生写毕业论文，这对学生的专业技能的提高很有帮助。

3. 留学生自身优势

留学生作为人才培养方案的主体对象，自身也具有很多中国学生所不具有的优势。

首先，留学生毕业后在本国从事汉语教学不存在难以适应海外生活环境的问题。他们回到自己的国家可以很快投入教学当中，这是外派教师所不具有的优势。

其次，留学生不存在与执教国当地人沟通的障碍。国内派出的公派教师或汉语教师志愿者由于语言问题、生活习俗问题、沟通能力等方面的原因，常常会产生与当地学校、同事、学生及社区内人群沟通不畅的问题，甚至造成很大的误解，影响其工作。留学生自小在当地长大，不会因为不通当地语言、文化习俗而产生沟通不畅甚至误解的问题，这是显而易见的。

再次，留学生更了解当地教育的政策、体系、规章制度等，也更容易取得当地学校的正式教职。中国与其他国家之间存在着教育政策、法规、体系、制度等方面的差异，汉语国际教育本科专业的中国学生由于对任教国这些方面缺乏了解，很难真正融入当地的教育体系。另外，很多国家对取得不同等级种类的学校教师岗位的要求有很大差异，有些国家还要求拥有本国国籍的人才能申请本国的教师资格。这些要求对于留学生非常适合，从生活环境、受教育的背景及身份让他们可以较为轻松地融入当地教育体制，取得当地的正式教师资格，顺利地开展汉语教学工作。

最后，留学生自身有学习汉语的经历，可以更好地指导当地的学生。汉语国际教育专业本科中国学生虽然也都有学习外语的经历，但水平参差不齐，最重要的是他们没有把汉语作为第二语言学习的经历，因此在对当地学生进行教学的过程中，针对性比较差。留学生自身有学习汉语的经历，了解汉语与母语之间的异同，对于当地学生出现的由于母语负迁移造成的错误能设计较有针对性地进行讲解，有助于提高教学质量①。

（二）存在的不足

1. 人才培养方案不够突出

人才培养方案中提到，本专业旨在培养具备扎实汉语基础知识、专业理论与基本中国人文知识，掌握汉语国际教育教学规律，进一步培养有潜能的高层次的汉语国际教育专门人才。此外，本专业还旨在培养为将来能从事汉语教学、翻译、文化交流、文化管理及其他相关工作奠定坚实的学业基础的人才。留学生来自不同的国家、不同的语言环境、不同的语言水平，决定了我们的培养方案需要体现出针对性和特色化。目前，留学生的培养方案与汉语国际教育专业本科中国学生的培养方案基本相同，没有突出留学生国别化培养的特色，因此，需要我们认真思考。

2. 课程设置方面存在不合理性

在课程设置方面，一些课程只要求学生掌握基本概念，没有对学生进行实际教学操作的指导，这不利于学生未来的专业实习。比如，专业主干课程中的华文教育概论课程，如果只要求学生停留在对概念的认识上，而不会运用它去解决在实际教学过程中的问题，势必会影响汉语国际教育专业人才培养的质量，所以应该把只注重理论性的课程调整为理论与实践相结合的课程，比如把华文教育概论课程调整为汉语国际教育理论与实践课程，这对于学生提高实践能力帮助很大。

部分课程的学习要求需做调整，目前现代汉语课程要求作为汉语国际教育专

---

① 孟瑞森. 谈汉语国际教育专业硕士外国留学生培养 [J]. 语文学刊，2011 (13): 117-119.

业最核心的专业课程，无论是从学习时间和学分要求都应该重视。但是，目前现代汉语的课时和学分与其他专业课程的课时和学分要求基本上是相同的，没有突出现代汉语课程的核心地位，存在不足。

3. 目前针对性的专业教材欠缺

通过对汉语国际教育专业本科留学生使用的教材进行调查，发现留学生使用的专业课教材和中国学生使用的教材基本相同。比如现代汉语课程中，留学生和中国学生使用的教材都是黄伯荣先生和廖旭东先生编写的《现代汉语》，留学生在语言学纲要课程中使用的教材是徐通锵先生和叶蜚声先生编写的《语言学纲要》。这两本书对于中国学生来说，学习起来尚且都有些困难，留学生学习起来难度会更大，这势必对留学生吸收专业知识造成影响。

4. 对中国文化和国情的关注度不够

目前学院开设的有关中国文化和中国国情的课程比较少，如基础课程有中国概况课程，综合选修课程有中国文化通论课程。首先，课程开设的数量较少，学生能够了解的知识十分有限。其次，文化类课程主要以教师讲授为主的教学方法，缺乏学生与学生相互启发及教师与学生互动式培养机制，导致老师很难调动学生对于中国文化和国情的兴趣。

5. 留学生自身劣势

作为汉语推广和传播的文化使者，留学生具有中国学生所不具有的先天优势，比如，留学生不存在文化适应的问题以及当地国家教师资格的认定等问题。但是仍然有一些问题制约着留学生的汉语教学。

首先，外国学生在中国国情、文化、历史等方面的知识严重不足。《云南师范大学汉语国际教育本科留学生培养方案》对留学生提出"了解中国，理解中华文化""具有较好的中华文化理解能力和中外文化融通能力"的要求。留学生入学时，汉语水平参差不齐，有些学生是第一次到中国，只是在本国学习了一段时间的汉语，对中国了解很少。一些学生在中国生活过几年，但是，对中国的历史、文化、基本国情等方面的知识也只是停留在感性层面上，没有系统学习过，对一些在语言交际中出现的文化现象，大部分留学生也难以理解，更不知其所以然。

其次，外国学生在中国国内的教学实习存在困难。《云南师范大学汉语国际教育本科留学生培养方案》要求学生的学习要"课程学习与教学实践相结合""专业实践主要通过教学实习形式完成"。一般来说，为期四年的学习实践，实习要占去约半年的学习时间，是培养实际教学能力的一个必不可少的环节。外国学生如果没有联系到本国的实习机构，就要安排在中国国内实习。但有对外汉语教学的院校或私立的语言学校、培训机构出于保证教学质量的目的，很难接受外国学生为期数月的教学实习。因此，怎样安排没有本国教学实习单位的学生进行实习，对国内的培养院校来说是个难题。

最后，外国留学生在撰写毕业论文方面也存在很大困难。有些留学生在入学时水平相对较差，虽然四年之内开设了很多提高汉语技能的专业课，并且也专门开设了论文写作指导课，但是课时比较少，并且上课方式主要以讲授为主，教学方式较为单一枯燥，学生的水平各有差异，不太容易理解和掌握老师讲的内容。另外，毕业论文要求紧密结合汉语国际教育实践，有应用价值。但是，由于一些留学生没有汉语教学的经验，他们在毕业论文的选题、写作等方面存在种种困难，一些学生因为论文写作不顺利甚至萌生了退学的想法。

四、针对存在问题提出的建议

（一）突出留学生人才培养方案的特色

目前，亟待解决的问题是需要把汉语国际教育本科留学生的人才培养目标与中国学生的人才培养目标区分开，并且根据不同国家、不同水平、不同语言环境、不同学习需求等为留学生制定具体合理的人才培养目标。比如有的留学生想要回国从事中小学教育方向的职业，那么，开设中小学教育专题就显得很有必要。作为未来的汉语国际教育工作者，汉语国际教育专业学生也需要了解国家对于汉语国际推广的大方针，了解汉语国际推广事业的最新动向，这有助于自身的学习工作与个人发展。

培养过程中应该是汉语教学能力、中华文化传播能力与跨文化交际能力三者并重，培养复合型人才，重视实践，重视学生创造性解决实际教学问题的能力。这三种能力的形成，需要通过多种教学手段对学生进行训练。如通过演示、观摩、案例分析与讨论等实际技能训练，促进学生掌握教学或文化技能。

（二）调整课程比例，优化课程结构

第一，调整必修课程、选修课程、实践课程的比例。课程结构的设置应突出实用性，合理设置专业课。在具体设置上，重点开好现代汉语、语言学概论、课堂教学案例分析、教育心理学、中国文化通论等专业课，以及计算机应用等技术类课程。同时增加实践课程的比重，方式多元化，扩大选修课程的范围，一方面，注重跨学科知识的培养，提高学生的综合素质；另一方面，增加学生选择的灵活性，进行个性化培养。

第二，增加教学方法类特别是中小学汉语教学方法类课程，如汉字教学法、文化课教学法。不仅要让学生"知其然，知其所以然"，还要让学生在教学中展

示出来，知道"怎么教"，这样才能真正做到学以致用，在中小学介绍和推广中国文化。

第三，增加教师发展和培训课程，能力训练要突出"师范性"。首先，丰富实践课程的形式，除了校外语言实践和教学实习，还可以通过课堂观摩与指导、教学案例分析和专题讨论、体验式学习与培训等形式，为学生将来走上讲台打下坚实的基础。其次，在平时的教学中，还应突出实践，让学生尽早上讲台，教师给予指导，有意识地锻炼学生的教学能力。[1]

（三）根据学生的特点设计教材

经过四年的汉语学习，留学生的汉语水平与中国学生的汉语水平还是有一定差距的，所以给留学生使用中国学生的专业课教材显然是不合理的。那么，需要老师根据学生的学习水平和学习特点对现有教材进行改编。

（1）根据学生的学习特点设计内容，比如对于比较枯燥和难懂的文字，把关键词提炼出来，设计关系图；对于比较抽象、难懂的句子，需要老师多举例子来帮助学生理解；对于一些不太重要的内容，老师把它作为阅读材料，帮助学生掌握文字的重要观点即可。

（2）了解学生的学习需求和学习目的，对现有教材的章节进行删减或重新安排顺序。留学生的学习动机、学习需求、学习目标与中国学生存在很大不同，所以，需要根据学生的学习目标和需求简化专业课的内容，降低专业课的难度，并且老师调整好理论讲授和教学实践的比例，鼓励留学生把学到的专业课知识运用到实践教学中，达到理论与实践相结合的目的。

（四）加大文化课开设的比例

为留学生开设的中国文化类课程可以尝试更多方式，同时加大文化课的比例。根据学校自身的地缘或学科优势，为学生开设一些颇有特色的文化课程。云南省少数民族有 26 个左右，具有丰富的少数民族文化，比如白族文化、彝族文化中有很多建筑、民族风俗、工艺都入选了世界非物质文化遗产，所以，云南师范大学可以借助优秀的民族文化资源开展特色文化课程，让留学生了解云南，了解中国。

但我们不能忽视对学生更高层次的要求，如阅读一些中国文化的经典书籍，深入了解中国人的价值观等，因为这些内容深深影响着中国人为人处世的方式，不理解这些，很难真正了解中国的社会生活。同时，我们也应该积极创造条件，

---

[1] 韦秋霜. 留学生汉语国际教育本科专业课程设置初探——以国内七所招生院校为例[C]. 北京大学对外汉语教育学院. 第六届东亚汉语教学研究生论坛暨第九届北京地区对外汉语教学研究生学术论坛论文集. 北京大学对外汉语教育学院：北京大学对外汉语教育学院，2016：461-473.

使学生有更多机会和学校以外的更广阔的中国社会接触。

（五）切实做好留学生教学实习的工作

不论对中国学生还是外国学生，教学实习都是他们将理论知识转化为实际教学技能的必由之路。对于留学生教学实习的安排，建议在留学生大学二年级选择读汉语国际教育专业时，就需要自行联系实习单位，在本国确定一个教学实习的地点，这样做可以减轻培养院校的负担。学生实习的地点较为集中时，培养院校可派一位具有海外教学经验的教师带队，或者建立常规化的联系方式，或者要求学生自行联系一位当地的汉语教师，使学生在教学实习过程中遇到问题可以找到求助的对象，同时可以加强对学生教学实习的监督。

结 语

随着中国国力的不断提高，汉语在世界的发展也逐渐变得成熟起来。云南省作为辐射东南亚国家的经济、文化、教育等方面的前沿地区，更需要做好汉语文化的推广工作。云南师范大学自 2007 年开始招收留学生来校学习汉语，已经坚持了 12 年，取得了辉煌的成绩。但是，随着世界的快速发展，以及周边国家对汉语需求的不断提高，我们的留学生汉语教育也出现了一些不适应留学生发展的问题，比如培养特点不够突出，培养方案不够具体，甚至课程设置没有真正符合留学生的发展需要。我们需要认真反思，根据不断变化的汉语国际教育发展情况，及时调整人才培养方案，优化课程设置，以保证云南师范大学汉语国际教育专业留学生人才培养的质量。

汉语国际教育本科专业发展研究评述

马 婧[①]，刘炜丹[②]

随着"汉语热"的不断升温以及近年来"一带一路"倡议的实施，全球越来越多的国家和地区开始重视当地民众的汉语学习。截至2018年，全球154个国家和地区设立了538所孔子学院和1 193个孔子课堂、5 665个教学点。现有中外专、兼职教师4.7万人，各类面授学员186万人，网络注册学员81万人[③]。2019年8月，俄罗斯将汉语作为全国统一考试的考试科目。在汉语国际教育事业和学科迅猛发展的形势下，以培养国际汉语教师和文化传播人才为目标的汉语国际教育专业，也成了国家重视、社会关注和最具国际化的专业之一。在专业发展的过程中，许多学者对汉语国际教育本科专业的建设和发展进行了大量研究。以"汉语国际教育"为关键词，通过中国知网检索了从2007年到2019年的文献，共检索出1 896篇文献。通过对文献进行分类，发现学者对专业研究的问题集中在汉语国际教育专业本科的专业性质、课程设置、教材研究和就业问题四个方面。

一、汉语国际教育的专业性质

2012年教育部在《普通高等学校本科专业目录和专业介绍》（以下简称《专业目录和专业介绍》）中将"对外汉语、中国语言文化和中国学"三个专业整合为"汉语国际教育"本科专业，并沿用了原来对外汉语的学科代码。在本科专业目录中对该专业人才培养的目标做了如下描述：培养"能在国内外各类学校从事汉语教学""从事与语言文化传播交流相关工作"的中国语言文学学科"应用型专门人才"。

2012年出版的《专业目录和专业介绍》对汉语国际教育专业本科的性质有了新的定位。首先，汉语国际教育专业要以汉语为本，强调学生要拥有扎实的汉语基础，并在此基础上将学生培养成"中国语言文学学科应用型专门人才"，明

[①] 马婧，扬州大学2018级汉语国际教育专业硕士研究生，研究方向为汉语国际教育。
[②] 刘炜丹，扬州大学2018级汉语国际教育专业硕士研究生，研究方向为汉语国际教育。
[③] 该数据来自《2018年度孔子学院发展报告》。

确了其一级学科归属。在《专业目录和专业介绍》中明确了其核心课程增加"应用语言学",强调其二级学科归属。其次,汉语国际教育专业要强调其国际的作用,从重视单纯的英语向多语种转变。世界格局的不断变化,虽然英语在国际上已经占据重要的地位,但是,汉语国际教育所培养出来的汉语教师是面向全世界的,不仅仅是英语国家。马庆株指出:"目前对内教学的问题不少,主要是语种单一,只重视英语,忽略了其他语种。"① 为加强非英语的其他语种的教育,培养多语种的汉语师资也显得尤为重要。再者,汉语国际教育明确外语只作为交际工具,不再提倡汉外并重。一直以来,学界有一个普遍的观点,认为汉语国际教育的本科生都要具有比较高的英语水平。英语等外语在汉语教学的过程应该是作为交流的工具而使用,对一些较难的知识点进行解释或者是在外任教时作为交流的语言。国家汉语国际推广领导小组办公室 2007 年发布的《国际汉语教师标准》中,对外语能力在教学方面的描述主要是:"符合日常的基本要求,熟练掌握课堂用语,能用外语进行辅助教学。"由此可见,汉语国际教育专业对于外语能力的培养应该更多集中在满足日常交往、社会生活和获取信息等方面。

汉语国际教育专业所培养的是应用型人才,非常重视应用和实践,在《专业目录和专业介绍》中也明确表明:"掌握综合运用所学知识开展语言文字工作、汉语国际教育以及国际文化交流实践的基本能力。"其实践性教学环节为"对外汉语教学实习、中华才艺训练、汉语语言现象以及对外汉语教学热点问题的探讨"。由此,我们可以看出,对于汉语国际教育专业本科生的培养要重视其实践能力,培养他们综合运用汉语的能力。同时,该专业的实践环节具有针对性:对外汉语教学实习能很好地将该专业与其他专业区分开来;中华才艺的训练能加深他们对中华历史文化基础的了解;对汉语语言现象以及对外汉语教学热点问题的探讨能让学生了解本体研究的前沿,也可以熟悉教学领域的问题。

二、汉语国际教育本科专业课程设置

"汉语国际教育"这个专业名称出现不到十年,它的前身是"对外汉语"专业。通过对中国知网的检索发现,与汉语国际教育专业课程设置相关的文章只有579 篇,其中多数是将本科和硕士放在一起进行一个笼统的讨论,而单独讨论本科的只有 19 篇。由此可见,在实际专业培养过程中,汉语国际教育专业本科的课程设置仍是以"对外汉语"专业的课程设置为主。2003 年,"第一届全国对外

---

① 马庆株. 关于对外汉语教学的若干建议 [J]. 世界汉语教学, 2003 (3): 13-16.

汉语教学专业建设研讨会"在上海召开，与会的35所院校代表经过讨论后认为，对外汉语专业旨在培养学生的语言、文化及教学技能，并确立了本专业的12门主干课程，这为本专业培养目标、课程设置目的和课程模块奠定了基调。但是，专业名称的更改和专业介绍的更改给汉语国际教育专业本科的课程设置必然带来新的要求。

通过文献研究，发现目前对于汉语国际教育专业本科课程设置的讨论主要集中在以下两个方面：一是汉语国际教育专业本科课程设置的内容；二是不同类型课程所设置的学习时长以及各类型课程之间的关系。

针对第一个问题，李铁范、赵金广、秦海燕都有过分析与研究。刘文霞梳理和回顾了近30年来学界对于汉语国际教育本科课程设置相关问题的讨论。她在总结了李铁范、白朝霞等人的观点的基础上得出这样的认识：汉语国际教育本科专业课程设置的专业原则是教育部2012年规定的《专业目录和专业介绍》以及《国际汉语教师标准》（2007），课程设置主要分为汉语知识类、外语知识类、文化知识类和教学技能类。同时，地方院校可根据地方特色或者增进学生就业开设相应的特色课程①。刘文霞还指出，目前汉语国际教育专业本科的课程设置中存在一个问题，即忽视了语言文化交流与传播人才的培养，忽略了跨文化交流传播类的课程。

随着汉语国际教育专业的发展，目前已经有300多所高校开设本科专业。学者们已经逐渐明确汉语国际教育本科专业课程设置的内容，但是对于在具体的教学实践中该如何更好地安排这些课程成为学者研究的另一个重点问题。也就是第二个方面，不同类型课程所设置的学习时长以及各类型课程之间的关系。

在《专业目录和专业介绍》中，明确表明了汉语国际教育专业的学生在毕业后应该具备两种职能：一是能够从事对外汉语教学，二是能够从事与文化传播交流相关的工作。这就要求学生在培养时能够对汉语知识类、外语知识类、文学知识类、跨文化知识类和教育技能类这五类专业知识有足够的掌握。这五类专业知识在具体的教学安排和教学实施中存在课时分配不合理，甚至出现了没有安排的情况。

在现有的课程设置安排中，这五类课程存在着汉语知识类课程安排较多，其他四类课程安排较少的情况。陈莉、孙永良认为，对外汉语本科专业人才培养必须走"双语双文化"的路子，除了要重视汉语基础知识、汉语教学以及文化知识的学习，也要重视对外语和外国文化的学习。他们认为"汉语国际教育是以双语

---

① 刘文霞. 新形势下汉语国际教育本科专业课程设置研究［J］. 兰州教育学院学报，2014，30(12)：74-76.

能力为特色的专业，外语和汉语同等重要，客观来说教学课时应各占50%"①。李瑶以西安三所高校为例分析了汉语国际教育本科专业的课程设置。通过这三所高校汉语国际教育专业本科课程的对比以及对这三所学校的问卷调查，发现这三所学校所开的专业主干课程差不多，同时这三所学校还开设了拥有本校特色的科目。但是，这三所学校在课程的设置上还存在一些问题，比如专业课程设置混乱、部分课程结构体系存在着随意性、课程设置在落实人才培养目标和要求等方面力度不够等②。韦依娜提出汉语国际教育专业中的文学类课程存在着与其他课程脱节、所学内容与现实脱节的问题，并就这一问题提出了解决方案③。石琳则通过调查问卷的方式得出：需要提升主要核心课程如现代汉语、古代汉语等的课时，同时，学校应该增加汉语国际教育专业学生的外语课程并且丰富学生的专业选修课程④。

汉语国际教育专业本科的课程设置安排除了以上五类理论知识的学习外，还有实习和实践类的课程。汉语国际教育专业是一门培养应用型人才的学科，其实践性和实用性很强。但是，现有的课程对实践类的课程安排较少，学校所谓的实习也只是随便找一个单位盖一个章走走形式，学生在写论文时也只能是闭门造车、生搬硬套。特别是在毕业后，学生不会考虑从事对外汉语教师的工作。更有多项数据表明，汉语国际教育专业毕业生从事对外汉语教育工作的仅占10%左右。赵世举指出由于该专业发展过快等原因，出现了学生"专业迷茫"、就业困难的问题。学生们都转行从事其他专业的工作，并不考虑成为汉语教师⑤。葛馨、邵兵兵则是对汉语国际教育专业本科的实践类课程进行了讨论。首先，他们对实践课程进行了分类，分为技能训练类、课程实践类和社会实践类。接着，对这三个分类分别进行了教学方案的制订。最后，对这三类实践课程所要达到的目标进行了论述⑥。杨峥琳则就汉语国际教育专业本科学生的实习实践相关问题进行了探讨，指出"汉语国际教育本科专业学生人数逐年增加与现有的实习资源匮乏的矛盾日益凸显"。汉语国际教育专业培养的是"应用型专门人才"，强调对学

---

① 陈莉，孙永良. 汉语国际教育本科专业外语课程设置研究［J］. 扬州大学学报（高教研究版），2013，17（3）：79-82.
② 李瑶. 汉语国际教育专业本科课程设置初探——以西安三所高校为例［J］. 纳税，2017（12）：129+131.
③ 韦依娜. 关于汉语国际教育专业文学课程设置的思考［J］. 文教资料，2018（28）：15-16.
④ 石琳. 汉语国际教育本科专业课程设置与就业指导初探——以西南民族大学为例［J］. 西昌学院学报（社会科学版），2019，31（1）：114-118.
⑤ 赵世举. 汉语国际教育类专业的困境与出路［J］. 中国大学教学，2017（6）：46-49.
⑥ 葛馨，邵兵兵. 汉语国际教育本科专业实践类课程的设置方案［J］. 教书育人（高教论坛），2018（3）：76-77.

生的专业能力实践的训练,如果没有相应的教学实践平台,专业理论知识和教学方法学习就会被架空①。文中指出解决该专业学生的实习实践问题可以从两个角度入手:一是积极建设海外实践平台,二是积极搭建校内实习平台。

综上所述,可以看出目前汉语国际教育专业本科课程设置的内容相对固定,主要分为五大类和一个实践类的学习,但是,五大类课程的课时安排比例存在着很大的问题。如何正确地分配和平衡这五类理论知识的课时安排是各大高校该专业本科需要考虑的问题。同时,汉语国际教育专业本科课程设置还存在着实践类课程安排较少的问题。不少学校缺乏相应的实习实践平台,使得学生的实践经验较少,专业技能较差,需要各大高校重视对学生实践能力的培养。

三、汉语国际教育本科专业教材

关于汉语国际教育本科专业教材的研究与其他方面的研究相比相对较少。通过对中国知网的检索发现,有关对外汉语教材的研究共有 105 篇,分为对外汉语教材研究和汉语国际教育本科专业教材的研究,其中对外汉语教材的研究占了绝大部分,这类研究多为学位论文,而汉语国际教育专业本科教材的研究则主要集中在期刊论文上。这些关于本科专业教材的研究多是从宏观上谈论,就整个教材的建设体系提出相关建议。汉语国际教育本科专业教材大多依附于其他专业,例如有关语言、文学等方面的教材就使用了汉语言文学专业,有关跨文化交际、语言对比的教材则使用了外国语言文学专业,有关对外汉语、二语习得的教材则多是个人专著(刘珣、赵金铭等)。

沈庶英根据汉语国际教育本科学历教育多元化、开放性、实践性的特点,提出了汉语国际教育本科教材体系的建设取向:整体设计强化系统观念、内容组合突显专业特色、体系构建注重国际视野、教学法原则体现开放包容、建设过程突出创新思维、设计思路富有实践价值,认为汉语国际教育本科教材体系架构包括汉语言及中国文化、商务汉语、双语和翻译三个子系统②。戴军明在《浅谈汉语国际教育专业教材建设——兼评"商务馆对外汉语专业本科系列教材"》一文中,简要分析了汉语国际教育专业的教材使用情况,以及汉语国际教育专业教材建设的重要性和紧迫性,并对"商务馆对外汉语专业本科系列教材"作了扼要介绍和

---

① 杨峥琳. 汉语国际教育本科专业实习实践的困境与对策 [J]. 课程教育研究,2019 (9):15-16.
② 沈庶英. 试析汉语国际教育本科教材体系的架构 [J]. 黑龙江高教研究,2012,30 (5):140-142.

特点分析①。吴泓认为，由于汉语国际教育专业大多数学生的就业目标和方向是国际汉语教师，所以，汉语国际教育专业与其他专业相比有一定的特殊性。论文就汉语国际教育专业的特殊性与教材选择限制，对汉语国际教育专业双语教学教材提出了相关的建议②。王建军认为，权威性、精品型的汉语国际教育本科专业的自有教材应该作为标志性的共同成果纳入本专业发展的规划之中。因此，文章就自有教材的定位问题、自有教材的特色问题和自有教材的运作问题对教材建设提出了相关意见③。

总的来说，目前汉语国际教育专业仍然缺少一套与专业发展、人才培养相适应的且具有专业特色的系统性教材。

四、汉语国际教育本科专业就业

汉语国际教育本科专业的毕业生，一般有三个去向：一是继续读研深造；二是参加志愿者选拔，成为一名汉语教师；三是直接就业。但是汉语国际教育本科专业的就业情况并不理想，其中最为突出的问题就是专业对口率低。王玲对广东省6所高校的汉语国际教育专业本科大四学生进行问卷调查，分析了该专业本科生的就业竞争力④。张曼佳以汉语国际教育专业本科毕业生的就业问题为研究对象，通过对动机、结构等就业理论的研究，找出主要存在的就业问题并进行原因分析，提出相应的解决策略⑤。郑翠、王其和指出目前汉语国际教育专业培养的本科生、硕士生就业专业对口率较低，文章分析了汉语国际教育专业的就业现状，重新审视了该专业的专业定位、培养理念和课程设置问题⑥。陶媛媛（2019）从三个方面对就业问题进行阐述，分析了就业困难的原因，并对教师的自我培养和拓宽就业渠道方面提出相关建议⑦。张莹、张向辉基于SWOT分析法，对汉语国际教育专业就业进行了深入分析，并在此基础上给出了就业指导和创业指导⑧。

---

① 戴军明. 浅谈汉语国际教育专业教材建设——兼评"商务馆对外汉语专业本科系列教材"[J]. 汉语国际传播研究，2014（2）：53-59，214-215.
② 吴泓. 汉语国际教育专业双语教学教材建设探讨[J]. 语文学刊，2016（3）：102-103.
③ 王建军. 汉语国际教育本科专业的自有教材建设问题当议[J]. 国际汉语教学研究，2017（3）：88-91.
④ 王玲. 对外汉语专业本科大四学生就业竞争力调查研究[D]. 广州：暨南大学，2012.
⑤ 张曼佳. 汉语国际教育本科生毕业问题研究[J]. 教育教学论坛，2018（30）：59-60.
⑥ 郑翠，王其和. 汉语国际教育专业就业路径研究[J]. 中国成人教育，2019（13）：45-48.
⑦ 陶媛媛. 浅谈对外汉语毕业生的自我培养与就业[J]. 文学教育（下），2019（1）：169-170.
⑧ 张莹，张向辉. 汉语国际教育专业就业指导路径的探索[J]. 教育教学论坛，2019（31）：96-97.

此外，更多的文献以某个或是某一类地区的院校来具体分析汉语国际教育本科专业的就业情况。高凯燕以了解汉语国际教育专业人才供求问题为目的，通过对以山西大学汉语国际教育专业毕业生为主体的问卷调查和对当前就业形势的分析，得出"对口就业难"的原因，一方面是供求及地域不平衡，另一方面是由于专业培养模式下学生实践经验与能力不足[1]。朱淑仪、陈乔君选取惠州学院五届汉语国际教育专业毕业生作为研究样本，调查汉语国际教育专业本科毕业生的就业情况，发现国内就业是主流，专业不对口情况严重[2]。白洁通过问卷调查，准确收集陕西高校该专业第一手就业数据，通过数据分析得出学生就业现状和问题，最后提出解决办法，期待对汉语国际教育专业人才培养建设提供一定指导[3]。潘劲草以郑州大学汉语国际教育本科生为调查对象，从毕业生的个人专业选择、在校学业情况及就业状况等方面进行了调查研究和对比分析[4]。孙月红、韦丽达、谢家容以广西民族大学相思湖学院为例，对汉语国际教育专业近五年就业情况进行跟踪调查，以寻找症结的根源和破解的对策[5]。

综上，关于汉语国际教育本科生的就业情况，主要表现为以下几点：（1）大部分选择国内就业；（2）专业对口率低；（3）难以长期从事本专业工作。汉语国际教育专业的学生学习是在国内，而多数专业对口的工作岗位在国外，就业压力、外界影响甚至女性安全等因素都使得本科毕业生就业的专业对口率低下，这是对教育资源的一种浪费。如何平衡国内学习和国外教学的关系，拓宽该专业在国内的就业面成为当前亟待解决的问题。

结　　语

我国的对外汉语教学事业开始于1950年，至今已有近70年的历史。但"汉语国际教育"这个专业名称在2012年才被确定，可以说，"汉语国际教育"专业还是一门年轻的学科。在对专业建设的研究中，学者们对于汉语国际教育本科的课程设置以及就业情况给予了更多的关注。在课程设置方面，学者们指出要在五类课程中保持平衡。除了强调理论知识的学习，学者们还强调了实践类课程在课

---

[1] 高凯燕.汉语国际教育专业毕业生就业问题探讨——以山西大学为例[J].亚太教育，2015(19)：275.

[2] 朱淑仪、陈乔君.汉语国际教育专业本科毕业生就业情况调查分析——以惠州学院为例[J].河北工程大学学报（社会科学版），2018(4)：97-99.

[3] 白洁.陕西高校汉语国际教育专业本科学生从业状况分析[J].智库时代，2018(49)：81-82.

[4] 潘劲草.汉语国际教育本科毕业生就业问题调查[D].郑州：郑州大学，2018.

[5] 孙月红，韦丽达，谢家容.近五年汉语国际教育专业就业情况调查报告——以广西民族大学相思湖学院为例[J].中国市场，2019(3)：108-110.

程设置中的重要性。这样的课程设置有利于学生在把握扎实的理论基础上，拥有较高的实践能力。在就业方面，学者们重点指出该专业的专业对口率较低。岗位分布不均衡、外界的影响等因素使得专业对口率较低，学生毕业后难以长时间从事本专业工作。这一问题的提出是对汉语国际教育专业人才培养和教学方面提出了新的要求，即如何才能提高学生就业的专业对口率。在阅读和整理文献中发现，学者们对于专业教材的研究较少。目前汉语国际教育专业所使用的教材多依赖于其他专业的教材，缺乏一套完整的具有本专业特色的系统性教材。学者们通过研究认为，汉语国际教育专业要立足于培养国际汉语教师这一点，研发出能够体现该专业特点的教材。这类教材的研发和使用能够更好地促进该专业的人才培养。

汉语国际教育专业建设与教学研究

课程设置与课程建设

汉语国际教育专业本硕专业课程衔接研究[①]

张 舸[②]，孙万源[③]

近年来汉语国际教育专业发展迅猛，各高校相继开设汉语国际教育本科或硕士专业，自北京语言大学2015年开设第一个汉语国际教育博士专业以来，汉语国际教育专业更进一步形成了本硕博一体化的人才培养体系。既是一体化的人才培养体系，必然有其内在的专业连贯性和系统性的要求[④]。然而学界对于阶段衔接的关注度不够，各阶段各自为政，课程贯通和学生连续培养还存在较为明显的脱节现象。

尽管本科教育和研究生教育的目标、思路和方法有着本质的区别，但作为名称相同的专业，在知识体系和能力结构上应该是循序渐进、互相衔接的；与之相对应，作为实现人才培养目标最重要的途径和手段的课程设置应该既有区别，又有联系。也就是说，知识互补、程度渐进和教学内容相互融合应该是专业课程本硕贯通的核心内容。本文关注的即是汉语国际教育专业本硕专业课程的区别和联系问题。

一、研究对象及方法

各高校汉语国际教育专业开设情况各有不同，有的学校只在本科阶段设置该专业，有的学校仅在硕士阶段开设该专业，还有一些学校本硕阶段都开设了该专业。因此，本文就针对以上三类高校汉语国际教育专业的课程设置情况来进行

[①] 本文系全国汉语国际教育专业学位研究生教育指导委员会汉语国际教育专业学位研究生教育研究2017年度课题"汉语国际教育典型案例研究"（编号：HGJ201718）的阶段性研究成果之一。本文曾于2019年4月在扬州大学文学院主办的"汉语国际教育专业建设与教学研讨会"上报告。
[②] 张舸，博士，华南师范大学文学院副教授、硕士生导师，研究方向为汉语国际教育、现代汉语、语言教育。
[③] 孙万源，华南师范大学文学院汉语国际教育硕士研究生。
[④] 陆俭明. 汉语国际教育专业的定位问题[J]. 语言教学与研究，2014（2）：11-16.

研究。

本文依据《国际汉语教师标准（2007版）》《国际汉语教师标准（2012版）》和本硕汉语国际教育专业培养目标，选取三类高校各3所共9所，对这些学校的汉语国际教育专业课程设置分为7个模块进行分析，对该专业的课程衔接问题进行总结和反思，以期为开设该专业的高校的专业教学改革提供借鉴。这三类高校分别为：第一类的3所高校只在本科阶段设有汉语国际教育专业，分别是广东海洋大学、大连民族大学和郑州轻工业大学；第二类的3所高校只在硕士研究生阶段设置汉语国际教育专业，分别是华南师范大学、湖南大学和吉林大学；第三类的3所高校本硕阶段都设置了汉语国际教育专业，分别是华中师范大学、广西大学和山西大学。

本文讨论的是专业课程设置，在统计时排除了公共课和任选课，只统计了专业必修课和专业选修课。本文将该专业的课程分为7个模块，分别是汉语知识与能力、中华文化与跨文化交际、第二语言习得理论、汉语教学理论、教师职业能力、科研能力和其他。

汉语知识与能力模块要求学生具备汉语语言学的基本知识，包括基本的汉语语音、词汇、语法和文字的分析能力，包含了现代汉语、古代汉语、训诂学、文字学、词汇学、音韵学、修辞学、语用学和语法专题研究等课程。中华文化与跨文化交际模块要求学生了解中华文化，掌握中华才艺，具有跨文化交际的意识和能力，能用任教国语言或英语进行交际或教学，课程既包含了中国古代文学、中国现当代文学、西方文学等文学课程，也包括了中华才艺、民俗学、中国哲学智慧和跨文化交际等课程，还包括了英语相关课程和第二外语课程。第二语言习得理论模块要求学生理解语言学习和语言教学中的基本原理和方法，了解如何科学合理地进行第二语言教学。汉语教学理论模块要求学生掌握语言教学与汉语教学的基本原则和方法，主要包括对外汉语教学法、对外汉语教学概论、汉语作为第二语言教学、国外汉语课堂教学案例以及汉外语言对比、比较语言学、社会语言学等课程。教师职业能力模块着眼于教师职业能力和素质发展，包括心理学、教育学、逻辑学、测试与评估、课堂设计与管理、现代教育技术、普通话、演讲与口才以及写作等课程[①]。科研能力模块是提升学生科研能力的课程，包括了社会调查与方法、方言调查、语言学论文写作、学术论文指导等课程。分析中设置了其他这一模块，主要是因为部分高校的某些课程与汉语国际教育专业特点不吻合，或者有难以归入以上类别的课程，如宪法学、法学导论、摄影基础、秘书

---

① 崔希亮. 我们需要什么样的汉语教师[J]. 国际汉语教育, 2016, 1(1): 6-9.

学、现代企业管理和毕业论文、毕业实习等课程[①]。

二、第一类和第二类高校专业课程设置分析

这一部分考察的是只在本科阶段设有汉语国际教育专业的3所高校及只在硕士研究生阶段设置汉语国际教育专业的3所高校的专业课程设置。具体情况如表1所示。

表1 第一类和第二类高校专业课程设置情况表

院校	总课程门数	汉语知识与能力		中华文化与跨文化交际		第二语言习得理论		汉语教学理论		教师职业能力		科研能力		其他	
		门数	占比(%)	门数	占比(%)	门数	占比(%)	门数	占比(%)	门数	占比(%)	门数	占比(%)	门数	占比(%)
广东海洋大学（本）	50	6	12	21	42	1	2	7	14	8	16	2	4	5	10
大连民族大学（本）	45	3	7	16	36	0	0	6	13	9	20	2	4	9	20
郑州轻工业大学（本）	36	8	22	16	44	0	0	3	8	5	14	0	0	4	11
华南师范大学（硕）	19	1	5	6	32	3	16	2	11	5	26	1	5	1	5
湖南大学（硕）	27	2	7	7	26	2	7	5	19	8	30	1	4	2	7
吉林大学（硕）	23	1	4	7	30	2	9	4	17	7	30	1	4	1	4

由表1可见，由于本科和硕士培养的时间不同，课程总门数有较大差异，这是正常现象。两类高校各个模块均有相关课程，课程均衡分布做得较好。具体分

---

① 苗苗. 重庆师范大学汉语国际教育硕士专业课程设置学生问卷调查[D]. 重庆：重庆师范大学，2015.

析如下:

汉语知识与能力方面,本科阶段开设该模块课程最多的是郑州轻工业大学,达到8门,占比22%,该校此模块课程最多的原因是对汉语课程的设置非常细致,如现代汉语词汇学、语法、语音、语义学、训诂学、语用学和文字学概论等。大连民族大学相对而言开设的该课程少一些,只有3门,分别是现代汉语、古代汉语以及汉语史。硕士阶段3所高校所设课程门数并不多,只有2~3门,占比也不高。

中华文化与跨文化交际方面,每类学校都较为重视,6所高校中有5所中华文化和跨文化交际模块课程的比例都排在第一位。本科阶段3所高校开设该模块的课程占比排在所有课程的前三位,广东海洋大学、大连民族大学、郑州轻工业大学占比分别为42%、36%和44%。从具体课程来看,这3所高校的相关课程开设较多且划分较细,语言、文学和文化类课程开设较多。以广东海洋大学为例,英语相关课程如英语读写、英语听说、英汉互译、英汉互译技能训练和专业英语、商务英语等,文化和文学相关课程如中国现当代文学、文学概论、唐诗研究、鲁迅研究、诗词背诵、外国文学、中国文化概论、中西文化概论、中国民俗学、海洋文化、西方文化与礼仪、中国文化交流史等。硕士阶段3所高校开设的课程门数也都较多,占比都超过了25%。

第二语言习得理论方面,本科阶段开课比例非常低,只有广东海洋大学开设了1门,占比2%,其他两所高校均没有开设该类课程。硕士阶段的开课情况则较为均衡,华南师范大学开设了3门,占比16%。湖南大学和吉林大学都开设了2门。总体来看,本科阶段3所高校该板块的课程占比均是最低的。硕士阶段3所高校该板块的课程占比差异较大。

汉语教学理论方面,本科阶段开设该模块课程最多的是广东海洋大学和大连民族大学,分别为7门和6门,占比分别为14%和13%,郑州轻工业大学开设该模块课程相对而言少一些,只有3门,占比8%。硕士阶段该模块课程占比在10%~20%之间,开设最少的是华南师范大学,开设2门,占比11%,最多的是湖南大学,开设了5门,占比19%。

教师职业能力方面,两个阶段都非常重视该模块课程的设置,本科阶段设置最多的是大连民族大学,有9门相关课程,占比20%,分别为教育学、心理学、写作、普通话训练等,最少的是郑州轻工业大学,开设5门,占比14%。硕士阶段该模块的课程占比均超过25%,湖南大学开设了8门课,吉林大学开设了7门课,占比都是30%。从课程设置来看,绝大多数学校对教师职业能力的培养都较为重视。

科研能力方面,本科阶段广东海洋大学和大连民族大学都是开设了2门,占比都是4%，郑州轻工业大学则没有开设相关课程。硕士阶段3所高校都只开设了一门教学调查与分析。总体上看专门培养科研能力的课程在本硕阶段各个高校开设得都不多，课程占比0～8%。

其他方面，本科阶段，除了和专业课程设置相关的课程外，几乎所有的高校都开设有和该专业建设关系不紧密的课程，如大连民族大学，比例高达20%。经过调查，其原因在于大连民族大学的汉语国际教育本科专业开设在文法学院，因此该专业的同学除要学习文法学专业的必修课如法学导论、法律文书写作外，还要学习选修课，如摄影基础课等。硕士阶段，湖南大学开设有研究生创新课程和汉语国际推广专题，吉林大学开设有汉语国际推广专题。硕士阶段的这两门其他课程能起到拓展专业视野、增强学生专业能力的作用，可谓具备时代性的特色课程。

三、第三类高校专业课程设置分析

这一部分考察的是在本科阶段和硕士阶段都设有汉语国际教育专业的3所高校的专业课程设置。具体情况如表2所示。

表2 第三类高校专业课程设置情况表

院校	总课程门数	汉语知识与能力		中华文化与跨文化交际		第二语言习得理论		汉语教学理论		教师职业能力		科研能力		其他	
		门数	占比(%)	门数	占比(%)	门数	占比(%)	门数	占比(%)	门数	占比(%)	门数	占比(%)	门数	占比(%)
华中师范大学（本）	52	7	13	25	48	3	6	8	15	4	8	3	6	2	4
广西大学（本）	47	4	9	27	57	1	2	5	11	8	17	1	2	1	2
山西大学（本）	32	6	19	15	47	0	0	4	13	1	3	1	3	5	16
华中师范大学（硕）	13	0	0	4	31	1	8	4	31	2	15	1	8	1	8
广西大学（硕）	25	5	20	8	32	1	4	4	16	5	20	1	4	1	4
山西大学（硕）	17	2	12	6	35	2	12	2	12	4	24	0	0	1	6

由表2可见，这3所高校本硕两个阶段都同时开设了汉语国际教育专业，在课程设置方面的衔接要求比第一类和第二类高校要高。这3所高校的课程设置有两点值得注意：第一，总课程数三所高校差异较大，本科阶段课程最多的有52门，最少的有32门，硕士阶段课程最多的有25门，最少的有13门；第二，和前两类高校情况相同的是，第三类的3所高校在中华文化与跨文化交际模块的课程设置都是最多的，第二语言习得理论模块的课都相对较少。具体分析如下：

汉语知识与能力方面，本科阶段设置门数最多的是华中师范大学，有7门，占比13%，最少的是广西大学，只有4门，占比9%。硕士阶段开设门数最多的是广西大学，有5门，占比20%，最少的是华中师范大学，开课门数是0。由此也可以看到，在该模块课程的衔接上，华中师范大学把重心放在了本科，而广西大学则把重心放在了硕士阶段。

中华文化与跨文化交际方面，本科阶段开设最多的是广西大学，达到了27门，占比57%，最少的是山西大学，有15门，占比47%。尽管课程门数差异较大，但因山西大学汉语国际教育专业开设的总课程数相比广西大学少了十几门，所以占比相差并不是很大。硕士阶段开设相关课程最多的也是广西大学，有8门，占比32%，最少的是华中师范大学，开了4门，占比31%。由于两所高校的总课程数相差较大，实际占比相差并不大。

第二语言习得理论方面，本科和硕士两个阶段开设的相关课程都不多，最少的是0，最多的也只开设了3门课。

汉语教学理论方面，本科阶段开设课程门数最多的是华中师范大学，有8门，占比15%，最少的是山西大学，只有4门，占比13%。硕士阶段开设课程门数最多的是华中师范大学和广西大学，都有4门，分别占比31%和16%，山西大学只开设了2门课程，占比12%。

教师职业能力方面，本科阶段开设最多的是广西大学，有8门，占比17%，最少的是山西大学，只开了1门，占比3%。硕士阶段广西大学开设最多，华中师范大学开设最少，门数分别是5门和2门。

科研能力方面，本科阶段华中师范大学开设相关课程最多，有3门，占比6%，广西大学和山西大学均只开设了1门。硕士阶段华中师范大学和广西大学都开了1门，名称是教学调查与分析，而山西大学没有开设相关课程。

其他方面，本科阶段最多的是山西大学，有5门，占比16%，除了毕业论文和实习，还开设了传播学等课程。硕士阶段3所高校都开设了1门，名称都是汉语国际推广专题。

四、本硕课程设置衔接情况分析

（一）课程设置的总体优势

课程模块设计基本合理。从9所高校的课程设置来看，各个模块基本都有涉及，课程设置基本上做到了全面和均衡，不存在较大程度的结构上的不合理。

重视外语。掌握一门外语是两个阶段专业培养目标之一，能够使用任教国语言或英语进行交际和教学是《国际汉语教师标准》的要求，因此，外语课程是汉语国际教育专业课程中的重要部分。就目前统计的数据来看，除了全校性的英语公共课外，6所本科高校都开设了较丰富的英语课程，如郑州轻工业大学开设了英语口语、英语视听、英语语音、综合英语、英语写作、英语翻译等课程。另外，还有部分高校开设了第二外语课，如广东海洋大学等。

开设了部分与专业有关的特色课程。每个学校都根据自身特点和专业特点开设了相关的特色课程，如广东海洋大学的海洋文化、华中师范大学的戏剧专题研究和广西大学的东盟国家文化等等，这些特色课程的设置对国际汉语教师素质多元化的培养起到了重要作用。

（二）课程设置的一些不足

个别课程专业特色不突出。个别高校会因为专业所属学院的限制或其他原因，开设了部分和汉语国际教育专业关联不大的课程，如宪法学、法学导论等，这些课程的学习挤压了专业学习的时间，导致学生的学习精力被分散，造成了专业不专的现象。

实践机会少。就调查的数据来看，跟汉语国际教育见习或实习相关的实践课程通常只有1门。而据了解，本科阶段能够安排给学生去教学实践的机会非常少，多数学校都无法完成真正的对外汉语教学实践或汉语国际教育实践，而是以教授语文或各类单位从事文秘工作等方式替代①。

跨文化交际能力的培养不足。尽管中华文化与跨文化交际这个模块在两个阶段的课程中开设门数和占比都几乎是最高的，但是仔细分析具体课程，大多数是文学类、文化类和才艺类等，跨文化交际方面的课程很少，有的大学甚至连一门跨文化交际课都没有。

科研能力的培养不足。几乎所有的高校在科研能力培养方面的课程都很少，在

---

① 吴应辉. 汉语国际教育面临的若干理论与实践问题[J]. 云南师范大学学报（哲学社会科学版），2016，48（1）：38-46.

12份课程设置方案中,有10份方案中科研能力方面的课程占比都是最低的。

(三)衔接分析

从本硕课程衔接的角度看,课程设置既有优点,也存在问题。

1. 优点

两个阶段的专业课程总体体现出一定的衔接意识,主要表现在本科阶段的课程以基础性课程为主,在专业培养的基础上注重提升学生的综合素质;而研究生的课程则专业性明显增强。从具体课程看,文学类的课程主要出现在本科阶段,第二语言习得理论的课程主要出现在硕士阶段。教师职业能力培养方面的课程硕士阶段的占比也明显高于本科阶段。

在相同课程的名称上体现出一定的衔接意识。以文化概论和文化传播为例,本科阶段开设的多为文化概论类的课,而硕士阶段则都开设了中华文化与传播类的课程。两个阶段都是对中国传统文化的学习,但是,两个阶段的侧重点不一样,本科阶段的文化概论是对文化理论和世界文化基础的学习,硕士阶段的中华文化与传播更多的是在学习中国传统文化的基础上进一步学习如何进行传播。这两个阶段这一方面的课程衔接得较好[①]。

2. 问题

缺失课和重复课的问题。专业名称相同的如果没有较为清晰的衔接意识,会出现缺失课和重复课的问题。例如一些专业性强的课阶段性不明确的话就容易出现这两个问题。以第二语言习得理论和偏误分析为例,这两门课都是专业性较强的课程,有的高校在本科阶段开设,有的则在硕士阶段开设。从我们研究的9所高校来看,本科开设这两门课的高校不多,但也有,而硕士阶段,则普遍开设了这两门课。这就导致攻读该专业硕士学位的学生有的在本科阶段系统学过这两门课,到硕士阶段又重复一遍,有的学生则在本科阶段完全没有接触过这两门课。通过对一些老师的访谈,发现老师们的认识也不尽相同。有的老师认为这两门课应该是本科该专业必须要学习的基础课,有的老师则认为理论性和专业性太强,应放在硕士阶段开设。

缺失课不应该,而重复课则应辨证看待。我们认为,基于专业相同而阶段有异,有些课名称相同也无妨,只要在教学内容和方法上注意程度差别。如跨文化交际、汉语作为第二语言教学、第二语言习得理论等专业课,本科阶段的重点应该放在基础理论和基本方法上,硕士阶段则注重案例分析和实践研讨,重点放在实践能力和科研能力的培养上[②]。

---

① 王辉,刘冬. 本硕层次学徒制:英国高层次应用型人才培养的另辟蹊径[J]. 高等教育研究,2014, 35 (1): 91-98.

② 黄晓春. 本硕衔接教育研究与探索——以语言学科为例[J]. 中国大学教学,2011 (2): 36-38.

总的来说，相同专业在本科和硕士两个不同的阶段由于培养目标和培养特点不同，课程设置一定会有同有异。基于专业性和阶段性，从优势互补、一体化人才培养体系建设的角度出发，高校在设置汉语国际教育专业本科和硕士专业课程时，应该具备衔接意识，该有的课一定要有，程度上则要有所区别。衔接意识，具体表现为阶段意识、目标意识、模块意识和时代意识等。本科课程在模块均衡考虑的前提下注重打基础，既为学生毕业后从事与专业相关的工作打基础，又为其中一些学生进一步攻读同专业的硕士学位打基础。硕士课程则需进一步加强专业性和实践性，培养全面发展的汉语国际教育人才。本科和硕士的培养目标应具备区别性和关联性，并在课程中得以反映。汉语国际教育专业发展与社会发展紧密相连，因此，在本硕课程的设置中，时代性的体现是必不可少的。

附录：三类高校的课程设置表

表1　第一类高校的课程设置

	必修课程		选修课程
广东海洋大学（本）	现代汉语语法专题研究	说话实训	现代汉语词汇学
	现代汉语	基础写作训练	汉字学
	古代汉语	教育学	汉语修辞学
	英汉互译技能训练	心理学	商务英语
	中国现当代文学	现代教育多媒体技术	跨文化交际
	中国文化概论	汉语写作	中华才艺（书法）
	外国文学	对外汉语教师口语训练	中外文化交流史
	英语读写	对外汉语教学实训	中西文化概论
	英语听说	对外汉语教学概论	第二外语
	专业英语	对外汉语教学法	海洋文化
	英汉互译	语言学概论	唐诗研究
	中国民俗学	专业导论	鲁迅研究
	诗词背诵	涉外法规	语用学导论
	文学概论	毕业论文	中外语言学史
	西方文化与礼仪	毕业实习	西方语言学名著选读
	学术论文指导	第二语言习得理论	逻辑学
	专业调查与实践		秘书学

(续表)

	必修课程		选修课程	
大连民族大学（本）	跨文化交流学	现代汉语	希腊神话研究	汉语史
	中国古代文学	古代汉语	中国古代神话研究	市场营销学
	中国传统文化	演讲与口才	国学典籍	法律文书写作
	中国现代文学	基础写作	中国书画艺术研究与赏析	
	中国文化通论	普通话训练与测试	中外文化交流史	
	中国当代文学	逻辑学	当代国际文化交流	
	外国文学	教育心理学	商务英语	
	英语听说	教育学	普通话训练	
	英语读写	对外汉语教学概论	教师技能训练	
	社会调查与方法	语言学概论	普通心理学	
	民族理论与政策	对外汉语课堂教学法	社会语言学	
	专业实践	摄影基础	语法学研究	
	专业见习	宪法学	对外汉语语音和文字教学	
	毕业论文	法学导论	文学批评方法与写作	
郑州轻工业大学（本）	中国古代文学	现代汉语词汇学	中国近代文学史	
	中国文化概论	现代汉语语法	文学概论	
	跨文化交际概论	古代汉语	中华才艺训练	
	中国现当代文学	现代汉语语音	世界文学史	
	英语口语	逻辑学	中国小说史	
	英语视听	媒介素养	文字学概论	
	综合英语	教育学	训诂学	
	英语语音	心理学	语义学	
	英语写作	对外汉语教学概论	语用学	
	英汉翻译	语言学概论	普通话口语艺术	
	书法鉴赏	教学法	新闻学导论	
	专业实习	现代企业管理		
	学年论文			

表2-1 第二类高校的课程设置（1）

	核心课程	拓展课程		训练课程
华南师范大学（硕）	汉语作为第二语言教学	汉语语言学	国外语言教育理论与方法	教学调查与分析
	国外汉语课堂教学案例	偏误分析	现代教育技术与应用	课堂观察与实践
	第二语言习得	电影与文化传播	对外汉语教材研究与使用	教学测试与评估
	中华文化与传播	涉外礼仪	国外中小学语言教育专题	中华才艺与展示
	跨文化交际	国别与地域文化	教学设计与课堂管理	

表2-2 第二类高校的课程设置（2）

	核心课程	拓展课程		训练课程	学位预备课程
湖南大学（硕）	汉语作为第二语言教学	研究生创新课程	中国思想史	教学调查与分析	现代汉语
	国外汉语课堂教学案例	汉语言要素教学	国别与地域文化	课堂观察与实践	语言学概论
	中华文化传播	偏误分析	中外文化交流专题	教学测试与评估	课堂教学观摩与体验
	跨文化交际	汉外语言对比	礼仪与国际关系	中华文化才艺与展示	
	第二语言习得	课程设计	外语教育心理学		
		现代语言教育技术	国外中小学教育专题		
		汉语教材与教学资源	教学设计与管理		
		汉语国际推广专题			

表2-3 第二类高校的课程设置（3）

	专业必修课程（非训练课）	专业必修课程（训练课）	专业选修课程（非训练课）	
吉林大学（硕）	汉语作为第二语言教学	教学调查与分析	汉语语言要素教学	中外文化交流专题
	第二语言习得	课堂观察与实践	偏误分析	礼仪与国际关系
	国外汉语课堂教学案例	教学测试与评估	汉外语言对比	外语教育心理学
	中华文化与传播	中华文化才艺与展示	现代语言教育技术	国外中小学教育专题
	跨文化交际		课程设计	教学设计与管理
			汉语教材与教学资源	汉语国际推广专题
			中国思想史	国别与地域文化

表 3-1　第三类高校的课程设置（1）

	必修课程		选修课程	
华中师范大学（本）	文学文本解读	大学英语视听说	外国影视与文化研究（全英文）	汉语多媒体教学课件设计
	中国古代文学	影视理论研究	文化学概论	对外汉语教材研究
	文学理论	第二外语	中国古代小说研究	汉语课堂教学理论与实践
	中国现代文学	第二语言习得理论	中国古代诗歌研究	对外汉语教学法
	外国文学	写作	中国戏剧专题研究	对外汉语教学研究专题
	中国当代文学	现代汉语	西方戏剧专题研究	西方语言学史
	文学批评	古代汉语	中国当代影视研究	应用语言学
	民间文学	语言学专题研究（全英文）	现代汉语语法研究	比较语言学
	跨文化交际（双语）	语言学概论	现代汉语词汇研究	计算语言学
	语言与社会文化（双语）	专业导论	文字学	语言学论文写作
	中国现代文学经典研究		训诂学	科研方法训练
	中国当代文学经典研究		中国语言学史	学术论文写作
	民俗学		第二语言教学概论	母语教育国际比较
	大学英语读写译		第二语言教学流派（全英文）	

(续表)

	必修课程		选修课程	
广西大学（本）	英语听说	中国现代文学简史	武术	现代社交礼仪
	英语写作	第二语言习得理论	方言与地域文化	民俗学
	英语阅读	现代汉语	民族音乐与戏曲	汉语音韵与格律
	英语高级视听与口语	古代汉语	西方哲学史	修辞学与修辞教学
	古代文学经典选读	汉语语法教学	丝绸之路历史考古	公文写作
	跨文化交际	对外汉语教学概论	第二外语	普通话正音训练
	世界文化概论	语言学概论	书法艺术	教育心理学
	外国文学简史	对外汉语教学法	东盟国家文化	环境心理学
	中国古代文学史	汉字教学	人力资源英语	新闻与传媒研究
	文学概论	汉语基础写作	英语综合测试	英语学术写作
	中国当代文学简史	教育学	英语合唱文化与技巧	
	中国文化概论	教学组织与管理	儒释道与中国文学	
山西大学（本）	中国古代文学史	古代汉语	中国哲学智慧	语法专题研究
	中国现当代文学史	写作实践训练	中日近代文化文学关系研究	方言调查
	中国文化概论	应用语言学理论	民俗学	现当代作家个体研究
	中国民间文学	对外汉语教学概论	文献学	
	西方文学	语言学概论	中国文化原典研究	
	中国文学批评史	传播学概论	经典研究	
	东方文学	毕业论文	语音学与音韵学	
	中国古代文学	毕业实习	修辞学	
	文学概论	职业生涯规划	汉语词汇史研究	
	现代汉语		训诂学	

表 3-2 第三类高校的课程设置（2）

	专业必修课（非训练课）	专业必修课（训练课）	专业选修课（非训练课）
华中师范大学（硕）	汉语作为第二语言教学	教学调查与分析	第二语言习得
	对外汉语教学法	课堂观察与实践	汉外语言对比
	国外汉语课堂教学案例	教学测试与评估	国别与地域文化
	中华文化与传播	中华文化才艺与展示	汉语国际推广专题
	跨文化交际		

(续表)

	核心课程	语言教学类	文化类	教育类	教学技能训练课程
广西大学（硕）	汉语作为第二语言教学	汉字与汉字教学	东南亚文化	外语教育心理学	泰语培训
	第二语言习得理论	汉语语音与语音教学	礼仪与国际关系	中小学汉语教育专题	课程设计
	中华文化与传播	汉语词汇与词汇教学	中国文化概论	汉语国际推广专题	教学调查与分析
	对外汉语课堂教学案例	汉语语法与语法教学	中外文化专题		现代教育技术应用
	跨文化交际	汉语修辞与修辞教学			中华文化才艺与展示
	课堂教学研究	对外汉语课型教学			
		对外汉语教材分析			

表3-3 第三类高校的课程设置（3）

	专业基础课程	专业运用课程	选修课程	
山西大学（硕）	语言本体知识与语言教学	多媒体课件制作	跨文化交际	教育学原理
	中华文化与传播	汉语偏误分析与教学对策	汉语要素教学	教育心理学
	汉语作为第二语言教学概论	国外中小学语言教育与汉语教材编写	汉外语言对比	汉语国际推广专题
	实用专业英语	中华传统才艺与教学	中国古典诗词专题研究	
	对外汉语教学法与案例分析		中国古代思想文化	

汉语国际教育专业留学生本科课程设置初探[①]

——以国内十所院校为例

江傲霜[②]，韦秋霜[③]

引　言

随着汉语进入很多国家的基础教育体系，越来越多的中小学开设了汉语课，少儿成为汉语学习队伍中不断壮大的新兴群体。目前，国内留学生汉语师资的培养多面向硕士且以成年人为其教学对象。在具备汉语国际教育硕士招生资格的院校中，设有本科留学生汉语师资培养专业的寥寥无几，专门面向海外中小学培养的本科人才尚不多见。尽管有些院校在对外汉语或汉语国际教育专业下设有多个方向，但多为汉语言文化、经贸或翻译，本土中小学汉语师资培养几乎成为空位。

为解决海外中小学汉语师资紧缺的问题，提高师资培养的针对性，2013 年，国家汉办面向亚洲、非洲、拉丁美洲等地区的孔子学院正式招收汉语国际教育专业本科生，为海外中小学培养本土汉语师资。2014 年，全国指定十所院校招生，2015 年扩大为 16 所，2016 年全面放开。目前，各校生源主要为"一带一路"沿线国家学生，如东南亚、中亚、非洲等地区。本文对国内十所院校汉语国际教育专业留学生本科的课程设置进行了系统深入的分析，旨在考察这些院校课程设置的共性和差异，指出存在的问题并对师资培养提出相关建议。

[①] 本文的汉语国际教育专业是指以培养汉语师资为目标的专业。为了行文方便，后文将汉语国际教育专业留学生本科简称为汉语国际教育专业（留本）。
[②] 江傲霜，1973，女，博士，中央民族大学国际教育学院副教授，主要研究方向为汉语国际教育。
[③] 韦秋霜，中央民族大学国际教育学院教师。

一、十所高校课程设置对比分析

（一）培养目标

科学的专业培养目标是教育教学活动开展的基础，从十所院校的培养目标来看，除两所学校未标明，其余各校基本一致，主要是培养"在海外从事汉语教学及相关工作的实践型语言教学人才或复合型、应用型、国际型专门人才"。

（二）培养模式

目前，国内高校汉语国际教育专业留学生本科培养主要有三种模式。第一种为单独培养，即设置独立的培养方案，单独编班进行教学，如华东师范大学、北京外国语大学等。第二种为混合培养，分为两种情况：一种是"中外混合"培养，即该专业的中外本科生共用一个培养方案，共同接受教育，如浙江师范大学等；另一种是"外外混合"培养，指该方向的留学生使用其他方向留学生的培养方案，如使用汉语言文学方向的培养方案。第三种为分阶段混合培养，指有独立的培养方案，在不同的教学阶段，采取混合培养的形式，主要包括"先合后分"和"先分后合"两种情况。"先合后分"指该方向留学生与其他方向留学生共同进行基础阶段的汉语学习，到专业阶段再分开，如北京语言大学、中央民族大学等；"先分后合"指留学生独立完成基础阶段的汉语学习，专业阶段与中国学生共同接受教育，如上海外国语大学等。

（三）课程设置

目前，汉语国际教育专业（留本）并无统一的课程大纲。从调查来看，各校的课程设置有如下特点：

1. 总学分差异较大，汉语课占比最高

十所院校中有五所院校的总学分在 150～170 之间，其余学校的总学分差异较大。最低为 134 学分，最高为 190 学分。其中，有一所院校实行"弹性学分制"，即学生完成获得学位规定的最低学分后，若有余力，可根据个人兴趣和专业发展选修更多课程。必修课程在课程体系中所占学分最高，而汉语课学分在必修课中所占比例最高（见表1）。

2. 课程类型趋同，课程名称差异不大

十所院校的课程类别差异不大，只是名称稍有不同，主要分为公共课程、汉语基础课程和专业课程三大类。从课程性质来看，主要分为必修课和选修课。在十所院校中，除一所学校未设置选修课程外，其余九所均开设了必修课和选修课。必修课程的特点为语言技能类课程所占比重最大，其次为教学技能类和文化

表1 十所院校汉语国际教育专业（留本）课程基本信息

院校	总学分	必修课程				选修课程		实践环节	
		通识课学分	汉语课学分	汉语课学分/总学分	专业课学分	选修课学分	选修课要求	专业实践学分	论文答辩
1	152	0	96	63.16%	22	26	46门选26学分	0	8
2	169	0	98	57.99%	64+16指选	0	8门、指定选修课	3	4
3	172	0	100	58.14%	42	18	18门选9门	4	8
4	168	2	96	57.14%	8+22必选	22	8门必选+11门任选（从12门中选）	4	8
5	170～190	0	120	70.59%～63.16%	28	16～36	18门选8门以上	1	5
6	142	0	72	50.70%	40+4必选	12	2门指选+6门任选（从17门中选）	8	6
7	172	8	122	70.93%	36	0	未开设	6	0
8	160	38	0	0	92	4	35门选4学分	20	6
9	157	6	108	68.79%	21	14	22门选7门	4	4
10	134	9	72	53.73%	26+18必选	4	修满22学分	1	4

类课程。不同之处在于：

第一，汉语知识类课程设置侧重不同

汉语知识类课程主要包括本体知识课程和语言学课程。如现代汉语、古代汉语和语言学概论。十所学校均开设了本体知识课程，然而仅有三所院校开设了语言学课程。本体知识课程主要安排在第五、六学期，语言学课程则安排在第七学期。

第二，文学文化类课程数量各异

关于文学文化类课程，有的院校开设了多门，有的则完全不开设或仅开设一门中华才艺课，跨文化交际类课程更是少见。

第三，教育心理学类课程缺失

十所院校中，开设教育心理学课程的仅有两所。

3. 多数院校学制四年，个别院校有所创新

十所院校中，大部分实行四年学制，有两所院校明确提出"弹性学制"，即学生在3～6年内，修满本专业指定学分即可毕业。其中，有1所院校实行四年制和五年制，采取分别招生、分级培养的学制。四年制的招生对象是母语为非汉语的具有高中以上（含）学历、汉语水平考试（HSK）成绩不低于四级180分、汉语水平口语考试（HSKK）成绩不低于中级40分的外籍人员。未达到此要求的留学生可申请五年制，即先完成一学年的语言预科，再进入四年制本科阶段学习。

4. 课程分布差异较大

十所院校中，有90%的院校都开设了汉语基础课，其中40%的院校贯穿四年，20%的院校为7个学期，20%的院校为6个学期，10%的院校只安排了4个学期且从中级开始。大多数院校采取一、二年级以汉语课为主，分为初、中、高三个等级，按"听、说、读、写、译"技能分别设置听力课、口语课、阅读课、汉字课和综合课等课程。从课时比例来看，汉语综合课的周课时为8～10节，听力课为每周4～6节，口语课大部分设为每周4节，个别院校设为每周2节或每周6节，阅读课为每周2～4节，写作课的周课时几乎都设置为每周2节。三、四年级以专业知识课和文化类课程为主。个别院校从二年级开始向专业课逐渐过渡，教学实践和毕业论文集中安排在四年级。

第一学年汉语课是主要课程，90%的院校均开设了听力课和口语课（有两所院校将听力和口语合并成听说课），60%的院校开设了汉语综合课，70%的院校开设了阅读课（精读、泛读或两门都开设），30%的院校开设了读写课（其中一所院校从中级读写开始），仅有20%的院校在第一学年开设了写作课。

第二学年，部分院校将听力课和口语课合并为听说课或视听说课，60%的院校开设了写作课，30%的院校开设了阅读课。有一所院校开设了翻译课，一所院校开设了翻译课和汉字课。

第三、四学年，各校的汉语课大幅度缩减，有的院校不再开设，有的院校仅保留了综合课或口语课，同时开设了汉语国际教育学科的专业课程。

从课程开始的时间来看，阅读课和写作课开设的时间比其他课程晚一些，特别是写作课，在九所院校中，七所院校在第一学年没有开设写作课，六所院校在第三学期开始开设，一所院校直到第五学期才开设。

二、十所高校课程设置中存在的问题

（一）培养目标不明确，专业特色不突出

培养目标决定课程体系的建设以及专业教学的方向和重点，多数院校对汉语国际教育专业本科留学生的培养定位较为宽泛和模糊。"应用型、复合型、实践型的国际人才"既适用于本科生的人才培养，同样适用于硕士生的人才培养。培养目标不清晰、培养区分度不明显，就会导致课程设置和教学实施缺乏针对性和实用性，造成人才培养的巨大浪费。从发展的角度看，汉语国际教育专业本科留学生的就业市场定位为海外中小学更为精准。而在我们考察的十所院校中，明确将人才培养目标锁定为海外中小学汉语师资的院校仅有两所。

（二）培养方案针对性不足，未考虑学生特点而趋同管理

培养方案是实现人才培养目标的根本保障，是组织教学活动的首要依据。而在十所院校中，有一所院校汉语国际教育专业使用了中国学生的培养方案，三所院校则使用了汉语言专业其他方向（中国文化或经贸汉语）的培养方案。面向海外中小学的师资培养专业定位不明确，则难以形成目标清晰、结构合理、设置科学的课程体系。因而，培养方案应立足于学校的人才培养特色，整合优势资源，结合学生特点，创新地采用弹性学制、导师制、个性化、国际化相结合的灵活的培养机制。就管理形式而言，中外趋同管理无可厚非，但要结合留学生的实际情况，考虑好在哪一阶段，用何种形式趋同管理，否则就会造成彼此制约、相互影响，达不到互相促进的作用。

（三）因校设课，开课时间和内容缺乏标准

纵观各校的课程体系，对于开设什么课、开设多少课、什么阶段开设、课程的比例为多少，没有一个合理的标准，差异比较大。

1. 读写课和文化课开设时间或早或晚

从课程开始的时间来看，阅读课和写作课开设的时间比其他课程晚一些，特别是写作课，在九所院校中，有七所院校在第一学年不开设写作课，而这其中的六所在第三学期开始开设写作课，一所院校直到第五学期才开设写作课。其他的一些语言和文化课程，有的开设时间过早，学生汉语水平有限，难以吸收，有的课程如实践类课程集中在三年级甚至四年级才开设，开始时间过晚。

2. 海外中小学汉语教学类课程缺失

在课程内容上，各校缺乏以国外中小学汉语教学需求为导向，突出面向国外青少年、儿童汉语学习者的师资培养类课程。在十所院校中，专门针对国外中小

学生汉语学习的课程非常少，仅有一所院校开设了两门必选课，即海外少年儿童汉语教学法和中小学课堂管理，一所院校开设了两门选修课，即儿童心理学和儿童汉语教学，只有两所院校开设课堂管理类课程，三所院校开设了课堂观摩与实践类课程。

新手教师的成长往往是从模仿开始的，课堂观摩与实践对于留学生积累教学经验、提升教学水平起着重要作用。这两类课程的缺失，说明各校对此类课程的重要性缺乏足够的认识，与之相应开设的科目、数量、内容不够明确。

3. 选修课设置有限，存在"因师设课"现象

受到师资、生源、教学成本等条件限制，有些学校只开设专业指选课或不开设选修课，学生在课业上选择有限。在课程内容上，根据教师的研究专长开设课程而并非根据学生的培养需求设课。如孙子兵法解读、论语解读虽然能增进学生对中国文学文化的了解，但对于学生未来从事中小学汉语教学直接作用不大。因此，课程设置中应分清主次，合理设置。

（四）教学实践要求不明确，形式不丰富，实习机会少

在时间安排上，各校均缺乏对教学实践作出详细说明或提出具体要求，教学实践的时间差别较大。其中，70%的院校要求学生完成教学实践，30%的学校并未对此做出要求。仅有10%的院校从第一学期开始实践，直到第八学期；有10%的院校从第五学期开始实践，到第七学期，50%的院校教学实践开始较晚，在第七或第八学期。

在实践形式上，主要分为语言实践、教学实践和毕业设计，学分要求不统一。大部分院校缺乏教学技能训练类课程、教育实习和见习环节（见表2）。

表2 十所院校汉语国际教育（留本）实践课程的学分

院校	社会考察及语言实践	教学见习	教学实习	模拟教学	毕业论文	其他	总计（学分）
1	0	0	0	0	8	0	8
2	0	0	3	0	4	0	7
3	4	0	0	0	8	0	12
4	0	0	4	0	8	4	16
5	1	0	0	0	5	0	6
6	3	2	3	0	6	0	14
7	0	0	6	0	0	0	6
8	2	1	6	1	6	8+2	26
9	2	0	0	0	4	2	8
10	0	0	2	0	4	2	8

在能力培养上，关于课程设计、汉语教学和课堂管理方面的课程不足，训练也很少能针对海外中小学汉语教学实际进行。由于指导不足，学生的教学反思能力也有待提高。

总体而言，十所学校的实践形式不够丰富，实践活动单一。各校很少或没有建立专门的实习基地，因而无法满足众多留学生的实习需求。国内对外汉语教育机构多招聘中国学生作为教师，留学生难以获得实习机会。

（五）对国别化和学生个性考虑不足

汉语国际教育专业的学生来自不同国家，文化背景各异，汉语水平参差不齐。目前，各校的培养理念几乎都是从教学者应然角度出发，即我们认为学生应该学什么，而很少考虑学生想学什么，回国后从事教学工作更需要什么。对培训对象所在国的具体国情、教育体制、文化背景以及教师自身的需求缺乏了解与分析，正如张艳华提到的，"'总体设计'主要基于汉语教师的'共性'需求，而对海外本土汉语教师的国别化'个性'特征缺乏认识，导致我们的培训往往在针对性上存在不足。"[①]

（六）缺乏合适的教材

汉语国际教育专业师资方向自设立以来，不仅缺少大纲的指导，也缺乏合适的教材。因此授课教师只能自己选材与编撰，不仅随意性较大，而且缺乏科学性。在调查中我们了解到，有的教材对于留学生来说过难，比如留学生和中国学生同时使用《现代汉语》，对教师而言，备课是最大的考验，对于留学生而言，则被人为增大了学习难度。有的教材出版时间较早，内容已过时，如翻译课的教材。

三、对汉语国际教育专业留学生本科课程设置的思考及建议

长期以来，国内汉语师资的培养重点主要放在学科的语言知识和教学理论层面，而对海外中小学生这一教育群体的特点不够重视。"面向成人的汉语教学与面向中小学甚至幼儿园的汉语教学，因教学对象的不同，在教学环境、教学内容、教学方法、教学设计、课堂组织和管理、教师责任等方面都有区别。"[②] 因

[①] 张艳华. 面向海外本土汉语教师的国别化培训方略探析——以蒙古国为例[J]. 海外华文教育，2015（1）：30-37.

[②] 张淑慧，曲江川. 国外中小学汉语教学发展趋势与国际汉语师资培养对策[J]. 云南师范大学学报（对外汉语教学与研究版），2015，13（3）：15-21.

此，汉语国际教育专业本科留学生的培养过程须注重和强化面向海外中小学汉语学习者的汉语知识和教学能力训练，以突出针对性。

（一）明确培养目标，突出师资培养特色

汉语国际教育专业（留本）的目标是培养合格的海外本土中小学汉语教师，现阶段各高校要考虑：一、立足海外需求，课程设置与"本土中小学汉语教师"应具备的知识结构和能力结构相对应，细化培养目标，体现本土汉语师资培养的特色。二、确定适合本专业的培养模式，而非一味模仿或照搬留学生汉语言相关专业的培养模式和课程设置。

（二）转变课程设置理念

受传统课程理念的束缚，汉语国际教育专业留学生本科课程设置不同程度地偏离了培养目标。首先，该专业的课程建设与中国学生的要求不同，课程设置必然要有所区别。其次，培养时间有限，教学中无法将所有的语言知识全部教授给学生，教学的主要目标和首要任务应该是提高学生的交际能力和汉语教学能力，这样，学生毕业后才能更好地投入汉语教学工作中。

因此，我们提倡，按照"急用先学"的原则，突出和强化面向国外中小学、幼儿园的汉语教学师资培养课程，以国外中小学、幼儿园汉语师资需求为导向，设置面向低龄化汉语学习者的"国外中小学汉语教育"专项课程内容和体系，重点设置与培养"教学能力"有关的课程。

（三）调整课程比例，优化课程结构

课程设置是一项系统工程，需要合理规划课程的类型、开设的科目、课程的先后顺序、课时、学分等。

1. 调整必修课程、选修课程、实践课程的比例

突出实用性，重点开好少儿汉语教学法、对外汉语课堂教学技巧、中小学课堂管理、中国文化、国际汉语教育心理学等专业课，以及多媒体教育技术、远程教育技术等技术类课程。增加实践课程的比重，方式多元化，扩大选修课程的范围，一方面，注重跨学科知识的教授，提高学生的综合素质；另一方面，增加学生选择的灵活性，进行个性化培养。

2. 处理好选修课中限选课和任选课的比例

袁祖望提出，"通过变长课程为短课程，减少每门课的讲授时数，削减必修课，以节余出更多的课时安排选修课。"[①] 我们可以从中得到借鉴和启发。只有提升选修课的比例，特别是任选课的比例，学生才能有更多的自主权，实现真正

---

① 袁祖望. 论高校课程体系重构和教学模式转型［J］. 清华大学教育研究，2004（2）：79-83.

意义上的通识教育。

3. 调整语言技能、语言知识、文学文化、教学技能、教学心理类课程的比例

当前各校安排的语言技能课比例过大，有些甚至达到总学分的70%以上，这导致专业课的比例缩小。提高学生的汉语水平固然重要，但我们要培养的是本土汉语教师，汉语教学能力的培养是重中之重。因此，应减少语言技能课，增加与中小学教学相关的课程内容。

我们认为，应该增加以下几类课程：

第一，教学方法类特别是中小学汉语教学方法类课程。如少儿汉语教学法、汉字教学法、文化课教学法。不仅要让学生"知其然，知其所以然"，还要让学生在教学中展示出来，知道"怎么教"，才能真正做到学以致用，在中小学介绍和推广中国语言文化。

第二，教学类和心理类课程。该专业毕业生主要在本国中小学任教，根据未来教学对象的特点，应着重开设中小学教育心理学相关课程。

第三，教师发展和培训方面的理论课程。围绕教学能力的培养，可设置对外汉语教学概论、教育学、心理学、对外汉语课型教学、第二语言习得理论、微格教学、现代教育技术等课程。

（四）注重教学实践，创新实习方式

为了解学生对实践类课程的意见，我们对北京师范大学、北京语言大学和中央民族大学汉语国际教育专业（留本）的60位学生进行了调查，其中"你认为在当前基础上，学校还应该开设或增加哪些实践课程"这一问题，有71.93%的学生希望增加"教学实习"，45.61%的学生希望开设或增加"教学技能训练"，31.58%的学生选择"社会考察及语言实践"，29.82%的学生选择"教学见习"，1.75%的学生选择"其他"一项，备注是"课堂试讲"，可以归入"教学技能训练"一类。从所占比重上，我们可以看出学生对不同实践课程的重视程度。有学生留言表示，"实习比理论重要"。虽然这样的表述不一定正确，但也从侧面印证了学生对教学实践的重视。因此我们对该专业课程设置的建议是：

第一，丰富实践课程的形式，能力训练突出"师范性"。除了校外语言实践和教学实习，还可以通过课堂观摩与指导、教学案例分析和专题讨论、体验式学习与培训等形式，为学生将来走上讲台打下坚实的基础。在平时的教学中，还应突出实践，让学生尽早上讲台，教师给予指导，有意识地锻炼学生的课程设计能力、课堂教学能力和教学反思能力。

第二，学校充分利用本校资源，也可以与国内外中小学、国际学校合作，开设专业见习、课堂观摩、案例教学、试讲等课程和教学环节，为本科留学生增加教学实践机会，培养学生的教学实战能力。

第三，鼓励学生考取国家汉办的"国际汉语教师资格证"，在大学期间争取到教育机构、国际学校实习。

此外，个别院校的实践课形式和内容独具特色，值得借鉴。比如：

（1）开设个性化培育、创新教育、科研训练与创新创业以及社会实践与志愿服务这些类型的课程作为实践课，重视学生的个性化培养和创新能力。

（2）开设基础性实践（必修）课和创新性实践（选修）课两部分。其中，基础性实践课包括：军事训练、诵读、演讲、钢笔字、实用礼仪、公共英语演讲、粉笔字、论文写作指导、教学设计与模拟上课。

（3）在学生刚入学的1～3学期开设"语言及社会实践"系列课程。

第一学期进行专业教育实践，包括对学校基本情况介绍、参观校区、编排短剧、制作幻灯片、短剧表演等任务型导向的课程。教师对学生的语言表述、文字表达和幻灯片制作等方面给予指导，提高学生的语言表达能力。

第二学期进行语言任务专项训练，通过学习朗诵和配音，提高学生就较深层面的话题进行口头表达的能力。

第三学期，在学生已完成一学年汉语学习的基础上，进行语言资源应用实践。

这种系列实践课程的设置使得语言训练层次分明，重点突出，实践特色鲜明，值得同类院校推广和借鉴。

（五）以生源国教师需求为参考，开发院校精品课程

精品课程指具有一流教师队伍、一流教学内容、一流教学方法、一流教材、一流教学管理等特点的示范性课程①。建设汉语国际教育专业（留本）精品课程，能有效带动学科教育发展。各校可借助互联网技术，建设资料库、慕课平台，共享优质的教育资源。

此外，在我们调查中，有学生提出希望学校多考虑不同国家的学生特点和海外教学要求。因此，我们可以开设相应的选修课，比如说在同一门课程中设计针对不同国家学生的教学训练，或者按国别分小组进行教学技能训练和课堂模拟试讲。结合国家汉办《国际汉语教师标准》和国外二语教师标准的要求，开设资格证考试培训课程，或与国外高校或中小学形成合作关系，联合开发课程，培养本土汉语教师。

---

① 2003年4月8日，中国教育部发出《关于启动高等学校教育质量与教学改革工程精品课程建设工作的通知》。

（六）开发适合汉语国际教育本科留学生的专业教材

近年来，专门针对留学生汉语国际教育本科的专业课教材很少，学界关注度也不高。我们认为，留学生无论在语言水平、学习特点、学习需求等方面都与中国学生有较大差异，应开发适合该专业留学生的专业课教材，如现代汉语、古代汉语、中国文学、中国文化、第二语言习得理论、汉语教学法等。

只有明确专业定位和培养目标，突出汉语国际教育专业中小学师资培养特色，转变课程设置理念，优化课程设置的结构和内容，提高学生的教学实践能力，才能培养出能够满足海外汉语教学需求的本土汉语教师，同时，促进该专业的可持续发展。汉语国际教育专业（留本）还是一个新兴专业，课程设置尚处于探索阶段，还有很多专业性的问题有待学界进行广泛的探讨和深入的研究。

汉语国际教育专业课程设置调查分析

李雪梅[①]

新中国的对外汉语教学肇始于1950年7月，当时清华大学"开始筹办东欧交换生中国语文专修班"[②]。改革开放以后，对外汉语教学事业飞速发展。对外汉语教学事业一直得到国家的高度重视和大力支持。1984年12月中国教育部长正式宣布：对外汉语教学已经发展成为一门独立学科。1985年，北京语言学院、北京外国语学院、上海外国语学院与华东师范大学4所高校正式设立对外汉语本科专业，培养专门的对外汉语教学人才。到2005年，设有这一专业的院校已经发展到70多所，目前国内建设有对外汉语教学专业的高校不下300所。

要进行汉语国际推广工作，必须要有一大批热爱汉语教育事业、有知识、善沟通的师资队伍。而师资的培养必须通过科学的课程学习，因此，科学的课程设置尤为重要。目前对汉语国际教育专业师资培养的课程设置还没有得到足够的重视。本文以重庆师范大学文学院汉语国际教育本科专业为调查对象，探索汉语国际教育师资培养课程设置相关问题。

重庆师范大学文学院（原中文系）于2002年成立了对外汉语本科专业。2005年，国家汉办在北京举行了首届世界汉语大会，将国际汉语教学的推广工作提升到国家层面，并作为对外汉语教学的未来的发展战略，开始了汉语国际推广工作。在此基础上，重庆师范大学文学院对外汉语专业更名为"汉语国际教育"，总体培养目标是"培养具有扎实的汉、英语言基础，具备较强的汉语言文字表达运用能力和英语交际能力，能够较全面地掌握中国语言、中国文化及跨文化交际等相关方面知识的复合型、应用型高级专门人才"。目前已经有11届毕业生走上就业岗位，为汉语国际推广和中国文化传播做出了巨大贡献。

随着对外汉语到汉语国际推广的发展，汉语国际教育的学科建设逐步完善，重庆师范大学文学院汉语国际教育专业的课程设置也逐步成熟。但现行汉语国际教育的课程设置是否符合新时期"一带一路"建设的需求？是否达到汉语国际教

[①] 李雪梅，文学硕士，重庆师范大学文学院讲师，主要研究方向为汉语国际教育、跨文化交际、中外文学与文化对比。

[②] 李晓琪．对外汉语文化教学研究［M］．北京：商务印书馆，2006：1.

育本科专业培养的目标？培养出的把汉语作为第二语言进行教学的师资是否达到《国际汉语教师标准》？是否满足就读学生日益增长的学科知识需求和就业需求？

为优化本专业的课程设置以更好地进行人才培养，作者设计了针对重庆师范大学文学院汉语国际教育本科毕业班的调查问卷，以期用客观的依据为课程设置的优化提供参考，促进教师教学和反思。

一、现行课程设置与问卷设计简介

重庆师范大学文学院汉语国际教育本科专业的课程设置分为通识课程、学科基础课程、专业主干课程、专业方向课程、独立实践教学环节五大板块。通识课程为学校统一安排，其他四大板块为学院安排。此次调查主要针对学科基础课程、专业主干课程和专业方向课程。

本专业开设的学科基础课程和专业主干课程均为必修课程，内容为汉语本体基础知识，有现代汉语、古代汉语、文学名著导读、文学概论、写作、语言学概论、对外汉语教学概论、跨文化交际概论、现代汉语专题研究、对外汉语教学法、第二语言学习与教学（双语）、应用语言学概论、中国文化概论、中国古代文学作品选。

专业方向课程为选修课程，目的是拓展学生对外汉语教学实践能力和教学技能，如汉语语音与汉字教学、汉语词汇与词汇教学、汉语语法与语法教学、中国文化与文化教学、对外汉语课堂案例分析、对外汉语课堂活动设计、汉语国际教育综合技能。还有大量依托文学院师资力量开设的提高综合素质类课程，如中国古代思想史、中国现代思想史、小说剧本赏析、普通话与教师语言、音韵学、语言教学流派（双语）、中国旅游地理（双语）、汉语史、书法、西方文化概论、英美文学名著赏析（双语）等。

《汉语国际教育课程设置情况小问卷》问题涉及分班教学模式、课堂语言形式、各门课程满意度、课堂参与程度、教师满意度等方面，详细问题见附件。

二、问卷调查结果分析

调查搜集了54位同学的反馈。其中留学生占4人，为跟班就读的本科生。

对问题"您认为留学生学习汉语采用哪种分班方式更有利于汉语学习？"，有一半同学认为和中国同学一起合班学习更有利于留学生的汉语学习。这个结论对现今大部分学校采取的留学生单独成班教学提出了一个很好的建议：在条件合适的情况下（留学生达到HSK 3级后），应该将留学生与中国学生合在一起学习，融入式的学习体验更有利于语言学习。

问题"您是哪种分班学习方式？对此种方式满意吗？"有75.93%的同学选择的是"班上学生是中国学生和留学生，满意"。此结论也契合上一个问题的选择。不管是中国学生还是留学生，绝大部分同学都对这种混合分班的方式感到满意，在这样的环境下，中国学生可以学习留学生国家的语言、文化，留学生在这样的浸入式教学环境中能更快更好地学习汉语和中国文化。

问题"对于以下必修课（学科基础课程）：如现代汉语、古代汉语、写作等，您认为采用哪种课堂用语方式更好？"有40.74%的同学选择了"90%用汉语，其他可以用英语或学生的母语"，38.89%的同学选择了"70%用汉语，其他可以用英语或学生的母语"。可见对于汉语本体的课程，同学们倾向于用目的语进行授课和学习。

问题"对于必修课（学科基础课）现代汉语、古代汉语、文学名著导读、文学概论、写作，您觉得最有用处的是哪几门（最多选3门）？"同学们选择的前三门课程为：现代汉语占100%、写作占59.26%、古代汉语占64.81%。可见学生们对于学科基础课的汉语本体课程有清楚的认识，对于现代汉语、古代汉语及写作在汉语国际教育和未来职业生涯中的重要性有清楚的认识。

问题"对于一些选修课程，您喜欢哪些？（多选题）"前六门分别是：中华传统才艺、中国文化与文化教学、对外汉语课堂活动设计、对外汉语课堂案例分析、涉外礼仪与法规、汉语国际教育综合技能。在这些课程中，可以看出学生对有关培养课堂教学技能、课堂教学实践、组织课堂教学、开展文化活动的课程设置等有强烈的兴趣。这类的课程以实用性、操作性、互动性为主要特征，对于学生从事汉语国际教育事业及对外文化传播事业都有很大的帮助。

排在后几位的课程是音韵学（0人）、大众文化与流行艺术（1人）、训诂学（2人）、语音测试与研究（2人）、中国当代文学作品选（2人）、汉语史（2人）、语言学名著选读（3人）、汉字学（3人）。由此看出，虽然本专业依托文学院强大的师资力量，可以开设出如音韵学、训诂学、汉语史等汉语言文学专业的课程，但因本专业的方向是汉语国际教育，培养的是从事把汉语作为第二语言对留学生进行教学的师资力量，所以，过于专业精深的课程不适合本专业的课程设置，也造成了选修该门课程的学生人数少，甚至无人选修的情况；对比"中国当代文学作品选"和"中国现代文学作品选（9人）"的情况，可知此两门课程设置是按照汉教师资培训开设的课程，分得过于精细，反不利于学生学习，如果合成一门"中国现当代作品选"，情况可能更好；开设"语音测试与研究"的初衷是对汉语国际教育专业学生今后从事本行工作时，要对HSK考试有所涉及，对汉语测试要有所了解，但课程内容只对语音测试，显得狭窄，如改为"HSK测试与研究"或许更好。

另一方面要认识到，选修课开设的方式和目的，一是由教师根据自身特长出发而开设的课程，二是为学生提供更广阔的视野，拓展其学识空间。选修课程不一定要求学生都选修，都能感兴趣。选修课的开设既要结合教师自身能力专长、知识水平，也需要对汉语国际教育专业特色、发展方向、学生的需求有所了解，才能开设出更多新颖而合理的选修课程。

问题"对于开设的课程，您认为课程设置的总体情况怎样？"50%的同学选择了"课程设置一般，还有待改善"，38.89%的同学认为"课程设置比较合理"，11.11%的同学认为"课程设置不太理想，应该多完善"。这个结论对我们的课程设置提出了意见，当前的设置还需要加大力度进行完善，以适应学生的需求。

问题"您认为中国文化概论、中国文化与文化教学等文化类课程用什么语言作为课堂用语更好？"62.96%的中国同学认为中文和英文应该各占一半，31.48%的中国同学认为应该全部用中文。这对我们文化课的教学提出了新的要求：在中国文化课程上大部分同学需要双语教学，这对今后的汉语国际教育工作及对外交往事业都是极有益处的。在这个问题中还需要看到留学生同学的选择，跟班学习的留学生数量较少，为3～4人，但他们的意见也不容忽视，留学生倾向于"英语（或自己的母语）与汉语相结合"的教学语言来教授中国文化类课程，可见对于文化类课程，有英语（或学生的母语）的加入，更有利于留学生的学习和领会中国文化的博大精深。

问题"您认为文化类课程的内容如何？"选择"我是中国学生，我觉得课程内容应该进一步加深"的有53.7%，4位留学生有3位选择了"我是留学生，我觉得课程内容应该进一步加深"。由此可见对于文化类课程，学生们对浮光掠影式的文化课显得不满，都想学得更专业精深的知识，而文化课程总有着泛泛而谈的弊病，这对开设文化课程的老师提出了更高的要求。

问题"对于现代汉语、古代汉语、写作、文学概论等汉语基础课程，您希望老师能怎样做？（多选题）"59.26%的同学选择了"讲课内容深一点"，51.85%的同学选择了"多讲一点课外知识"，51.85%的同学选择了"课堂上多做练习"，33.33%的同学希望"讲课速度慢一点"，29.63%的同学希望"考试前复习重点"。

从这些选项来看，学生们对汉语本体的基础课程同样需要更深入的知识讲授，而且对课本外的知识提出了要求，这就促使教师不能只沉迷于僵化死板的书本，更要对课外相关知识及学科发展态势有所了解，不断更新知识储备，能够及时地给学生新的知识营养。既要满足学生对汉语本体知识既扎实又有新意的要求，还要满足学生听得懂、听得进、"讲课速度慢一点"的要求，这都是对教师素质和能力的考验。

问题"课堂上您采取哪种方式进行学习？"42.59％的学生选择了"愿意老师提问，并积极回答"，选择"分组活动或与同学讨论问题，进行练习"的占31.48％。可见大部分学生在课堂上均能积极配合教师的安排，主动参与互动。一个活跃的课堂是一个师生都非常享受的过程。

问题"您喜欢老师在课堂上采用哪些教学方式？（多选）"选择最多的选项是"播放教学辅助的影像资料"（55.56％）；居第二的选项是"当堂提出各种问题要我们思考、回答、讨论（练习）"（51％）；居第三的选项是"分组活动，展示或表演"（46.3％）。这是对教师教学手段的一个评价，播放影像资料是现代教学手段普及后的一个趋势。学生普遍认为播放与教学相关的影像资料能最大化地促进教学内容的理解，形象的影像能化抽象为具体，增强学生对教学内容的理解。教师课堂提问环节也非常重要，一方面可以检查学生听课的效果；另一方面可以调动课堂气氛，使学生保持新鲜感和紧张感。分组活动、展示或表演是构成形成性评估成绩的重要部分，分组活动可以培养学生协作能力，加深同学间的友谊，发挥各自专长。

问题"如果课程是必修课，有课本提供，您认为教师应该按照课本来进行教学还是自由发挥地讲课？"占53.7％的学生选择了"我是中国学生，我觉得可以自由发挥"，4位留学生里有2位也认为可以自由发挥。这就对必修课的任课教师提出了较高的要求，既要按照课本的内容，让学生学习起来有法可依，又要拓展课外知识，掌握学科前沿动态，满足学生对新知识的需求。照本宣科、按部就班的教学方式已经不适应新时代的要求。

问题"对于您的任课教师，您最看重他们的素质是什么？""活泼的授课方式"与"渊博的专业知识"分别占了37.04％和35.19％，这两项不相上下，说明对教师素质的评价，教学方式和专业知识都是学生所看重的。光有知识而无方法，就像装满汤圆的茶壶，有货倒不出；光有方法而无知识，就像杂耍演员，只能一时地夺人眼球。因此，对教学方法和专业知识，教师都要看重并不断地提高。

三、对课程设置的思考

通过此次《汉语国际教育课程设置情况小问卷》的调查，搜集了关于重庆师范大学文学院汉语言国际教育专业四年级学生对于课程设置、教师教学方法、课堂学习情况等方面的反馈。通过反馈发现以下一些问题：

(一)课程设置总体合理,但也需要进一步完善

汉语国际教育专业由文学院开设的课程设置分学科基础课程(必修)、专业主干课程(必修)、专业方向课程(选修)三大类。课程涵盖了汉语本体核心知识、语言学、教育学、对外汉语教学法、文化学等相关知识,符合汉语国际教育师资人才培养目标。

同时也要看到,汉语国际教育专业毕竟与汉语言文学(师范)专业不同。汉语国际教育师资的教学对象是留学生或中国大陆以外国家地区的人群,从事汉语国际教育的教学人员不需要具备过于精深的如汉语史、训诂学、音韵学方面的知识。所以,在培养从事汉语国际教育师资队伍时,不必要在诸如汉语史、训诂学等方面设置课程,实践证明,该类课程占用学生大量学习时间且收效甚微,最后落到无人选课的局面。因此,对于此类课程,可考虑适当删减。

(二)汉语本体核心课程及文化类课程内容需进一步加深

汉语国际教育专业是培养"具备相应的对外汉语教学能力,成为对外汉语教师的储备力量"[1]的人才。掌握扎实的汉语本体知识是作为合格的对外汉语教师的基本素质。在课程设置中的学科基础课程(必修课)就主要是针对汉语本体知识设置,受到了学生的重视和认可。此类课程的教材和授课教师与文学院汉语言文学系(师范专业)相同,对于夯实学生的语文功底起到非常重要的作用,是学生毕业后求职、考研的基本保障类课程。对此类课程,学生有着深入学习的动机,对教师和教材都提出了更高的要求。照本宣科、蜻蜓点水式的授课方式不能满足学生的求学欲望。教师需加强专业学习,进一步钻研教材教法,不断更新知识体系。

因学生毕业后是给留学生或在国外进行汉语教学,他们更希望现行的本体核心课程能有一定的英语内容,这将对他们今后的工作大有裨益。而目前的授课教师在专业上有很高的造诣,但英语水平还不能达到此要求。

对于现行的文化类课程,也应加深知识建构,撒大网式的教学方式应转向精深式的讲座方式。首先要满足学生对自身中国文化深入学习的愿望,增强民族自豪感、自信心,还要认识到汉语国际教育的学生未来的教学对象是留学生或外国人,他们将从事对外汉语教学。"对外汉语教学本质上说,既是一种第二语言教学,也是外语教学。而第二语言教学和外语教学都属于跨文化教学。"[1] 教导学生在今后的教学中如何进行文化导入,如何在语言教学中进行文化教学,如何培养学生跨文化交际意识都是文化类课程需要深入思考的问题。

---

[1] 李泉. 对外汉语教学理论思考 [M]. 北京:教育科学出版社,2005:42-45.

(三) 教师授课方式需更加多样化

苏霍姆林斯基说过："不能使学生参与是教师最大的失误。"只有使学生参与课堂教学才能使他们的学习达到最大效果。传统的照本宣科式的授课方式不能激发学生的兴趣，大学生敏锐的思维需要活跃的课堂来激发。大学课堂教育应该更多地体现素质教育的特点：学会学习、学会合作、学会生活。教师要使全体学生参与课堂，把课前问题、课堂活动、课后实践有机地联系起来。

由于传统教学的影响，教师教育的普遍倾向是以讲授型为主，而我们的学生是未来汉语国际教育的师资队伍，面对的主要是海外课堂，所以教师就要采用海外课堂教学手段，更多地采用如全身反应（TPR）教学法、演示法、讨论法等。从调查中可以看出，学生对于教师能脱离书本，引入课外知识或结合实际讲解案例的形式非常认可。现在很多课程，如第二语言教学与流派（双语）、中国文化与文化教学、对外汉语课堂教学案例分析等都采用了如分组展示、小组表演、模拟课堂等多样教学方式，课堂气氛非常活跃；又如"中华传统才艺"课程，教师在课堂上让学生实践操作编中国结、剪纸、做京剧脸谱，这些课程都收到了很好的教学效果。

但古代汉语、现代汉语等汉语本体核心课程，还是以传统的讲授法、操练法为主。如何使枯燥的基础课更有吸引力，教师还需多做思考。

汉语国际教育专业是培养国际汉语教师的专业，国家汉办于2007年制定了《国际汉语教师标准》。《国际汉语教师标准》由五个模块组成，分别为：语言知识与技能，包括汉语知识与技能和外语知识与技能两个标准；文化与交际，包括中国文化和中外文化比较与跨文化交际两部分，要求教师具备多元文化意识，了解中国和世界文化知识及其异同，掌握跨文化交际的基本规则；第二语言习得理论与学习策略，要求教师了解汉语作为第二语言的学习规律和学生的特点，能够帮助学生成功学习汉语；教学方法，包括汉语教学法，测试与评估，课程、大纲、教材与教辅材料和现代教育技术与运用四个标准；综合素质，主要对教师的职业素质、职业发展能力和职业道德进行描述[1]。

在今后的课程设置和教学中，应该更科学合理地安排课程，明确各课程的学习目标、学习内容和学习要求，按照《国际汉语教师标准》努力把学生培养成为有着国际化的教学理念、有着扎实的教学功底、具备多元文化观以及对他国文化包容能力的汉语国际教育人才。

---

[1] 孙红. 强化汉语国际教育的师资培养[J]. 中国高等教育，2017（Z1）：66-68.

论教育类课程在汉语国际教育专业培养中的设置

陈 莉[①]，于 淼[②]

汉语国际教育是培养"将汉语作为第二语言教育"人才的专业，从本质上讲是一种师范教育，是教师人才的培养。对教师培养而言，无论是教育思想、教育观念的形成和变革，教育方式、教育手段的完善和提高都必须归结到专业课程设置上。要提高专业人才的培养质量，必须对专业课程进行分析，完善课程设置。我国高等师范课程体系，主要借鉴苏联模式，开设通识类课程、专业类课程和教育类课程。教育类课程真正突出了师范教育的特点，让师范专业的学生在掌握"教什么"的基础上，更学会"如何教"，也就是培养未来教师的职业素养。从"对外汉语"更名为"汉语国际教育"专业之后，专业的师范性更加明显，因此，考察研究教育类课程在专业课程中的设置，对解决并提高"如何教"的水平问题、解决实践中毕业生教学能力不强等问题，具有极强的理论意义和现实指导意义。

一、教育学在学科理论体系中的地位

我国师范教育也已有百年历史，但将汉语作为第二语言教育的师范培养却是一个新课题，在专业学科理论体系方面不同学者提出许多建设性观点。国外语言教育专家对学科体系研究非常重视。加拿大语言教育理论专家斯特恩（H. H. Stern）提出的"第二语言教学理论一般模式"将语言教育划分为三级模式，其核心在于教育语言学的理论和研究。我国对外汉语教学界从20世纪80年代开始就进行着学科体系的探讨，吕必松提出学科理论体系两分法——基础理论和应用理论，并作为教学活动四大环节的概述[③]。后来学者崔永华从理论体系、教学体

---

① 陈莉，博士，扬州大学文学院副教授，主要从事语言学及应用语言学、对外汉语教学研究。
② 于淼，博士，扬州大学文学院讲师，主要从事古汉语和古文字学研究。
③ 吕必松. 对外汉语教学概论（修订版）[M]. 北京：北京大学出版社，2005.

系、人才体系三个方面论述，并将语言学、心理学、教育学等称为"支撑理论"①。刘珣提出对外汉语教育学观念，将学科体系分为理论基础、学科理论和教学实践三个部分②。李泉也提出缘于国际汉语教学事业的发展和汉语作为外语教学学科自身发展的需要建立国际汉语教育学科的必要性③。学科理论体系是指导专业人才培养的基石，规定着培养的模式和具体教学内容。尽管众多学者的观点不尽相同，但都提出了教育学在专业理论体系中的重要性。由此可见，无论哪个时代、哪个学科的师范教育都离不开教育学课程，汉语国际教育专业也不例外。

二、国内外师范专业教育类课程的基本设置情况

课程设置是专业建设和发展需要研究清楚的一个基本问题。有关课程的定义繁多，据美国学者鲁尔统计，课程至少有119种定义。课程定义有助于学者加深对专业培养内涵的理解，教育类课程同样如此。我国高等师范院校的课程体系制定主要模仿20世纪50年代苏联师范教育模式，课程设置主要包括三个板块：一是公共基础课程（有的称为普通课程、通识教育课程等），这类课程是为高师毕业生从教所必须掌握的综合性文化知识而开设的系列课程，所开设的科目一般是政治、外语、体育、计算机等。二是学科专业课程，一般是为高师毕业生从事某门具体学科的教学应具备的专业知识而开设的系列课程，如语文、数学、物理、化学、生物等。三是教育类课程（也有的称为教育专业课程、教育科学课程等，本论文采用"教育类课程"这个说法），即为高师毕业生从教所必须掌握的教育教学思想、理论和技能方法等而开设的系列课程，如教育学、心理学、学科教学论等。作为师范专业区别于其他专业的重要标志，教育类课程究竟应该包括哪些门类的课程，才能保证教育专业化和教师职业化水平？

许多学者已经对部分代表性国家的师范教育类课程进行过相关研究，例如彭小虎根据相关文献资料进行了美国、英国、德国、法国、日本、新加坡师范教育类课程内容和比例的对比研究④。高悌对美国、英国、法国、德国、中国师范院校教育系列课程设置状况进行了对比⑤。从这些研究中，我们可以看到教育类课

---

① 崔永华. 对外汉语教学学科概说 [J]. 中国文化研究，1997（1）：111-118，148.
② 刘珣. 对外汉语教育学引论 [M]. 北京：北京语言文化大学出版社，2000.
③ 李泉. 关于建立国际汉语教育学科的构想 [J]. 世界汉语教学，2009，23（3）：399-413.
④ 彭小虎. 高等师范课程比较研究与我国师范课程体系的建构 [J]. 高等师范教育研究，2000（5）：62-70.
⑤ 高悌. 新世纪高师课程的研究与实践 [M]. 天津：天津人民出版社，2000.

程不同的门类及学时比例。结合两者研究如表1所示：

表1 六国教育类课程门类及学时比例

国家	门类	学时
美国	教育导论、教育史、教育哲学、心理学与发展科学、学习理论、课程与教学、教学评估、现代比较教学技术、学科教育	18.4%
英国	教育原理、教育哲学、教育史、教育行政、教学技能、健康教育、心理学、社会学、儿童发展、课程设置、课程研究、教育管理、教育研究课程、学校与课堂教学中的人际关系、学生个别差异与因材施教、语言交流中的问题、学习的选择与准备、表达技巧、评估方式、学科单元教学	25%～40%
德国	教育哲学、教育史、教育学、主要教育流派、心理学、教育的法制和体制、教育技术和教学方法等	20%～25%
法国	普通教育学、教育哲学、教育心理学、学校教育学、社会学、政治学和各科教学法等	20%～25%
日本	教育观念及教育史、教育组织论、幼儿儿童期的教育心理学、青春期的教育心理学、教育的内容和方法、道德教育研究课程、道德的本质及其教育、法和道德、社会生活和道德、历史和道德、现代教育中的道德教育、道德心理学	16.5%
新加坡	教与学的基础Ⅰ、教与学的基础Ⅱ（第一学年开）、影响学生学习的社会因素（第二学年开）、教学传媒与计算机（第一学年开）、中等学校的班级管理与动机激发（第三学年开）、初等教学（英语教学、数学教学）（第一、二学年开）等	39.2%

通过比较我们可以看到，教育理念先进、教育水平较高的国家普遍重视教育类课程的设置。其教育类课程设置有以下四个特点。第一，门类比较多，所占总学时比例较高（平均为25%）。第二，课程门类丰富，欧、美等国家通过设置丰富多样的教育类课程，有效促进了职前教师的专业发展。第三，课程设置灵活，根据不同课程的特点灵活安排课时。第四，教育实践类课程所占比例大，延续时间长。而我国整体高等师范专业教育类课程无论课程开设的门类与所占教学时数比例都相对较少。

三、汉语国际教育专业教育类课程设置现状及思考

更名之前的对外汉语专业，为非师范教育，即使培养目标明确为要培养语言教学人才，但在实践中仍有忽视教育类课程的情况。教育部《高等教育司普通高等学校本科专业目录和专业介绍》所提到的对外汉语专业主要课程包括了基础英语、现代汉语、中国文学、西方文化与礼仪、语言学概论、对外汉语教学概论等12门课程，是"中文加外文"的路子。随着汉语国际教育实践的发展，专业的师范性质凸显出来，专业培养方案和课程设置中教育类学科的重要性有所提高。大部分院校将对外汉语本科专业必修课程分为语言类、文学类、文化类、对外汉语教学四大模块。众多高校中只有个别院校特别重视教育类课程。例如北京语言文化大学教育类课程包括教育学、心理学、教育史、教育科研方法、课程论、教学论、汉语教学方法、汉语课程与教学设计、课堂板书技巧、课堂教学语言表达能力、课堂教学测量与评价、多媒体教学技能等。还有华东师范大学的"直通车"培养模式，普通教学法核心课程占10学分，教学法知识核心内容9~12学分，教学法专门核心课程7学分，学生教学实习6学分，另外还有教师的社会责任、国外小学外语教学教师证书拓展等课程的附加学分①。而更多高校则较多沿用普通师范教育的基本教育类课程，例如教育学、心理学、现代教育技术、计算机应用基础、普通话口语训练等传统师范类课程再加上对外汉语教学概论、对外汉语教学法。然而，长期以来，国内师范教育本身存在着诸多问题，教育类课程结构设置不合理、课程内容设置不完善、教育实习活动效果不理想等②。因此，汉语国际教育专业套用普通师范教育相关教育学课程的设置是不可取的。

更名之后的汉语国际教育专业，毕业生将获得教师资格证书，专业的师范教育性质被确认。同时，海外汉语教学的发展程度、海外汉语教学的质量和效益影响着汉语的国际化程度。因此，我们必须开阔国际视野，让课程设置符合最先进的国际师范教育模式。

首先，教育类课程设置必须有教育理论类课程、教育技能类课程和教育实践类课程三大模块。无论国内国外，教育类课程都包括这三方面。教育理论类课程是教育学科的基础性课程，主要是培养学生正确的教育理念，并使他们掌握基本的教育学科基础理论知识。如教育学、教育哲学、教育史、教学理论、心理学基

---

① 吴勇毅. 汉语种子教师"直通车"培养模式［J］. 国际汉语教育，2011（1）：12-17，96.
② 龙文祥，董兴开. 基于教师专业发展的高师教育类课程设置研究［J］. 高等教育研究，2008（5）：62-66.

础、教育心理学、学科教学论等。教育技能类课程是将理论付诸实践不可缺少的课程，主要是培养和提高师范生的执教能力。如"三字一话"的技能、课堂管理技能、多媒体教育技术、心理辅导、教育科研方法等。教育实践类课程是师范生将所学的专业知识和教育教学知识综合运用于实践，是体验性、锻炼性课程，通过观摩和模拟教师行为，达到培养职业意识、职业情感，训练职业技能和方法。如教学见习、教学实习、教学调查分析等教育实践活动。

其次，考虑汉语国际教育专业的特殊性，必须加强专业学生对国外教育教学知识的了解。重点关注和研究不同地区、不同母语、不同文化背景、不同学习群体和不同学习需求的海外汉语教育和教学问题，了解国外教育制度、教学理念、国际课堂管理、国外中小学教育专题、国际汉语课堂教学案例等。

只有这些教育类课程相辅相成，才能帮助学生将所学的基础知识、学科知识和教育知识结合起来，并最终将所学理论和技能知识转化为自身能力，才能培养出合乎国际需要的汉语教学人才。

海峡两岸汉语国际教育本科专业课程设置比较研究[①]

刘 弘[②]

引 言

随着汉语国际教育的发展,大陆开设"汉语国际教育"本科专业的高校从最初的北京语言大学、华东师范大学、北京外国语大学和上海外国语大学4所发展到如今的370多所,在读学生数达到6万。在我国台湾省,不少高校也开设有与"汉语国际教育"类似的本科专业,一般名称为"应用华语"或者"华语文教学",虽然起步晚,但课程设置上也有一定特色,培养目标与大陆高校也不完全一致。如果能将大陆和台湾汉语国际教育本科课程设置进行系统比较,不仅可以了解两岸在汉语国际教育本科专业培养目标和课程设置上的异同,更可以推动汉语国际教育专业的课程改革和发展。

目前学术界已经有关于汉语国际教育本科课程设置方面的研究,如陆崔崔[③]通过对比杭州7所高校的培养目标、课程体系、课程内容、实践教学,探讨了杭州地区高校对外汉语专业本科课程设置过程中存在的一些问题。徐海霞[④]对湖北的7所高校汉语国际教育专业的课程设置情况进行了考察,涉及课程类型、课时和学分分布等方面。但是,现有的课程设置研究多是考察某个地区的具体情况,并且提出相应的建议,缺乏宏观视野和对专业发展的深入思考。

有鉴于此,本研究对大陆两所高校(北京语言大学、华东师范大学)和台湾3所高校(台湾师范大学、铭传大学、中原大学)汉语国际教育专业的本科课程从培养目标、专业必修课程设置、专业选修课程设置和专业特色等方面进行比较

[①] 本论文写作过程中得到华东师范大学杜佳宁、王之子、章晓慧三位同学的协助,特致谢忱。
[②] 刘弘,博士,华东师范大学国际汉语文化学院讲师,主要研究方向为汉语国际教育。
[③] 陆崔崔. 在杭高校对外汉语专业本科课程设置对比研究 [D]. 杭州:浙江大学,2012.
[④] 徐海霞. 汉语国际教育专业本科课程设置中的外语课程研究——以在鄂7所高校为例 [D]. 武汉:华中师范大学,2014.

与分析，希望能对今后的汉语国际教育本科专业课程改革提供有益的参考。

一、专业培养目标比较

通过研读华东师范大学汉语国际教育专业（以下简称"华师大"）、北京语言大学汉语国际教育专业（以下简称"北语"）、台湾师范大学应用华语文学系（以下简称"台师大"）、中原大学应用华语文学系（以下简称"中原"）、铭传大学华语文教学系（以下简称"铭传"）这5所高校招生宣传资料中的培养目标①，我们发现5所高校在培养人才目标方面有同有异。

首先，5所高校都注重加强学生的基本素质的培养，注重培养国际化、高素质人才。比如华师大强调学生应具备"扎实的汉英双语基础和较全面的中外文化知识""具有进一步深造的潜能"；北语要求学生应"具有比较全面和扎实的普通语言学和汉语言文字学基础理论知识，掌握较系统的汉语作为第二语言教学的基本理论和方法，具备一定的文学文化素养"。台湾省高校同样注重加强学生的基本素质，比如台师大强调"提升学生文化、学术涵养"；中原大学在其培养目标中提出"培养学生了解本国语言的结构，珍爱自己的语言"；铭传大学提出"提升学生学习品质，培养人际沟通技巧及团队合作精神"。这反映出两岸高校都意识到夯实基础是人才培养的关键。

其次，5所高校都要求学生具备多方面的能力，成为一名"复合型"人才。基本来说，每个学校都至少要求学生具备语言教学能力和文化传播能力。如华师大要求学生"具备汉语作为第二语言教学和中华文化国际传播的能力；具有开阔的国际视野和跨文化交流能力；具有对新问题进行综合和表达的能力，能够在复杂的信息环境下对外来文化和变化中的世界了解和判断的能力"。北语则希望学生成为"具有进一步发展前途的'厚基础、宽口径、广视野、高素质'的国际型、复合型、应用型专门人才"。台师大要求学生除了能胜任教师外，还能"兼具资讯、广告、广告及企划能力"。中原大学要求学生"具有教授各级、各类华语教学能力""并具有分析华语文的能力且有系统传播本国语言、认识中国文化（包括台湾文化）的精髓及特质（的能力）"。铭传大学要求学生具备多方面的能力，包括具有"外国语文的能力""中英双语能力""跨文化认知与沟通能力""运用华语文化知识于语言教学之能力""运用多媒体与教学之能力""具备善用双语的理解表达、沟通技巧及撰写书面报告的能力""具备专案、分析、规划与执行的能力""具备跨文化沟通、协调及合作的能力"。

---

① 本研究资料来源于相关高校网页，作者也与来华师大交流的3所高校的台湾学生进行了访谈。

第三，汉语（华语）教师是重要的培养方向。5所高校都将教师作为重要的就业目标和培养方向。例如华师大要求学生毕业后"能够在国内外学校、机关、企事业单位从事汉语国际教育、英汉翻译、国际文化交流等相关工作"。北语则提出学生需要"能胜任第二语言教学与研究，胜任汉语国际教育工作及中外文化交流工作"。台师大更是强调培养方向为"培养全球专业华语文师资，深耕外国大学及中小学等各级学校之华语教学课程，协助海外各地推广侨教，使之成为国际性华语教育专业人员"。中原大学和铭传大学也都明确地将华语文教师作为培养方向之一。

但是，5所高校在培养目标上也有一定的区别。相对而言，大陆高校的培养目标中，汉语教师仅是培养目标之一。如北语在培养目标上是"胜任第二语言教学与研究，胜任汉语国际教育工作及中外文化交流工作"，显然将教师和文化交流工作并列。其就业方向是"能够在国内外学校、机关、企事业单位从事汉语国际教育、英汉翻译、国际文化交流等相关工作的专业人才"，涉及的工作包括教师、翻译和其他文化交流相关工作。

相比之下，台湾高校在专业方向上更强调注重"师资"。尤其是台师大，明确将"培养全球专业华语文师资，深耕外国大学及中小学等各级学校之华语教学课程"，"协助侨教"或者"国际性华语教育专业人员"作为自己的培养目标。中原大学也是强调培养学生成为"华语文教师"或是"具有教授各级、各类华语教学能力之国际专业对外华语教学人才"。从这个角度来说，台湾高校的专业培养目标比较单一（也可以说是更为明确）。

此外，台湾高校也强调华语教学专业的培养方向是在海外就业。如中原大学就提出"积极为其拓展海外就业机会"，台师大强调"深耕外国大学及中小学"。即使铭传大学没有明确指出海外就业，但是其培养目标中强调培养"跨文化认知与沟通""国际观"等，也隐含有要求学生具备海外就业能力的含义。

二、专业必修课程比较

为了能对两岸5所高校的汉语国际教育专业（即台湾的应用华语、华语文教学专业，以下不再区分）的课程设置情况进行比较，本研究将所有专业必修课分为语言、文学、文化、教学、外语及其他五个类别，统计各类课程占比，统计数据如图1所示。

从海峡两岸汉语国际教育本科专业课程设置对比来看，台湾本专业课程设置更加注重语言和教学方面，其中语言类占比30.92%，教学类占比31.24%，二者合计已经超过60%，加上排第三位的文化类课程，体现出台湾本专业课程更

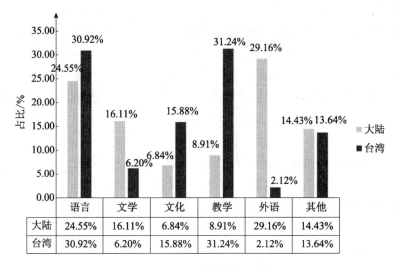

图 1 专业必修课课程设置

为注重培养学生语言教学能力和文化传播能力,这与台湾高校培养目标中提到的致力于培养全球专业华语文师资的目标是一致的。

相比之下,大陆高校外语类和语言类课程所占比例较高(外语类占比 29.16%,语言类 24.55%),排在第三位的是文学类课程(16.11%),而教学类的课程占比仅有 8.91%,不到 10%,排在六类课程中的第五位,显示出教学类不是大陆本专业必修课的重点。考虑到大陆高校本专业培养目标更加多元,学生除了从事汉语教学外,还有可能从事英汉翻译、国际文化交流等多种工作,这样的课程设置也符合了其预定的培养目标。总体来看,大陆地区汉语国际教育专业课程设置鲜明地体现出注重"双语"(英语和汉语)"双文化"(中国文化和外国文化)以及"双能力"(语言教学能力和文化交流能力)的培养特点,而台湾高校的培养目标更加专一。

汉语国际教育主要是语言教学,因此,语言类课程与教学类课程是汉语国际教育专业的学科基础课程。两岸高校在这两个方向开设的课程很多都类似。不过仔细研究,发现仍有差异。

在语言课程中,大陆高校的语言类必修课程一般为现代汉语、古代汉语、语言学概论等,而台湾高校除语言学概论课程外,汉语语言学类课程则细分为语音、文字、词汇、语法、修辞等方面,也就是说台湾高校把大陆通用的"现代汉语概论"课程细分成若干门专业必修课。大陆高校一般会在选修课中开设诸如"语音""语法"等课程,但因为是选修课,所以不要求每个学生都选。这种做法来源于中文系的传统做法。而从培养国际汉语教师角度来说,台湾高校这种做法或许更符合培养教师的要求。

　　大陆高校的国际汉语教学类课程一般由教学法（名称为对外汉语教学法或者汉语作为第二语言教学法）和教学通论（名称为对外汉语教学通论或者第二语言教学概论）两门课组成，都属于概论性质的课程。而台湾高校除华语文教学导论外，在必修课部分还设有教材编写、多媒体教学等课程。大陆高校的类似课程都为选修课，并非每个学生都要学习。不过两岸都设有教学见习、教学实习等形式的实践课程。

　　在文化课程上，大陆高校设有中国文化通论（中国文化史论）、西方文化、跨文化交际等课程，而台湾高校除了开设传统的中国思想史、中国文化导论、跨文化沟通的课程之外，多开设有全球化与华人、华人海外移民、华人社会与文化等关注华人社会的课程。笔者认为，这一方面与台湾华语教学现状有关，或许也与台湾华语教师资格证书考试的导向有关（台湾的对外华语教师证书中有专门一科为"华人社会与文化"）。

　　在两岸的课程比较中，台湾的教学类和文化类课程比例显著高于大陆，而大陆的文学课程和外语课程的比例都显著高于台湾。这种差异的背后其实反映了各自对于专业定位的差异。大陆的课程比较像是"素质培养"，因为文学类和英语类课程更多的是提高学生的综合素质。而台湾的课程更像是"技能培养"，因为教学类和文化类的高占比反映出台湾高校注重对语言教学相关能力和背景知识的培养，帮助学生能快速适应未来的华语教学工作。

三、五所高校专业必修课设置比较

　　大陆的两所高校比较重视文学与外语类课程，其中华东师范大学的文学类课程相比其他高校占比较大，而北京语言大学的外语类课程占了相当大的比重（见图2），这与两所高校的学校氛围、专业历史和培养目标有关。

　　华东师范大学的语言和文学类课程占比较大，同时设有一定的文化、教学、外语类课程，文学类课程有中国古代文学、中国现代文学、中国当代文学、外国文学史、英国文学史及作品、美国文学史及作品等。由于专业方向多元，还设有文艺理论、中国民俗、英汉互译等特色课程。华东师范大学汉语国际教育专业来源于中文系，因此沿袭了中国语言文学的课程设置，同时为了突出专业特色，培养双语、双文化人才，增设了一些英语国家的语言与文化课程，而与教学相关的课程则主要设为专业选修课程。与台湾高校更注重汉语师资的培养相比，华师大的培养目标显得较为多元，除了对外汉语教学外，也兼顾了学生对英汉翻译、国际文化交流等方面的不同需求。总体来看，该校课程设置体现出侧重语言教学和

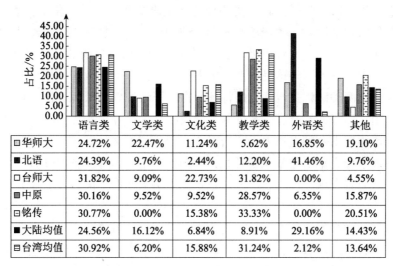

图 2 五所高校专业必修课设置

文化交流"双能力",中英双语、中西文化并重的特点。

北京语言大学的外语类课程占相当大的比重,也有一定的语言类和教学类课程,文学类和文化类课程相对较少。北京语言大学作为一所以语言为特色的高校,各个专业都对外语有较高的要求,其中汉语国际教育专业同样重视外语课程。由于英语课程都列在专业必修课之中,不属于公共必修课,导致课程体系中外语类课程比例较高。北语的外语类课程包括英语精读、英语经典阅读、英语视听说、英语读写,每门课程都延续2~4个学期。该校的文学类课程相对较为精简,设有中国古代文学、中国现当代文学和外国文学史。该校的教学类课程也有一定特色,如第二语言教学概论、汉语第二语言教学法(一、二)、教育学原理、教育心理学,要求掌握较系统的汉语作为第二语言教学的基本理论和方法,能胜任第二语言教学与研究。总体来看,该专业课程设置也正是"培养具有比较全面和扎实的普通语言学和汉语言文字学基础理论知识,掌握较系统的汉语作为第二语言教学的基本理论和方法,具备一定的文学文化素养,能胜任第二语言教学与研究"的培养目标的体现。

台湾三所高校的课程设置有一定的相同点,也各有其特色。总体来看,语言类和教学类课程占比较大,也有一定的文化类课程,文学类和外语类课程相对较少。

台师大的专业必修课程包括"华语师资/教学应用"和"华人研究/侨教侨务"两大类别。语言类课程包括语言学概论、华语音学、文字学、华语词汇学、华语法学、华语修辞学等。教学类课程包括华语文教学导论、华语文教材编写、多媒体与华语教学等。在"华语师资/教学应用"区块中有一类"教材教法与资讯处理"课程，包括中文资讯处理、多媒体与华语教学等课程；在"华人研究/侨教侨务"中有华人海外移民、世界华人社区导论、侨民教育导论、全球化与华人等课程。这两类课程是台师大的特色所在。资讯处理类课程重视信息技术在教学中的作用，而华人研究、侨教侨务类课程则是为培养优秀海外华语文教育师资而设置的，体现出台师大致力于"培养全球专业华语文师资，深耕外国大学及中小学等各级学校之华语教学课程并协助海外各地推广侨教，同时提升学生文化、学术涵养，兼具资讯、广告、广告及企划能力的国际性华语教育专业人员"的培养目标。

中原大学的必修课程中，语言类课程包括语言学概论、古代汉语、华语语音学、文字学、华语语法学、华语正音、华语词汇学等。教学类课程包括华语文教学导论、华语文教材教法、华语文测验与评量、多媒体与华语文教学等。其中"多媒体与华语文教学""资讯系统与网络导论""中文资讯处理"等课程，体现出该专业致力于"培养学生将资讯、科技整合于教学的能力，从而成为地球村前端的语言文化传播者"的培养方向。

铭传大学对专业必修课程总学分要求较少，其中语言类和教学类课程皆占较高比重。语言类课程有华语语音学、语言学概论、华语语法学、文字学等，教学类课程有华语文教学导论、华语正音与教学、汉字教学、华语文教材教法、华语文测验与评量、多媒体与华语教学等。特色课程有职场伦理与国际礼仪、华人社会与文化等。该课程设置体现出该专业在理论与实际的应用，学生的华语专业知识和中英双语能力，跨文化沟通、协调及合作的能力等方面的要求。

四、专业选修课程比较

根据两岸五所高校汉语国际教育相关专业的培养方案，研究者分别统计了五所高校必修课和选修课的学分比例，并在此基础上计算了大陆和台湾高校必修课和选修课学分数的平均值。结果如图3所示。

可以发现，大陆高校的必修学分相对占比较大，而台湾高校的选修学分高于大陆。其中铭传大学课程中选修学分甚至高于必修学分，在五所高校中显得非常特别。选修学分占比较高意味着给学生更多的选择空间，对学校的师资要求也更高一些。

深入考察各高校的培养方案和课程计划，可以发现两岸高校都为学生开设了广泛、丰富的专业选修课程。总体而言，大陆高校多属于基础课中的语言、文

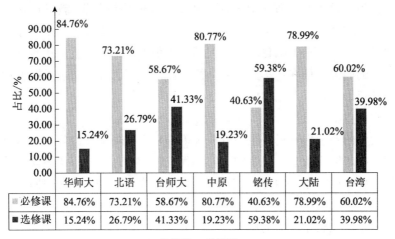

图3 五所高校专业必修课与选修课比例

学、教学类课程在某个具体方面的延伸,而台湾高校则设有一些第二外语、华人华侨、多媒体教学、资讯处理、教材编写等类型的特色课程。

华师大开设的专业选修课涉及的面非常广,包括翻译、教学、汉语、语言学、文学、文艺、文化等各个方面,具体课程如人类学与文艺、文艺经典研读、中国古典小说导读、对外汉字教学、对外汉语语音教学、现代语言学专题研讨、翻译学导论、跨文化交际导论等等。从这些课程可以看出华师大注重培养"双语""双文化""双能力"复合型人才的培养目标。

北语专业选修课程分为语言学模块、教育教学模块和跨专业模块三部分。相对来说,语言学模块、教育教学模块两大模块课程较多,诸如现代汉语词汇专题、汉语语法分析方法、句法学、汉字学、语用学、社会语言学、汉字修辞学、中外教育史、教育科学研究方法、比较教育概论等。值得注意的是,北京语言大学对于来华留学生实行"中外连通生"培养方案,部分专业必修课程为来华留学生单开课,其余专业必修课设置与中国本科生相同,均为中外学生同堂开课。跨专业模块主要包括文学、文化、中华才艺、新闻传播、国际政治与国际关系等。总体来看,北语的选修课注重培养学生的汉语文字方面的基础能力。

台师大开设的专业选修课程包括文学、文化、教学、心理学、英文及第二语、侨教侨务等。除了传统的文学、文化、教学等课程外,还包括认知心理学、教育心理学等,并提供了英语、德语、法语、西班牙语、东南亚语言等多门语言课程,选修课的设置也体现了对华人华侨教育的重视。

中原大学开设的专业选修课程涉及外语、教学、文化、文学、语言等领域，侧重于语言类和教学类课程。值得注意的是，在"华语师资/教学应用"系列中包括文学类、文化类、教学类、语言类等多种课程，其中线上华语教学实务、数位华语教材设计、华语电脑化测验应用等课程都着重培养学生运用现代化教学手段开展教学的能力，而在"华人研究/侨教侨务"中开设的小语种课程（如德语、法语、东南亚语言）以及两岸侨务、华人文教导论等课程，则体现出对于海外侨民语言教学的重视。

铭传大学的专业选修科目主要分成汉语语言学、华语文教学、华人社会与文化等几类。在华语文教学一类中的选修课程有教育心理学、双语教学、华语课程与教学设计、华语教学英语等，体现了对华语文教学的重视。此外，诸如日文、韩语、法文、华文教材编写、华文经典教材教法等，体现出对于第二外语人才的培育和对华语文教学能力的培养。

五、对今后专业课程改革的建议

通过对海峡两岸汉语国际教育本科专业课程设置的对比研究，我们发现两岸汉语国际教育本科专业都较为完善，并各有特色。通过对比两岸的课程设置，本文对大陆汉语国际教育专业今后的课程改革，提出以下建议。

建议一：大陆汉语国际教育本科专业可适当调节必修课与选修课的学分比例

图3显示，大陆高校专业必修课比例偏高。大陆高校必修和选修之比基本为8：2，而台湾高校则为6：4。以华东师范大学为例，专业必修课程（包括学科基础课）要求修读89学分，专业选修课要求修读16学分，必修课程与选修课程的学分比例差异非常悬殊。相比之下，台湾选修课程的学分总量所占比例较高，学生有较为多元的选课空间。实际上大陆高校要想实现在培养目标中所提出的多元培养目标（汉语教师和国际文化交流人才），正应该鼓励学生在明确未来发展方向后，对课程做出自己的选择，从而实现专业化发展。总之，适当调节必修课与选修课的学分比例，不仅有利于学生提高选课积极性，也有利于学生实现自主化、个性化、多元化的发展。

建议二：大陆高校可以考虑适当扩充教学类必修课和选修课

汉语国际教育作为一门应用性较强的学科，在注重培养学生的语言知识和外语能力的同时，也应加强教学技能的培养。台湾高校开设的教学类课程数量和比例上明显要高于大陆高校，显示其花更多精力培养学生的教学能力，致力于将学生培养为优秀的汉语教师。

大陆高校目前不太愿意开设教学类课程的一个客观原因是本科生毕业几乎不能直接从事汉语国际教育，仅少数可以以志愿者身份赴海外任教。如果要从事汉语国际教育工作，一般都需要考研。这使得国内汉语国际教育界相当一部分人认为在本科阶段似乎没必要过多开设教学类课程，因为到研究生阶段会再次学习相关教学类课程。笔者认为，这种观念值得商榷。

从华东师范大学汉语国际教育专业本科生目前毕业情况来看，约有一半以上的学生毕业后赴国内外高校读研。这些学生表面上看没有直接从事国际汉语教育，但是后续跟踪研究发现，绝大部分同学后来都在从事国际教育相关工作。而本科毕业后直接工作的有一部分甚至直接从事国际教育和基础教育工作[①]。实际上在与毕业班学生交流中，毕业生普遍认为需要开设中小学汉语教学相关的选修课程（包括课堂教学方法、课堂管理等）。在参与国际学校教学实习时，三年级的本科生普遍对于国际学校的"传统"感到很陌生，难以理解。这反映出中国传统的教育观念对于这些新教师有很深的影响。这些情况，都需要我们通过各种形式的教学类课程逐步来扭转。

因此，问题的关键不在于教学类课程是否要开设，而是如何开设。笔者认为，那些以讲授传统对外汉语教学方法的教学类课程的确没有必要开设，但如果是介绍国际主流教育观念和方法的课程、结合教学实践的体验式课程、介绍教学研究方法和教师研究的导论性课程等，还是应该在汉语国际教育本科阶段开设。这对于提高学生素质、更新教学观念还是大有好处的，对于未来从事教育工作会有潜移默化的影响。实际上这类课程也是突出专业特色的课程，有助于回答"汉语国际教育系和中文系有什么差别"这类疑问。

建议三：可增设第二外语课程或鼓励学生选修第二外语

通过对课程设置的分析，我们发现大陆高校较为注重培养学生的英语能力，而台湾高校多设有第二外语选修课程。现代社会越来越呈现出国际化的趋势，除英语国家外，日本、韩国、东南亚、南亚国家以及欧洲国家都有学习汉语的需求，开设第二外语课程可为学生提供丰富多样的选择，根据个人需求进行外语学习，以更好地为来自不同国家的教学对象进行汉语教学。如果学生具备小语种能力，对未来从事国际汉语教学工作更有利。

此外，成年之后开始学习一门小语种，有助于学生重新体验外语学习过程，对于掌握语言学习理论，或者将所学的语言学习理论应用于自身外语学习都有

---

① 这或许与华东师范大学身处上海这个国际性大城市有关。上海有数十所外籍人员子女学校和双语学校，给国际汉语文化学院的毕业生创造了良好的就业机会。2018年学院有四位本科生毕业后直接去外籍人员子女学校从事教学工作（教授外籍中小学生汉语）。

好处。

建议四：加强现代教育技术的基础训练

现代科技的发展对教育产生了深刻的影响。它使得课程丰富且多元，并且有足够的吸引力。教师应当在入职前就具备较强的运用现代教育技术的能力，这样才能胜任新时代的国际汉语教学工作。相比之下，台湾高校开设的现代教育技术课程较为丰富，涉及多媒体教学、资讯管理等相关课程，有助于提高国际汉语教师利用信息技术辅助教学的能力。当然，教育技术发展很快，不可能完全通过校内课程学会，但教师需要通过在课程中掌握一些基本技术和能力，比如如何处理图片和视频，如何利用某些应用程序（APP）和软件开展课堂活动。这对于从事中小学教学尤其重要。大陆的汉语国际教育本科专业在这方面需要加强课程建设。

建议五：加强两岸合作与交流，实现共同发展

通过海峡两岸汉语国际教育本科专业课程设置的对比，我们发现两岸汉语国际教育自成体系，各有特色，因此两岸高校应该加强沟通与交流，取长补短，促进教学资源的共享与整合，实现共同发展，从而培养出更多优秀的汉语国际教育专业本科生，更好地推动汉语国际教育的发展。大陆目前已有全国高校汉语国际教育本科专业研讨会，每三年举行一次全国会议，我们认为可以考虑邀请台湾高校作为特邀嘉宾参加，共同分享经验，研讨改进措施。两岸高校在交流中实现共同发展。

新媒体对汉语国际教育的助推作用[①]

李 丽[②]，刘 洁[③]

新媒体（New Media）是源自美国的"舶来品"[④]，从20世纪60年代末开始出现，至今已有50个年头，严格意义上来说，在日新月异的网络数字技术发展形势下，也已经不"新"了。这里所谓的"新"是相对于之前传统的广播、电视、报纸及其他印刷制品而言。新媒体的飞速发展使得世界生活发生了翻天覆地的革命性变化，它以不可遏制的趋势渗入生活的方方面面。就汉语国际教育而言，传统的黑板粉笔或白板幻灯仪教学也受到了来自新媒体的冲击，从教师的授课内容、授课方式到学生的学习内容、学习手段再到汉语国际推广的路径选择等，新媒体都带来了众多新问题、新思考和新思路。

一、"新媒体"界定

到底什么是"新媒体"？学界意见纷繁，尚未达成共识。中国人民大学匡文波教授在梳理了有关新媒体发展的相关历史和厘清了国内各界对于新媒体概念的纷繁界定之后，简洁明确地提出"'新媒体'是一个通俗的说法，严谨的表述是'数字化互动式新媒体'"，即"借助计算机（或具有计算机本质特征的数字设备）

---

① [课题来源] 2018—2020成都信息工程大学教育教学改革项目"基于SPOC的对外汉语教学法混合式半翻转教学模式探索"（JY2018145）。

② 李丽，文学博士，燕山大学文法学院文学与新闻传播学系教授，主要研究方向为汉语教学与研究、汉语史、汉语要素教学。

③ 刘洁，文学硕士，成都信息工程大学文化艺术学院副教授，主要研究方向为对外汉语教学、汉语言文化、认知语言学。

④ 新媒体（New Media）一词源于美国哥伦比亚广播电视网技术研究所所长P. 戈尔德马克（P. Goldmark）的一份商品开发计划书（1967）。之后，美国传播政策总统特别委员会主席E. 罗斯托（E. Rostow）在向尼克松总统提交的报告书中也多处使用了"New Media"一词（1969）。由此，新媒体一词开始在美国流行并很快扩展至全世界。参见：匡文波. 到底什么是新媒体 [J]. 新闻与写作，2012（7）：24-27；匡文波. 新媒体舆论：模型、实证、热点及展望 [M]. 北京：中国人民大学出版社，2014.

传播信息的载体"①。

这个新的传播载体主要是计算机和相关的数字设备,传播的主要手段是网络。相较于传统媒体,新媒体具有及时性、开放性、个性化、分众性、信息的海量性、低成本全球传播、检索便捷、融合等特征,但其本质特征是技术上的数字化、传播上的互动性。新媒体的传播具有以下优势:传播与更新速度快,成本低,信息量大,内容丰富,全球传播,检索便捷,多媒体传播,超文本超链接组织信息,互动性强等。

时至今日,"新媒体"涵盖的范围越来越广,按照匡文波先生的研究,新媒体主要包含网络媒体、手机媒体和互动式数字电视。现阶段的数字电视还不属于新媒体,因为它缺乏新媒体的本质特征——互动性。但从技术的发展趋势看,未来的电视会成为电脑的一种类型,那么具有了互动性的数字电视将成为新媒体的新成员。因此,目前的新媒体实际主要包括网络媒体和手机媒体(如图1 新媒体图示②)。网络媒体包括搜索引擎、网络电视、网络报纸、网络期刊、各类网站、博客、播客、微博等。手机媒体包括短信彩信、手机报纸、手机期刊、手机图书、手机电视、手机微博等。

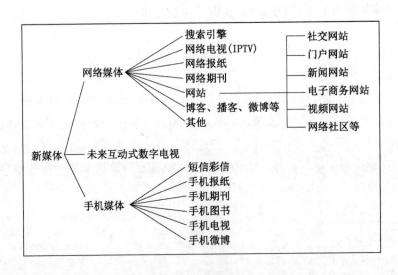

图1 新媒体图示

---

① 匡文波. 到底什么是新媒体?[J]. 新闻与写作,2012(7):24-27.
　匡文波. 新媒体舆论:模型、实证、热点及展望[M]. 北京:中国人民大学出版社,2014.
② 此图根据匡文波(2012,2014)改写。

二、新媒体对汉语国际推广具有巨大的助推力量

目前，汉语国际推广存在的突出问题是学习者语言文化背景极为多元，居住地极为分散，年龄层次、学习目的和需求极不相同。具有交互形式多样性、教与学自主性、资源利用便利性、支持服务实时性的国际汉语教学网站无疑是解决这一突出问题、实现汉语国际教育的有效平台。

据尹晓菲不完全统计①，目前国内外与汉语国际教育相关的网站已超过 116 个，其中国内网站占比半数以上，达到 62 个。汉语国际教育网站主要包括汉语教学网站和汉语学习网站两大类②。汉语教学网站分为两类：一是对外汉语教学门户类网站，重要的网站有国家汉办、网络孔子学院、世界汉语教学学会、汉考国际等。该类网站资源针对性强，信息量大。二是对外汉语教学互动类网站，如对外汉语教师之家、对外汉教论坛、睿立论坛、对外汉语信息交流论坛等。这类网站主要以论坛、博客、贴吧等网络形式为媒介，由专人管理。其资源特点是信息来源面广，更新速度快，时效性高，互动性和参与度高。汉语学习网站大体可分为三大类：综合性汉语学习网站、汉语专项技能学习网站、工具类汉语学习网站。综合性汉语学习网站如北大中文论坛、中央广播电视大学对外汉语教学网、汉语链、"你好，汉语"教学网站、中国国际广播电台网上学汉语等，资源丰富，形式多样，致力于全面提升学习者的听说读写能力。汉语专项技能学习网站如阅读中文网③，以提高学习者的汉语阅读水平为主要目标；学写汉字网和中国语言文字网致力于提高学习者的汉字认读拼写能力和加深对汉字文化了解程度；还有福客文化等中国民间文化专题网。工具类汉语学习网站是汉语学习的辅助性网站，主要提供对汉语学习起支持作用的相关软件服务，包括在线词典、拼音输入、中英翻译等，如线上中文工具、汉典网和在线词典、新华字典——在线字典等网站。

刘永权、张铁道④考察了网络孔子学院（国家汉办建设，http：//www.chinesecio. com）、中文在家（才盛科技公司建立，http：//www. chineseathome. com）、"网上北语"（北京语言大学建设，http：//www. eblcu. com）、

---

① 尹晓菲. 对外汉语教学网站的现状分析与设计构想 [D]. 扬州：扬州大学，2015.
② 肖俊敏，黄如花. 对外汉语教育网站资源建设研究 [J]. 国家教育行政学院学报，2011（1）：65-66.
③ 美国教育部门主办，专为汉语初级和中级学习者设计的在线阅读网站。
④ 刘永权，张铁道. 远程国际汉语教育课程规划与教学机制初探 [J]. 中国远程教育. 2013（4）：52-57.

"全球汉语教学网"（美国太平洋大学亚洲研究中心建设，http：//www.echine-selearning.org）等101个对外汉语网站，认为按照服务对象、教学内容、媒体呈现、教学特点可将其分为综合性网站、教师培训网站、HSK考试网站、学习网站四大类别，数量占比分别为38.6%、20.8%、14.9%、25.7%。这四类网站以对外汉语教师和汉语学习者为服务对象，在教学内容上各有侧重，媒体呈现形式不同，教学特点各不相同。详见"网站考察表"①。总体而言，这些网站上的资源丰富，理念新颖，技术手段先进，音视频制作精良。虽然存在着这样或那样的问题，但对于汉语的国际推广无疑起到了极大的助推作用。

表1 网站考察表

类别	综合性网站	教师培训网站	考试网站	学习网站
数量（比例）	39（38.6%）	21（20.8%）	15（14.9%）	26（25.7%）
服务对象	汉语学习者、汉语国际教师	汉语国际教师	参加HSK各个级别考试的考生	汉语学习者
教学内容	包含各种资讯、汉语教学与中国文化	汉语国际教育理论与教学法研究	各种HSK考试资讯与模拟练习	各个级别汉语（初中高）、各种类别汉语（商务、旅游等）和中国文化
媒体呈现	动画、网页、音频视频等多种媒体	视频为主，兼有文本	以文本练习、课堂辅导为主，大多设有自检自测栏目	以直播课堂为主，增加了交互练习和学习社区
教学特点	教学资源为主，部分兼有课程性质	教学资源为主	教学资源为主	教学资源与课程教学兼有，各占一半

三、新媒体对国际汉语教师能力提升具有促进作用

国际汉语师资是发展汉语国际教育、实现汉语国际推广的关键。赵金铭早在2011年就指出："合格的国际汉语教师既要兼通中外两种语言，还要兼容中外两种文化；既要热爱国际汉语教学事业和中华文化，还要有国际化的视野和跨文化交际能力；既要懂得语言教学的一般规律，又要有适应不同教学环境，因地制宜，因材施教的教学应变能力。"② 面对高速发展的信息化社会，国际汉语教师

---

① 此表根据刘永权、张铁道（2013）改写。
② 赵金铭. 国际汉语教育研究的现状与拓展[J]. 语言教学与研究，2011（4）：86-90.

要"熟悉并掌握有关计算机的基本知识和操作方法，了解常用的现代化教学手段及网络技术，并能应用于汉语教学实践"，"能熟练地使用计算机上网，搜集和使用互联网上的教学资源；能自行下载和上传各种文件和汉语教学资料；能建立个人主页或博客，以加强与学习者的沟通和交流；能通过电子邮件、聊天室、视频等方式及时向同学传达信息及收集反馈；了解常见的网络安全问题并能采取相应的措施……"（《国际汉语教师标准》标准九）①

赵金铭指出："为提高学习者学习兴趣，吸引学习者，并留住学习者，必须改变以往在对外汉语教学中所存在的教学手段落后、模式单一、情景缺乏的状况，采用以学习者为中心的互动式教学，汉语教师要善于用当地学习者乐于接受、容易接受的方式来教授汉语，以鲜活、生动的教学形式，学习者感兴趣的学习内容……充分调动学习者的学习积极性。"② 基于网络通信的手机媒体为改善对外汉语教学模式提供了无限可能，同时也对国际汉语教师提出了更高的要求。在手机媒体时代，汉语国际教育不再完全是黑板粉笔或白板幻灯仪的定时定点课堂教学，而是移动教育。在移动教育中，教师的角色发生了重大变化。教师不再是传统课堂上的教师，而是移动教师或空中教师，是网站资源库建设专家，需要以团队成员的角色开展工作。其具体工作任务是用文本、图形、动画、音频、视频等多媒体课件形式，表达汉字的形、音、义，描述和解释汉语词组的含义，建立汉字、词组、短句、范文等之间的相互关系，提供丰富多彩的扩充读物，设计自助测试问卷及答案等。在这些活动过程中教师可以完全从定时、定点的课堂教学中脱离开来，自己选择时间段和地点，利用智能手机、多媒体编制教学内容，并通过智能手机上传网站，加入网站资源库，及时供学生浏览学习。教师在网站的动态教学过程中所从事的具体教学活动，如辅导和回答学生的问题、布置作业、批改作业等，都可以采用人机交互模式和多种交互模式，利用智能手机，通过符号、数字、文字、音频、视频等多种媒体形式，在网站论坛发言，在留言板发通知，在实时聊天室讨论，达到与学生或工作团队成员沟通的目的③。

四、新媒体对二语习得者学习方式具有革命性改变

根据国家汉办和教育部公布的数据，2018年全球约有1.004 9亿人在学

---

① 国家汉语国际推广领导小组办公室. 国际汉语教师标准［M］. 北京：外语教学与研究出版社，2007.
② 赵金铭. 国际汉语教育研究的现状与拓展［J］. 语言教学与研究，2011（4）：86-90.
③ 唐燕儿. 基于3G的汉语国际教育发展探析［J］. 现代远程教育研究，2010（3）：26-33.

习使用汉语，其中超过1亿的学习和使用者不在中国本土（包括6 000多万海外华人华侨，4 000多万各国主流社会的学习和使用者）①。在中国本土（不含港澳台地区）学习的各类外国留学人员有492 185人，他们来自196个国家和地区，分布在中国31个省（区、市）的1 004所高等院校学习②。可以看到，由于各种各样的原因，并不是每一个想要学习汉语的人都可以来到中国本土。

　　美国学者曼纽尔·卡斯特在《认同的力量》中指出，网络通过改变生活、改变空间和时间等物质基础，构建一个流动的空间和无限的时间。这种新的社会组织形式，正渗透全球，遍及世界③。建立在互联网基础上的移动信息设备、数字化终端以及信息载体平台等新媒体，无疑会使地球村得到真正实现④。分散于世界各地的汉语学习者只需要一个网络终端就可以查找到汉语研修课程或中国文化资料，自由地浏览、检索、下载和转发，实现汉语的移动学习⑤。

　　截至2019年1月，全球人口数76.76亿，其中手机用户51.12亿人，网民43.9亿人⑥。2018年全球互联网技术（IT）终端设备（个人电脑、平板电脑和手机）出货量为23.56亿台，其中智能手机全球出货量是14.56亿台⑦。据最新统计数据，截至2018年12月，中国手机网民高达8.17亿人，占网民比例的98.6％⑧。手机从2014年开始一直稳居上网终端设备第一把交椅。移动互联网的稳定快速发展，带动APP移动应用行业的迅速崛起，据苹果官网新闻稿，截

---

① 柴如瑾，王忠耀. 前所未有的"汉语热"［N/OL］. 光明日报，2017-10-28（09）［2017-10-28］http：//epaper. gmw. cn/gmrb/html/2017/10/28/nw. D110000gmrb_20171028_1-09. htm

② 教育部. 2018年来华留学统计［OL］.［2019-04-12］http：//www. moe. gov. cn/jyb_xwfb/gzdt_gzdt/s5987/201904/t20190412_377692. html

③ 转引自田智辉. 新媒体环境下的国际传播［M］. 北京：中国传媒大学出版社，2010：9.

④ 蔡燕. 新媒体环境下的语言国际传播研究［J］. 山东社会科学，2015（10）：156-160.

⑤ 唐燕儿. 基于3G的汉语国际教育发展探析［J］. 现代远程教育研究，2010（3）：28-33.

⑥ 数据源于互联网数据研究机构We Are Social & Hootsuite于2019年1月30日发布的"2019全球数字报告（Global Digital 2019 reports）"参见科技报告与资讯. We Are Social & Hootsuite：2019全球数字报告［OL］.［2019-02-14］https：//baijiahao. baidu. com/s？id＝16254177357588261778&wfr＝spider&for＝pc

⑦ 旭日大数据. 2018年智能手机出货量排行榜：前六品牌稳固，中小品牌被吞噬［OL］［2019-01-19］https：//www. diyitui. com/content-1547174890. 75974181. html. 但根据IDC公布的数据，2018全年全球智能手机出货量为14.049亿台. 参见科技美学. 2018全年全球智能手机出货量数据出炉［OL］.［2019-02-12］http：//sh. qihoo. com/pc/987f7414e1bd132ab？cota＝4&tj_url＝so_rec&sign＝360_e39369d1&refer_scene＝so_1

⑧ 中国互联网络信息中心（CNNIC）. 第43次《中国互联网络发展状况统计报告》［2019-02-28］http：//www. cnnic. net. cn/hlwfzyj/hlwxbg/hlwtjbg/201902/t20190228_70645. htm

至 2018 年 6 月 App Store 应用总数在中国区达 178 万[①]；谷歌 Play 商店应用程序数量超过 App Store 一倍[②]。毫无疑问在手机媒体迅速发展的今天，移动学习成为现实活动。具有上网功能、多媒体技术的智能手机成为汉语学习者最主要的学习工具和学习课堂。其最主要的学习模式是自主的人机交互模式。学习者不再受到时间和空间的限制，可以随时随地通过手机登录网站，索取资源库中的教学资料进行学习，还可以登录留言板、论坛、聊天室，通过同步或异步交互，分享自己的学习心得给汉语国际教育工作团队、同学等其他人员，或者寻求他人解答或帮助解答自己提出的问题。另外，还可以邀请工作团队成员或同学进行实时对话，就相关的学习问题进行讨论。在手机媒体时代，无论是学习进程、学习策略，还是选择学习资源，基本上都是自主选择，因此需要学习者具有高度的自主性和自控能力。学习者不再是教室里的固定地点固定时间的学生，而是移动学生或空中学生。毋庸置疑，对全球不同种族和职业、不同年龄和教育水平的广大汉语学习者来说，使用手机登录网站进行汉语学习，将是最为便利、经济及有效的学习模式[③]。

在 21 世纪的今天，合理利用新媒体手段、充分发挥新媒体优势、提升汉语国际教育质量是摆在每一个汉语国际推广者面前的新课题。

[①] 七麦研究院. 中国区 App Store 上半年回顾：应用总量超 178 万 [OL]. [2018-07-10] http：//games. ifeng. com/a/20180710/45056250_0. shtml

[②] App Annie：2018 Google Play 10 年数据纵览（2018 Report Google Play 10 Years Anniversary CN）[OL]. [2019-1-14] https：//www. useit. com. cn/thread-21923-1-1. html

[③] 唐燕儿. 基于 3G 的汉语国际教育发展探析 [J]. 现代远程教育研究，2010 (3)：26-33.

国际学生语言文化实践活动调查与思考

——以北京 M 高校和 L 高校为例[①]

史 真[②],田 艳[③]

引 言

随着国际汉语教学的全面推进,越来越多的外国学生选择到中国留学或者学习汉语,因此,我国各大高校对来华学习汉语的国际学生(以下简称"国际学生")的培养也逐步从重视语言技能向语言技能与文化实践能力并重的方向转变。教育部的数据显示,2017 年有 50 万名来自 204 个国家和地区的国际学生在全国 31 个省、自治区、直辖市的 935 所高等院校学习,规模增速连续两年保持在 10% 以上,中国已是亚洲最大留学目的国[④],北京作为首都,吸引了众多国际学生。截至 2018 年,北京市有 75 所高等院校可以接收国际学生,长期在北京学习的国际学生总数达到了 55 000 多人,约占来华国际学生总人数的 10%,这一数据为中国各个省、自治区、直辖市的国际学生比例之最,这也要求北京各个高校对国际学生的培养更加全面、具体,并且不断提升层次。随着全球学习汉语人数的增加,汉语教学的规模也在不断拓展,高校来华外国留学生语言文化实践活动是在这一时代背景下产生的一种文化现象[⑤]。

[①] 本文写作受国家汉办汉语国际教育专业学位 2017 年度课题《汉语国际教育硕士语言文化项目设计与实施能力培养研究》的资助,项目编号:HGJ201715。
[②] 史真,汉语国际教育硕士,泰国孔敬工业教育学院汉语志愿者教师,主要研究方向为汉语国际教学模式研究、泰国汉语教学研究。
[③] 田艳,博士,中央民族大学国际教育学院副教授,研究方向为中华文化传播、汉语国际教育。
[④] 搜狐新闻 http://www.sohu.com/a/226791103_120000。
[⑤] 田艳,王伟. 对外国留学生语言实践汇报演出的分析与思考[J]. 汉语国际传播研究,2013 (1):203-212,223。

除了常规的课堂汉语教学外,语言文化实践活动对于培养国际学生的文化认同和语用能力有着不可忽视的作用,是常规课程的重要补充形式,因此不少高校将对国际学生语言文化实践能力的培养列入教学大纲中,足以体现对该类教学形式的重视。

本文以在京两所开展语言文化实践活动颇有成绩的高校——M高校和L高校为例,运用文献梳理法、实地考察法、访谈调查法和个案研究法,对北京市M高校和L高校语言文化实践活动进行了分析,从M高校与L高校的基本情况及语言文化实践活动的类别、对M高校与L高校国际学生语言文化实践活动的个案调查及语言文化实践活动的启示与反思三个方面进行分析,以期为今后各高校国际学生语言文化实践活动的开展以及对国际学生语言文化能力的培养提供一定的借鉴和启发。

一、国际学生语言文化实践活动作用与意义

(一)激发语言学习动力,提供真实语言环境

面向国际学生开展的语言文化实践活动可以充分利用课外语言学习环境,使学生能够通过课堂学习、课外活动和社会语言环境里的交际活动等多条途径学习语言,为学生提供真实的语言交际情境,提供语言习得的机会①。

国外很多汉语教学机构采用"沉浸法"进行短期强化教学,想方设法使整个教学和活动场所"中国化"。一些汉语教育机构更是采取了"三明治"式的教学方案,即在本国和中国的学习交替进行。这种注重交际能力并身临其境的做法颇受欢迎,已为许多国家的汉语教学部门所采纳。"中国实地经验"越来越成为提高学生语言能力的有效途径。

语言文化实践活动可以为学生提供真实的语言环境和开口说汉语的机会,从而帮助学生提高运用汉语进行交际的能力。习得一种言语现象都要经过感知、理解、模仿、记忆、巩固和应用几个阶段。应用就是把学过的言语现象用于交际,可以激发学生学习语言的动力,提供真实的语言环境。

(二)提供丰富文化场域,提高文化理解能力

中国是拥有几千年文化传统的文明古国,文化对语言学习的影响极大。只有让学生领会了有关语言的文化内涵及相关的社会习俗背景,才能使其更加深入地掌握汉语的精髓,灵活而准确地运用汉语进行交际。在语言实践环节中,学生可以更好地体会和运用课堂上学习的知识和技能,在真实环境中感受、体会和运用语言,从而避免了

---

① 田艳. 关于语言实践活动的总体构想[C]//北京地区第三届留学生教育学术研讨会论文选. 北京:北京大学出版社,2004.

单纯课堂学习的低效率,也避免了学习者对文化感知的盲目性和无目的性。

让国际学生对所处的文化环境和文化背景有一个全面的认识十分必要。除此之外,还应培养他们适应并应对全新文化环境的能力。因此,文化被理解、吸收和接受是语言文化实践教学的重要目的之一,也是文化从课堂讲解到学生吸收的全过程。课堂上的文化点是孤立的,与生活中的文化缺少紧密的联系,但是,语言文化实践教学却使二者有机而和谐地交织在一起。

(三)满足国际学生生存适应与人际交往的需要

生存适应是文化适应的基础。从国际学生的需求角度来看,在来华初期,生活的需求甚至超过了语言的需求,学生急需的是跟他们的生活有关的各项语言文化实践活动,因此,解决生活层面的问题成为这一时期教学中的一个重要任务。而语言文化实践活动正好可以帮助学生满足这方面的需求。

此外,国际学生希望能深入社会生活的层面中去,尽快结识更多的中国朋友,扩大交往范围,以便更好地了解中国,更顺利地在中国生活学习下去。语言文化实践教学本身就有这样一个很重要的作用,就是可以帮助留学生扩大社会交往,帮助他们认识中国朋友,促进师生交流,增强师生了解,加强师生感情。

通过语言文化实践活动,可以建立师生共同的话题,便于教学的实施。在某种意义上,还能起到调节教学节奏、缓解学生学习压力、放松学生身心的作用。很多教学机构在学期中间或考试之后会安排一定的教学实践活动,正是利用了这一特点。许多实践活动都成了学生美好的回忆和在汉语学习过程中的亮点。

二、M高校与L高校的基本情况及语言文化实践活动的类别

(一)M高校与L高校的基本情况

M高校是中国最早获得接收国际学生资格的八所高校之一,1965年开始招收国际学生。从20世纪80年代开始,M高校的汉语教学工作得到了很大的发展,对国际学生文化实践能力的培养是M高校的特色之一,为此M高校专门成立了文化推广中心。L高校的国际学生汉语教育近十年来得到了迅猛的发展,国际学生工作在京各高校中已处于领先地位,是国际学生活动中的优秀典范,两所高校的语言文化实践活动都具有鲜明的特点。

(二)语言文化实践活动的类别

各高校在对国际学生进行培养时,除了注重国际学生的语言能力,还十分重

视其文化能力的培养，许多高校在国际学生培养方案中对国际学生的语言能力和文化能力都做了详细的说明。语言文化实践活动是指在国际学生的课堂教学以外所进行的，旨在培养国际学生运用语言知识、帮助国际学生了解中华文化、感受文化魅力的交流实践活动。语言文化实践活动与课堂内的讲解授课互为辅助、互相补充，从各方面对国际学生进行培养。

除了日常的汉语教学工作外，M高校和L高校都开展了很多面向国际学生的语言文化实践活动，通过对M高校和L高校国际学生文化实践活动的实地调查与访谈，我们可以将这两所高校举办的面向国际学生的语言文化实践活动分为比赛类、表演类、体验类、参观类、文艺类和考察类六类①，具体分类如表1所示。

表1　M高校和L高校国际学生语言文化实践活动分类②

活动类型	具体项目	活动类型	具体项目
比赛类	国际好声音大赛	表演类	国际合唱团
			"世界风华　齐聚北理"新年联欢会
	国际学生深秋歌会、深秋舞林比赛		"赏中华诗词　彰留学风采"留学生中华诗词表演
		体验类	中华文化体验课，包括功夫、国画、歌曲、书法和茶艺等
		参观类	参观著名景点，如颐和园、北京植物园、中国国家博物馆和奥林匹克公园等
	"长城活动"摄影大赛	文艺类	"世界乐园"国际文化节
	"中国梦　北理情"演讲大赛		"我和电影有个约会"微电影节
	"卓力杯"第二届外国留学生时装设计大赛		外国留学生校园开放日
	"视谈中国"主题视频拍摄比赛		"国际文化在北理"校庆日国际文化节
	京津冀高校留学生汉语辩论赛		
	"丝路之风"国际武术大赛		国际艺术周
	北京国际风筝节之我的风筝设计大赛	考察类	留动中国——在华留学生阳光运动文化之旅
	"我与北京""一带一路　爱上北京""我与中国"和"这里有你"征文大赛		

---

① 田艳，王伟. 对外国留学生语言实践汇报演出的分析与思考[J]. 汉语国际传播研究，2013（1）：203-212+223.

② 表1根据M高校和L高校2017年至2018年的语言文化实践活动制成。

从表1我们可以看出，面向国际学生举办的文化活动多以突出国际学生的个性特点、展示国际学生的才艺特长、让国际学生感受中华文化及培养国际学生的文化实践能力为主旨，在各类语言文化实践活动进行期间，国际学生除了能够将在课堂上学到的汉语知识付诸实践，还可以深入中国社会，感受中华文化的魅力，由此提高国际学生的文化认同感。

1. 比赛类

在上述活动中，属于比赛类的语言文化实践活动最多，这类活动中既包含了汉语演讲比赛和主题征文，如L高校"这理有你"征文大赛，也有属于歌舞类、体育类和摄影类的比赛，如M高校"国际好声音大赛"。通过比赛的形式调动学生参与活动的积极性，同时也能够加深对不同方面中华文化的理解和体会。

2. 表演类

表演类的语言文化实践活动以表现国际学生的个人才艺特长为目的，学生参加此类活动可以有许多在公开场合表演的机会。与比赛类的活动相比，表演类的活动侧重于学生能力的展示而非比拼。从表1可以看出，L高校中华诗词表演就是一个展现国际学生中华诗词文化表现能力的舞台，学生在准备比赛的过程中，加深了对中华诗词文化的了解，也加强了对中华文化的认同感。

3. 体验类

体验类语言文化实践活动所开设的课程通常与国际学生的兴趣相关，开课前，高校的负责人可以根据本校实际情况，如硬件设施、师资条件和课时安排进行教学设计。此外，高校可以通过调查问卷和访谈等形式，了解本校国际学生的兴趣，是否有想要学习的中华文化，由此将国际学生进行分班，进行更有针对性的教学设计。如L高校开设的功夫、国画和茶艺体验课，学校聘请专业教师或者掌握相关才艺的汉语国际教育硕士为国际学生进行讲解。在专门的教室中，国际学生有大量亲身参与和实践的机会，能够尽可能多地体验到中华文化，加深对中华文化的了解，从而提高学习兴趣。

4. 参观类

参观类的语言文化实践活动由高校负责人带领国际学生参观、游览各个风景名胜，国际学生在学习汉语的过程中，通过教材、多媒体资料以及和中国朋友的交流会对中国的一些历史文化景点产生兴趣，各高校通过组织国际学生参观这些景点，能够提高国际学生对中华文化的认同感。如M高校组织国际学生游览慕田峪长城，L高校带领国际学生参观奥林匹克公园，国际学生可以领略当地的自然风光，学到很多历史文化知识，加深对中国历史文化的了解。同时，一些景点反映了当代中国的变化和发展，可以让国际学生对当代中国有更加直观的认识，感受现代中国的吸引力。

5. 文艺类

文艺类的语言文化实践活动是国际学生将自己的作品、国家风俗和文化通过图片、文字、歌舞等方式向其他人进行展示和分享，同时可以邀请观众互动参与。如L高校外国学生校园开放日，国际学生需要充分发挥自己的想象力及能动性，同时，指导教师需要充分发挥不同国别学生的个性特征，如中亚地区的国际学生能歌善舞，东南亚地区的国际学生动手能力强，欧美的国际学生擅长视频制作等，由此增强该类活动的可操作性，调动现场气氛，以达到最佳的文艺展示效果。

6. 考察类

考察类的语言文化实践活动是由高校负责人带领国际学生参观、考察中国一些城市或地区的一项文化活动。在考察活动前，由高校教师向国际学生介绍考察地的历史和人文风俗情况，确定所要考察的具体内容，并向国际学生说明在文化考察过程中的特殊注意事项，如天气、饮食和当地特有的风俗习惯等。如M高校组织国际学生赴云南、贵州地区参加"滇黔民族风情考察活动"，L高校开展国际学生阳光运动文化之旅，这类语言文化实践活动能够让国际学生感受中国不同地区的文化魅力，国际学生在实地考察后能够将所观察和体验到的文化内容与自己本国的文化进行对比，提高对不同文化的包容度，提高学习中华文化的兴趣。

三、对M高校与L高校国际学生语言文化实践活动的个案调查

根据上述调查和整理，我们可以看出2017年至2018年间，M与L两所高校所开展的语言文化实践活动将近有20种。通过对上述各类语言文化实践活动的举办规模、反响情况进行比较，我们从中选择了M高校举办的"国际好声音大赛"和L高校举办的"国际文化在北理"校庆日国际文化节作为最具代表性的两项语言文化实践活动进行具体的分析和研究。

（一）M高校"国际好声音大赛"

M高校2017年举办的"首届国际好声音大赛"① 是由国际教育学院主办，面向M高校全体语言生、国际本科生和国际研究生的一场比赛类语言文化实践活动。作为北京地区国际学生汉语教学的典范高校，M高校十分重视对国际学生文化

---

① "国际好声音大赛"由M高校田艳副教授主持策划。

能力的培养，因此，任教教师在课程设置上做了大胆的尝试，进行了实践活动教学，提出了举办"国际好声音"大赛的建议，并由M高校本科三年级二班的13名国际学生担任大赛的策划者和执行者，这也是国际学生第一次策划如此重大的赛事。

国际好声音大赛的举办旨在加强国际学生语言文化实践与协作的能力，比赛时要求参赛者必须演唱中文歌曲，由此可以加强国际学生对中华文化的认同感。此外，通过对赛事的宣传以及赛后的回顾，可以培养国际学生的中华文化传播能力。在该赛事的策划、宣传和比赛阶段，由任课教师提出主要内容，该校国际学生进行具体的任务分工。在国际学生实施的过程中，任课老师针对国际学生遇到的问题进行了具体的指导。

表2 M高校"国际好声音大赛"比赛阶段及内容一览表

工作类型	国际学生的工作	任课教师的指导
策划阶段	策划赛制和晋级规则	以往国际学生文化活动为例，向该班国际学生介绍文化活动的流程和方式，作为参考和借鉴
宣传阶段	设计宣传海报	对宣传海报的版式进行指导
宣传阶段	邀请评委	修改国际学生制作的评委邀请函，联系中国学生，担任评委
比赛阶段	布置比赛现场	充分调动国际学生的绘画与动手能力，培养学生的组织协调能力
比赛阶段	接待选手、评委与观众	充分调动国际学生的绘画与动手能力，培养学生的组织协调能力
比赛阶段	准备现场道具、音响设备	充分调动国际学生的绘画与动手能力，培养学生的组织协调能力

从表2我们可以看出，若想成功地举办一次国际学生语言文化实践活动，需要任课教师、国际学生与中国学生等多方面的共同合作，每一方都在语言文化实践活动的过程中起到了不可替代的作用。在国际好声音大赛的策划与实施的过程中，国际学生在任课教师的指导下，语言能力、文化能力以及实践能力得到了充分的锻炼，加强了M高校中外学生的交流。

（二）L高校"国际文化在北理"校庆日国际文化节

L高校2018年举办的"国际文化在北理"校庆日国际文化节[①]是由该校外国留学生中心策划主办的一场以展示该校各国留学生风采的文化艺术活动，在国际学生中得到了广泛的好评。L高校国际文化节的举办旨在加强各国学生之间的交

---

① 本文写作过程中对L高校贺怡然老师进行了访谈，在此对贺老师表示感谢。

流与合作，通过表演和展台的方式展现国际学生的风采，培养了国际学生的文化传播能力，同时为国际学生和中国学生之间搭建交流的平台，为不同国家的文化提供沟通的机会。

国际文化节主要分为准备阶段、表演阶段和展示阶段。在准备阶段，国际学生需要将各国展台、游戏项目和表演项目策划好，明确任务分工。在表演阶段，国际学生带来各国特色歌舞表演，现场气氛十分活跃。在展示阶段，国际学生向现场观众介绍各国文化，并进行小游戏和问答的环节，加深现场观众对该国文化的了解，同时也能够从交流中体会不同国家文化的差别。参与该活动的国际学生在各个阶段承担了不同的工作，加强了彼此间的合作，同时，通过对不同文化间的对比，加深了文化认同性与包容性，也加深了对中华文化的了解。

由此我们可以看到，国际文化节的成功举办，为国际学生提供了展示自我的平台，国际学生能够借此机会加深对中国文化和其他国家文化的了解。同时，对于任课教师来说，此类语言文化实践活动的举办能够全面培养国际学生的沟通、协调以及文化实践能力，有助于提高国际学生中华文化的传播能力，在国际学生、中国学生和L高校任课教师中引起了广泛的反响，同时也对其他高校开展语言文化实践活动提供了一定的示范作用。

四、语言文化实践活动的启示与反思

通过上述对M高校和L高校语言文化实践活动的个案分析，我们可以看出这两所高校所举办的各类活动都极具特色，富有推广的意义和价值，对于其他高校的国际学生语言文化实践能力的培养有着一定的启示意义。

（一）M高校与L高校语言文化实践活动对其他高校的启示

1. 活动类型多样化

从表1可以看出，两所高校所开设的语言文化实践活动都极为丰富，仅2017年至2018年间，就为国际学生开设了6大类、32小类的语言文化实践活动。因此，各高校在开展相关活动时，应结合本校实际情况，注重活动形式的多样性，比如在国际学生的空闲时间开设中华文化体验课程、定期举行比赛类活动、在周末或法定节假日举行表演类和参观类的活动、以传统节日为主题举办文艺类活动。多种活动交替进行，可以提高国际学生参与活动的积极性，培养国际学生的文化实践能力。

2. 参与范围广泛

两所高校在举办语言文化实践活动时，所面向的群体都是在校国际学生，有的活动同时面向国际学生和中国学生，参与活动的人数很多，活动规模得以扩大。对于国际学生来说，无论是作为活动的策划组织者还是参与者，都能够从中充分感受活动的乐趣，感受中华文化的魅力，同时也能够与其他参与者建立联系，了解不同文化背景的学生的特征，提高对不同文化的包容力，加强国际学生的文化适应能力和文化传播能力。

（二）对各高校开展语言文化实践活动的反思

除了上述两点启示外，我们还需要进行深入的研究和实践，真正发挥文化体验活动在留学生教育和中国文化传播方面的作用①。对此，我们提出了如下三点建议，有助于语言文化实践活动的开展。

1. 宣传力度有待加强

在对一些学生的采访中，我们得知尽管一些语言文化实践活动在国际学生范围内有影响力，在中国学生中还没有达到预期效果，很多中国学生表示对学校举办的一些中国学生可以参加的语言文化实践活动并不知情。因此，该类活动的宣传力度有待加强。我们建议各高校在将活动策划完成后，可采取多种方式向学生宣传，除了已经使用的微信公众号和张贴海报之外，还可以群发微信和短信，在教室里向学生宣传，通知国际学生各班级负责人，再由各负责人逐一传达比赛活动信息，保证语言文化实践活动的信息传达到每位学生，让更多感兴趣的学生能够有机会参与到比赛活动中来，从而加强国际学生间以及国际学生和中国学生之间的沟通和交流，有利于对国际学生语言文化实践能力的培养。

2. 加强中外学生合作

通过对上述 M 高校和 L 高校语言文化实践活动个案的分析，以及对国际学生的采访，我们了解到不少国际学生由于语言能力上的欠缺，对中国高校各项规章制度不熟悉，对中国学生和中华文化的了解程度有待深化。许多国际学生表示，在进行活动的过程中，如果能有中国学生的帮助，活动的开展一定会有很多便利，避免一些因为对学校制度不熟悉而出现的障碍。因此，我们认为各高校可以加强中外学生的交流合作，为中外学生提供更多互相认识、了解的机会，如建立中外学生通讯录，定期举办中外学生联谊活动和面向中外学生的比赛活动等（图1），让更多的中国学生能够参与到国际学生的语言文化实践活动中来，有助于培养国际学生的文化传播与沟通能力。

3. 纳入课程体系

通过查阅中国知网、万方数据等数据库，我们发现有关汉语国际教育本科专

---

① 韩沁颖，郑旭，颜贤斌. 在京留学生中国文化体验活动现状分析——以北京学院路地区为例［J］. 内蒙古科技与经济，2016（7）：34-35.

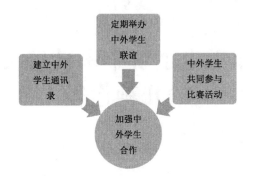

图 1　加强中外学生合作的具体方式

业国际学生语言文化实践活动的研究十分薄弱,可以说尚未引起学界的重视①。许多高校在国际学生培养方案中提到了对于国际学生语言文化能力的培养,但是,在具体课程的设置中没有实施。我们认为各高校可以将语言文化实践活动加入国际学生的课程体系,根据本校国际学生实际情况建立教学大纲,开展相应的课程,加强这方面的教学,从而全面培养国际学生的语言文化实践能力。

综上,随着国际学生的不断增多,语言文化实践活动对于国际学生的培养作用越来越明显,在培养国际学生的文化实践能力、文化认同感及文化传播能力上有着无可取代的重要地位,各高校在教学过程中应给予语言文化实践活动相应的重视,完善学科体系,加强语言文化实践活动的建设②。

---

①　郭瀚齐. 汉语国际教育专业本科生中华文化传播能力自我培养模式 [J]. 辽宁教育行政学院学报, 2016, 33 (4): 68-72.

②　朱俊华, 赵黎明. 关于留学生文化体验活动的思考 [J]. 辽宁教育行政学院学报, 2010, 27 (4): 40-41.

国际学生了解中国传统文化的几种途径

李俊红①

汉语国际教育，顾名思义，就是要教国际学生学习汉语。"同时，我们还有一个更深远的目标——让外国人在学习汉语的过程中，逐渐了解中国，进而理解中国。"② 崔希亮提出"汉语国际教育的根本使命就是要为人们扫除语言障碍和文化障碍，让不同国家和地区的人们合作和交流更顺畅，让偏见和误解越来越少，让理解和共识越来越多"。③ 刘谦功更是直接把"汉语国际教育"概括为"面向海外母语非汉语者的汉语教学与文化教学"④，突出了"文化"的重要地位。中国外文局《中国国家形象全球调查报告2013》同时也显示：多数国际民众认可中国"历史悠久的文明古国"形象，61%的海外民众乐于了解中国文化，约有1/3的国际民众表示对学习汉语有兴趣；同时，越来越多的汉语学习者不仅渴望学习基本的语言知识和语言技能，更渴望能够深入了解中国文化⑤。可见，更多的国际学生是抱着认识中国、了解中国文化的目的来学习汉语的。

众所周知，语言教育和文化传播不能一蹴而就，而是一个自然而然的过程，是"随风潜入夜，润物细无声"的潜移默化的过程。作为国际学生，尽管无法时刻沉浸在中国文化的大环境中，感受中国人习以为常的文化传统，甚至有时不能很好地理解中国人的一些行为模式或思维方式，但依然可以通过很多途径来了解中国文化进而理解中国人日常生活背后的历史积淀和文化精神，扫除跨文化交际过程中的文化偏见、文化误解、文化优越感等障碍，更快、更好地达到交流

---

① 李俊红，文学博士，首都师范大学国际文化学院副教授，主要研究方向为汉字与文化、汉语国际教育。
② 崔永华.《汉语国际教育：中华文化精神的源流、继承与传播》序[C]//李钧，王曰美.汉语国际教育：中华文化精神的源流、继承与传播. 北京：北京语言大学出版社，2015：1.
③ 崔希亮. 汉语国际教育与人类命运共同体[J]. 世界汉语教学，2018，32(4)：435-441.
④ 刘谦功. 汉语国际教育导论[M]. 北京：世界图书出版公司，2012：1.
⑤ 当代中国与世界研究院. 中国国家形象全球调查报告2013[C]//李钧，王曰美. 汉语国际教育：中华文化精神的源流、继承与传播. 北京：北京语言大学出版社，2015：287.

目的。

一、汉字中的传统文化

"汉字是维系中华文明的最根本的原动力。"① 汉字和中国传统文化是相互依存的关系,"汉字积淀着中国文化的结晶,中国文化也靠着汉字的记录流传得更为久远。"②

比如"继""续"二字。"继""续"两个字的部首都是"纟",即细丝,"纟"就是一束丝的象形。"继""续"的意思都是用丝线把断了的丝连接起来,进而引申为其他事物的连续。瑞典学者林西莉在《汉字王国》中记载过一件她亲身经历的事情:"很多年以前我在台湾看到过一次送葬队伍。在棺材后面跟着死者的亲戚,他们头上蒙着白布。走路时,身体前倾。大家的手里挽着很宽的白带——有孩子、中年人和老年人。直到这时候我才明白'紧''继''续'和'孙'字的结构,而在这之前我心理上一直难以理解。"③ 葬礼上这根联系彼此的"白带",生动地说明了什么是"绵延"、什么是"继续"、什么是"子孙"。

再比如"经"字。"经"字从"纟",本义指织布机上的纵线（纵丝）,是固定在机轴上的线,与"纬"相对（纬线是经由织梭导引与纵线交织的横线）。一般织机先有经线后有纬线,经线固定不动,纬线随织梭穿来穿去。因此,"经"字便引申出"经常""恒久"义,比如"经典"。又因为固定不变进而引申出"纲常""标准""依据"等义,比如"四书五经"。《西游记》中唐朝和尚玄奘历尽千辛万苦到西天求取的"真经"（即"佛经"）就是佛陀的语录,是佛教教义的基本依据。

再比如我们所熟悉的"女"部字。从"娲""姓"到"婚""娶",从"妇""如"到"姑""威",再到"佞""奸",反映了不同历史时期女性社会地位的变化:"娲"为古之神女,炼石补天,造化万物;"姓"字从女,表现出对女性和生育的尊重;"婚""娶"最初都是典型的暴力强抢行为,把女人当成可以抢劫并私有的财产;"妇"（婦）字从女人持帚洒扫会意,"如"字从女从口,意为顺从,都刻画了古代女性的从属地位;"姑"为夫之母,即今所谓"婆婆";"威"即婆婆,"引申为有威可畏"④,所以古时女子婚后多忍辱负重,期待"多年的媳妇儿

---

① ［日］阿辻哲次. 图说汉字的历史［M］. 高文汉,译. 济南:山东画报出版社,2005:1.
② 周淑敏. 汉字与中国传统文化［J］. 北京联合大学学报,1999（4）:22-30.
③ ［瑞典］林西莉. 汉字王国［M］. 李之义,译. 济南:山东画报出版社,1998:208.
④ 段玉裁.《说文解字》注［M］. 上海:上海古籍出版社,1988:615.

熬成婆";"佞"字从女仁声,意为巧言谄媚之高手,其中不乏对女性的蔑视;三"女"为"姦",奸邪自私之义,"是以君子远色而贵德。"①

汉字从诞生之时(仓颉作书)至今几千年,发展脉络从未断绝,且沟通南北、横跨古今,超越了时间和空间的限制,所以,从中可以观照各个历史时期的文化心理、文化取向和文化阐释。"每个汉字都是文化意义上的全息码。"② "文字起源与演变的信息中蕴含着汉民族的文化、行为与思维模式,这种熏陶与浸染正是文化的传承。"③

二、成语中的传统文化

"成语是一种相沿习用、含义丰富、具有书面语色彩的固定短语。"④ 成语一般是四字词语,大多结构凝固、言简意赅、韵律铿锵、内涵丰富、风格典雅,是前人留给我们的文化瑰宝。

比如"胡服骑射"和"负荆请罪",是出自"成语之都"——古城邯郸的两个成语,也是发生在战国时期赵国的两个历史故事。

"胡服骑射"的故事发生在赵武灵王时期。赵武灵王是一位奋发图强的国君,他看到北方少数民族的服饰(即胡服)方便利索,适合行军作战,就与大臣商议,下令抛弃汉人男装的宽袍大袖,改穿短衣窄袖,且赵武灵王自己还率先穿胡服上朝,并亲自带领中原步兵练习骑射。"胡服骑射"不仅是一次伟大的军事改革,同时也是不同民族文化之间的交流与互鉴,是消除了文化定势、文化偏见、文化优越感等不利因素,虚心学习借鉴其他民族长处的典范。

"负荆请罪"的故事发生在赵惠文王时期。蔺相如因为"完璧归赵"有功,被赵惠文王封为上卿,位在大将廉颇之上。廉颇不服,觉得自己多年沙场征战竟不如蔺相如三寸不烂之舌,气愤难平,多次故意为难羞辱蔺相如。但蔺相如以国家为重,选择回避容忍退让,不与廉颇发生冲突。廉颇明白蔺相如的一片苦心之后,愧疚万分,于是就背上荆条到蔺相如府上请罪。至此,将相二人把手言欢,尽释前嫌。"负荆请罪"既赞美了蔺相如的谦和大度,也肯定了廉颇的知错能改,倡导了一种心胸豁达、团结共进的精神。

汉语成语大多来源于古代文献中的历史故事或诗词名句,蕴含了从具体事

---

① 段玉裁.《说文解字》注 [M]. 上海:上海古籍出版社,1988:626.
② 周淑敏. 汉字与中国传统文化 [J]. 北京联合大学学报,1999 (4):22-30.
③ 郑飞艺. 充分发掘汉字的文化内蕴——基于汉字认知谈识字教材的编写 [J]. 语文建设,2015(22):16-19.
④ 黄伯荣,廖旭东. 现代汉语 [M]. 增订五版. 北京:高等教育出版社,2011:254.

例中总结提炼出来的文化精神。因此,成语也可以说是一种文化词语,是中国几千年来时代精神的文化纽带。"作为中国传统文化形象载体的成语典故,是全球性汉语热潮中一种最简单有效的文化传播方式。"① 通过生动的成语故事介绍中国传统文化中精神层面的内容较之板起面孔的训教,更鲜活,更有趣,也更令人印象深刻。

三、诗词中的传统文化

中国古代诗词也是中国传统文化的一个很好的载体。

比如,"在中国文化中,'喜鹊'是给人带来喜讯或预报贵客来访的喜庆鸟,在英语文化中,喜鹊的对应名'magpie'却是一种吵吵嚷嚷的鸟,喻指叽叽喳喳的饶舌人。"② 为什么被一些西方国家讨厌的喜鹊中国人却会把它当作报喜鸟或幸运鸟呢?我们通过一首《鹊桥仙》就可以很好地回答这个问题。

《鹊桥仙》是宋代词人秦观的一首词作,内容是描写牵牛星和织女星(即牛郎织女)七夕相会的情形,全词字句如下:

鹊桥仙
[宋]秦 观

纤云弄巧,飞星传恨,银汉迢迢暗度。
金风玉露一相逢,便胜却人间无数。
柔情似水,佳期如梦,忍顾鹊桥归路。
两情若是久长时,又岂在朝朝暮暮!

在这首词的"课前准备"部分,我们给学生提了这样几个要求:了解关于"银河"及"银河系"的天文知识,了解牵牛星和织女星在星图(尤其是夏季星图)中的位置,了解关于牛郎织女的爱情传说,了解喜鹊是一种什么样的鸟以及中国人对喜鹊的态度,了解"鹊桥"一词在现代汉语中的意思。

通过对牛郎织女故事的了解和《鹊桥仙》的学习,国际学生会逐渐认识到喜鹊的无私奉献、乐于助人,不惜牺牲自己的身体帮助牛郎织女搭就相会之桥……正是由于喜鹊有这样成人之美的品德,中国人才把喜鹊看成是一种吉祥的鸟儿,认为看到喜鹊能给自己带来好运。中国民间有这样一句俗话:"喜鹊喳喳叫,家有喜事到。"有的地区甚至直接把喜鹊叫作"报喜鸟"。而"鹊桥"一词,也有了

---

① 周振国,向回. 邯郸成语典故的文化精神与当代价值[J]. 河北学刊,2012,32(1):123-128.

② 毕继万. 跨文化交际与第二语言教学[M]. 北京:北京语言大学出版社,2009:85.

更为深刻的内涵,现在多用来喻指沟通双方的重要媒介,如"政府搭'鹊桥'为花农拓市场"①。

有的古诗词还可以用来介绍中国的传统民俗文化,比如宋代范成大的《祭灶词》。

祭 灶 词

[宋]范成大

古传腊月二十四,灶君朝天欲言事。
云车风马小留连,家有杯盘丰典祀。
猪头烂熟双鱼鲜,豆沙甘松粉饵圆。
男儿酌献女儿避,酹酒烧钱灶君喜。
婢子斗争君莫闻,猫犬触秽君莫嗔。
送君醉饱登天门,杓长杓短勿复云,
乞取利市归来分。

这首《祭灶词》反映了中国民间的灶神崇拜。灶神崇拜其实就是远古时期对火的崇拜,中国古代神话中的炎帝是传说中最早的灶神之一,而祭灶据说也是"从原始社会时期的火祭演化来的,从祭自然火到家居灶火"②。中国民间有"男不拜月,女不祭灶"的风俗,《祭灶词》中"男儿酌献女儿避"一句就清楚地证明了后者。据说"男不拜月,女不祭灶"主要就是为了避嫌,恪守封建礼节中的"男女授受不亲"——月神是女的,所以"男不拜月";灶君是男的,所以"女不祭灶"。

灶君身在厨房,掌管饮食米面之事,被称为"一家之主"。灶君其实也是玉皇大帝派到人间体察民情的"特使",负责记录人们的善行或恶迹,每年的腊月二十四(也有的地区是腊月二十三)亲自上天向玉皇汇报。"祭灶"发生在灶君上天汇报之前,人们献上猪头、双鱼、豆沙、粉饵等,希望灶君"醉饱"之后再离家,"上天言好事,下地保平安",为人们带来下一年的丰收和幸福。因此,《祭灶词》反映的不仅仅是"家有杯盘丰典祀"的民俗,更是中国民间百姓对幸福美好生活的期待和向往。

民俗就是这样的一种"蕴藏于普通老百姓中间,与千百万人的日常生活浑然一体,并在社会变迁过程中表现为一种无意识的力量"③ 的由历史文化积淀而成

---

① 定鼎网 www. ddove. com 国内资讯标题
② 贾艳红. 略论先秦两汉民间的灶神崇拜[J]. 管子学刊,2003 (3):80-84.
③ 潘倩菲. 试论对外民俗文化教学的内容和方法[C]//吴应辉,牟岭. 汉语国际传播与国际汉语教学. 北京:中央民族大学出版社,2011:7-8.

的文化，它在不知不觉中规范着人们的行事方式。经由古诗词介绍中国的民俗文化有助于国际学生更好地理解中国人日常生活和行为模式背后的文化内涵，扫除跨文化交际中存在的障碍和困惑。

与成语一样，古诗词不仅承载着文化，而且传承着文化。随着作为韵文的古诗词的大量传诵，其中所蕴含的文化内容也将世世代代流传下去，并不断影响着世界各国热爱汉语和中国文化的学生们。

四、文物中的传统文化

如果来到中国学习汉语的国际学生，还有一个更好的途径可以亲密接触并完美透视中国传统文化，那就是博物馆中的文物。

从1950年中国颁发《禁止珍贵文物图书出口暂行办法》之后，"文物"作为正式的官方表述名称，其内涵逐渐固定为"包括了从古代到近现代乃至当代的、一切有价值的、可移动和不可移动的物质文化遗存"[1]。文物是中国传统文化的实物见证，置身于文物的真实环境中，我们似乎可以穿越历史，回到过去，去体验当时鲜活的文化，"在祖先的创造里，找到我们之所以成为我们的答案"[2]。

比如北京故宫博物院的珍贵藏品"金瓯永固杯"就是我们了解清代乾隆年间皇家春节习俗的重要线索。"爆竹声中一岁除，春风送暖入屠苏"（宋·王安石《元日》），春节，是每一个中国人都最为重视的传统节日，紫禁城中的皇帝也不例外。金瓯永固杯其实是一件十分重要的礼器，每年除夕夜的子时，新旧交替的重要时刻，皇帝就要来到养心殿东暖阁，非常正式地把屠苏酒注入金瓯永固杯，陈于长几之上，一边在纸笺上写下"风调雨顺，永享太平"等吉利话，作为自己的新年愿望，同时祈愿国富民强，江山永固。

不仅如此，很多文物还可以与汉字、成语、古诗文等进行互证，丰富我们现阶段历史文化的研究。比如"魁"。"魁"字在现代汉语中的常用义是"为首的；居第一位的"[3]，如"一举夺魁""罪魁祸首""花魁"等。"魁"是一个形声字，从斗鬼声。而"斗"是一个象形字，整体字形就像是一个长柄的勺子，古代用来舀酒，也可作为量器使用。根据我们在北戴河历史文化展览馆（秦皇宫）的"古代青铜艺术展"专题陈列中看到的一件汉代的龙首铜魁，以及在山东周村古商城

---

[1] 刘毅. "文物"的变迁[J]. 东南文化，2016（1）：6-14+127-128.
[2] 中国中央电视台综艺频道《国家宝藏》节目先导词
[3] 中国社会科学院语言研究所词典编辑室. 现代汉语词典[Z]. 第7版. 北京：商务印书馆，2016：764.

的淄博艺术博物馆看到的一件汉代的龙首陶魁来看，与一般的"斗"相比，"魁"器形较大，宽口长柄，因此引申出"大"的意义。从"大"的意义又进一步引申出"为首的"乃至"第一的""最棒的"等意义。2018年10月在北京首都博物馆举行的展览"都市·生活——18世纪的东京与北京"中，曾展出了一块醋店招牌，上书"醋魁"二字，当是指最上等的醋。另外，首博方形展馆五层F厅的常设展览"京城旧事——老北京民俗展"中也有一块书有"烟魁"的招牌，应与"醋魁"一样，指最棒的烟。

中国历史悠久，上下五千年，留下了很多古代建筑，这些古建也是弥足珍贵的文物。古建上的雕刻、绘画等无不渗透着中国古代文化的元素。比如北京历代帝王庙（明清两代皇帝祭祀历代开国帝王及功臣的皇家庙宇），是中国历史自三皇五帝以来一脉相承、绵延不绝的有力见证。历代帝王庙虽是皇家庙宇，但大殿台阶两侧随处可见的二十四节气望柱头又是中国民间传统文化的体现。另如北京艺术博物馆（万寿寺）大门入口处抬头可见的云中蝙蝠彩画，是中国民间文化中"抬头见福（蝠）"的形象描写。

可见，文物是会说话的。文物直观具体，可以拉近历史与现实的距离，是中国传统文化和中国精神的最生动的载体，是非常珍贵的历史文化资源。站在实实在在的文物面前，我们就可以与古代中国进行一场跨时空的对话。

另外，可喜的是，随着中国与世界各国文化交流的不断增多，国家与国家之间的文物出入境展览，即所谓的文化外交活动也越来越频繁，即使不在中国学习的国际学生，也将会有越来越多的机会领略中国文物的风采，并从中品味中国的传统文化精神。

综上所述，汉字、成语、诗词、文物等各种载体都是国际学生了解中国传统文化的有效途径，国际学生可以从中体会中国传统文化精神，发现中国传统文化的独特魅力，了解中国社会的文化习俗，从而理解中国人的思想和行为，最终做到与中国人更好地沟通和对话。

汉语国际教育专业建设与教学研究

汉语教学实践与研究

谈国际汉语教育的汉字教学难点与应对

赵晨妤①

前　言

根据自身教学经验，在新学期的开学年会、教师备课会中，多数教师会讨论近义词的教学、教材选择、教学活动、教具与语法教学的配合度等问题，极少听到有人提及"汉字怎么教"。似乎汉字是不需要教学，学习者就能自发掌握的。即使有汉字教学环节，教师们往往依靠大量抄写训练，来强化汉字记忆，包括视觉记忆和肌肉的运动记忆。

大陆学者对汉字教学研究十分重视，他们会将文字学研究成果借鉴到留学生的汉字教学中，也会讨论在第二语言教学背景下，汉字的教学方法问题。相比之下，台湾对这方面的研究显得不足，系统的、有较高价值和影响力的研究成果不多，学者关注度不高，专题学术会议少。这个现象反映出两个问题：一线汉语教师对汉字教学不太关心；研究者以文字学的角度做字源推测、考证，缺乏对国际学生怎么学习汉字、第一线教师怎么教汉字的实践了解，难以在第一线教学中应用。

一、依循、融合既有教学模式

目前教学现场常用的汉字教学模式大抵有以下几种：

（一）随文识字教学法

随文识字教学法结合阅读、写字练习，符合综合课程的设计，依照课文主题需求，认识有主题情境的词语，并强化学习书写和运用，具有"字不离词，词不

---

① 赵晨妤，1984，女，硕士，台湾明新科技大学华语文教学中心讲师。从事第一线国际汉语教学多年，在越南胡志明市、台湾和上海均有教学经验。主要研究方向为汉语词汇学教学、教学活动设计与汉字教学。近年多关注汉字教学。

离句，句不离文"的优点。其局限性在于教学内容分散，教师不能充分利用汉字系统的特性与规律，无法进行系统化教学。

（二）集中识字教学法

集中识字教学法的运用要点在利用字和字的共通性，扩大识字量。比如部首识字、以字带字、形声字识字或韵文识字都属此法。这种模式的教学在汉字教学课堂中实施，需要学习者有一定的汉字知识。对于没有形成字感的非汉字文化圈的学习者而言，汉字就是一张图画，这种教学模式在实际运用中会存在一定困难。以部首识字建立部首的概念，尚需搭配字义、字源、汉字结构与字音等搭建与部首的关系。以字带字教学法往往通过一组基本字形，串联出字群，基本字可以是成字部件，也可以是声符、义符或独体文等。缺点在于可以用于"以字带字"的基本字形数量庞大，且需要结合阅读教学，否则只能做到识形而不辨义。形声字虽在汉字系统中占比很大，但是由于文字经历了长久历史演变，形旁表意、声旁表音的作用已经十分局限。很难以现代的认知追本溯源得出形声字归属的道理，导致并非所有形声字都能运用此法教学[①]。韵文识字有趣味性，较适合低龄儿童学习。再者，把汉字编写成韵文，既要顾及文理顺达、用字正确，还要有文学与音韵美感，非常考验教师的教学设计能力。

（三）提出汉字特点教学法

汉字不同于其他语言文字，有其独特的构字理据和文化内涵，可以根据汉字的部件特性（不论同形或部首）、字理和字源，从这三方面入手，从而符合汉字构造和源流，能使学习者了解汉字的背景文化。字理识字遵循汉字的构形规律，解说汉字按照造字归类与识字原则，以简入繁，符合认知心理，但需要教学者具有足够的文字学知识素养，也要做足说明、展示的相关准备。[②] 字源教学若有字理教学法搭配，能使汉字课程从浅层的习字拓展到深层的汉字艺术及文化的习得。[③]

---

① 胡云凤整理了常用声符及其从属字表，列出了1 263种声符，并整理出包含这些声符的3 700个汉字。由于形声字的字形分析及辨别需要较多的文字学基础，许多现今文字读音经过历史演变已明显与声符不同，有的形符即使明显，意义和读音仍然使学习者不明所以。所以一般的国际汉语教学课堂很难系统进行形声字。参见胡云凤. 形声字研究与教学[M]. 台北：万卷楼，2015.

② 关于使用六书字理教学法，黄沛荣认为一般国际汉语教师对六书造字、名目、定义和运用并不熟悉，恐难在教学时科学施教。因此想有效发挥汉字结构的精蕴、强化教师汉字教学的能力，必须将传统的六书重新检讨与整理，使其转化为易于掌握的论述。见黄沛荣. 论汉字教学相关的基础研究[J]. 台湾华语文教学，2011（11）：16-24.

③ 黄沛荣对此也突出更实际而深刻的忧心："字源教学需要正确的构字解说，以及数字化的古文字形，才能在电子文文件中呈现、编辑、储存、打印与交换。中国大陆近二十年解释汉字字源的著作不少，但是台湾的文字学者大多从事深层的学术研究，愿意进行此类学术扎根与普及的工作者不多。"此言直指台湾在国际汉语教育中汉字教学可能存在研究与教学的断裂问题。见黄沛荣. 论汉字教学相关的基础研究[J]. 台湾华语文教学，2011（11）：16-24.

目前的汉语教学，仍以综合课为主，着重于词汇、语法、句构、篇章等教学，教学过程中听、说能力训练的比重大于读、写训练。汉字学习仍属于辅助角色。根据语言学习的特点，以及语言学习首先是提高学习者交际能力的原则，识字、写字的教学环节可以稍晚于听说教学环节，但不能滞后过多。无论是根据学习需求、汉字特性和拓展教学而设计教学内容，还是为了提高汉字教学的有效性，激发学习者兴趣，上述三种模式都是可以融合运用的。

当前，从实用角度和认知心理学角度出发而产生了一种新的教学方法"创意解字"或"新说文解字"。这种汉字教学方法不按照字源、字理来解释汉字，而是根据现今文字之型为每个字编造故事、设计图示，重塑汉字由来。具体教学中常常结合图像以趣味的方式引导学习者记忆汉字。这种教学方法有利有弊，需要谨慎使用。譬如在某个汉字的古字源太过复杂或有转注、假借之情形，为避免解释不便，在能够使现代汉字的字理解说能够合理、浅显易懂的情况下，可以取用创新解字法。但汉字历经千年，早已经形成一个系统，如果泛化这种解字方法，无论是否需要另辟蹊径去解释，都将汉字随意拆解一番，导致学习者对整体汉字系统的错误理解，则得不偿失。

教学模式、教学方法，以及教学内容都会影响教学的效果。据郑桑桑、冯凌宇（2014）的梳理研究，分析15年之中期刊论文对汉字教学的相关研究，对各家理念与存在的争议均有描述，可以一窥当时状态：汉字教学理论较实践验证的成果成熟，但是互为所用或影响的情况不多见；认定部件、笔顺和结构对学习者有一定程度的帮助，但却对其没有一致性的研究；形声字数量多是既知事实，但如何利用形声字的形旁、声旁的特点教学，没有相应的实践研究；而以学习者角度出发的研究，仅见现象分析、提供学习建议，却少有对教学者的具体教学提供更多参考建议。①

教无定法，各种教学方法能互相促进，取长补短。一线汉语教师更要多追踪、不断加强研究、善加应用，融入自己的教学中，使自己和学生都能沉浸在有理、有据、有系统、有趣味的汉字文化中。

二、汉字教学的难点与要点

综上所述，汉字教学有许多方法，但是如何妥当地运用在课堂之中，教师的备课功夫不能只放在教材和教学法上，教学对象、课程形态也是备课的重要参考

---

① 参见郑桑桑、冯凌宇. 近十五年国际汉字教学相关研究综述 [J]. 汉语国际传播研究，2014（1）：152-160.

依据。以下根据学习者的汉语学习水平提出汉字教学的难点与可安排的教学设计。

(一) 零起点学习者的汉字教学

一般国际汉语教育的课程安排很难将汉字课程独立出来，都是依附在综合课之中。如果语言作为初学技能而以生存为主要，则"语言为用"是零起点学习者的策略，当然，汉字的特殊性使得学习者必须经历读、写训练为主的学习阶段，所以一般教师侧重汉字结构、笔顺和记忆识读的方法。但是，零起点的汉字教育需要采用鼓励、引导的方式使学习者渐渐产生对汉字的好奇。在零起点阶段汉字教学时，善用汉字的图像性特点，开启汉字教学的启蒙。将象形字、会意字简洁设计、整理成为汉字教学的内容，利用鲜明的图画呈现，作古、今字的对比，用"汉字就是一幅图画"的想法吸引学习者，不谈字理、字源等深奥的内容。同时，教学者要注意授课语言，对象毕竟是初学者，课堂解释性语言不能太深，若是面对有共同母语的学习者，教师倒是可以考虑使用其母语作为媒介语来介绍。在教学内容的选择上，除了图像明显的汉字，还应该考虑笔画简单的汉字。无法从字理、字源说明的汉字，不要过早放入课堂教学，免得增加学习难度，产生混淆记忆。

在初级学习者的教学中，"兴趣引导式"比纠错式和说理辨析式更有效果。学习者能在兴趣中自然而然获得汉字的基础知识，而非刻板地记忆汉字的形音义。

(二) 初级至进阶水平学习者的汉字教学方法

初级水平学习者可能遇到几个情形：①听说能力发展先于读写，所以产生阅读书写障碍而难以平衡发展，汉语学习不能更上层楼。②对字的结构掌握似是而非，从而导致部件混淆、区块缺漏、增减笔画或误用。

到了进阶水平，学习能力扩展：①可能开始具备字的联想能力，会对常见的部件好奇。②对字怎么来的有更大的兴趣，也对字词的扩展与组合、近义的词汇表达更敏感。

从初级到进阶水平的学习者已经渐渐累积词汇库，有基本的语法知识、组句结构，也对汉字文化有基础认知，可以用多一点时间进行集中识字教学法：比如以部首分类方式介绍，凸显部首、辨析部件，建立汉字的结构组配意识；以字带字，将相关联的、使用频率高的汉字系统地介绍给学生，并且注意学生的汉字结构学习。继之以字源、字理的介绍说明加深学习，了解汉字的文化内涵，知其然亦知其所以然。形声字的教学必须善用，其特点若能有效归纳整理，必能巩固学习的质和量。关于形声字的教学，胡云凤提供四种教学法：韵文教学法、图文教学法、故事教学法以及游戏教学法。① 这四种方式的教学基础都在于针对本国籍的学生，对汉字已经有段接触时间，能够辨析或利用个人的知识了解或猜测字义。在教师能够充分发挥课堂教学作用的情况下，这些方法也可以借鉴到国际汉语汉字教学中。同时，汉字课堂教学，不能只以宣讲的形式介绍汉字，而应该提供短文、有情境，以"用字"为核心。

（三）高级水平学习者的汉字教学

能具备高级水平的学习者，对于汉字学习的要求和需要，大概以汉字源流、用字造词及书面语使用为最。按此需求，则可以利用汉字的特点为其设计。字理识字、字源识字教学法能奠定学习者对汉字流变的基础，借由历史脉络学习汉字的故事，还可以向华人社会、文化与思维的角度挖掘，做到见字审义、识字明理，甚至一窥先民生活样貌等。由汉字学习触及历史、人文、社会、哲学等议题。

归纳汉字教学的进程，如同倒金字塔：第一层的学习群众最广，大多是从未接触过汉语言文字的学习者，需要的汉字是以结构、笔顺、书写原则、图像识字为主要内容，以激发学习兴趣为原则的教学。第二层，学习者所需的汉字教学要从提起兴趣转往巩固、扩展识字的范围和了解如何用字，因为汉字的功能在于书面的沟通交流——读与写。第三层，普遍而言能达到高级以上水平的学习者数量不如前两层多，经过第二层的稳定学习，对汉字有钻研心态的学习者对字源、字理有更大兴趣，期待深刻理解，可以做社会与文化的分析探究。学习者的汉字学习进程大致有图1所列之特色。

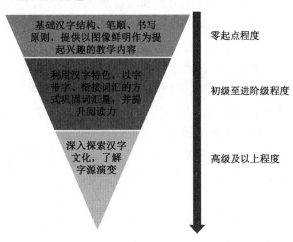

图1 汉字学习进程结构图

---

① 胡云凤. 形声字研究与教学 [M]. 台北：万卷楼，2015. 依据第八章《形声字教学法研究介绍》分别介绍了韵文教学法、图文教学法、故事教学法和游戏教学法。

三、教学的反思与应对

学者研究发现，学习者面对汉字时，其对字形的认知特点是将之图像化处理的。徐彩华（2010）发现汉字分解有两个水平：知觉分解水平和结构类型分解水平。① 汉字是一种平面图像，可刺激视觉的文字，字形可以分解是汉字知觉属性的重要特点。汉字认知研究发现母语者长时间持续注视一个汉字的时候，眼睛所辨识的字体会越看越不像，该字还渐渐自动地分解成它的组成部分，这种现象叫汉字的知觉解体。②

汉字可拆解、组合的特色，引起了认知学习的心理研究，根据徐彩华的实验结果（2010：121-138），对学习者来说，汉字的四大类结构从空间层面分解，其复杂性由低到高依次为：左右结构、上下结构、综合结构及包围结构。左右结构在视觉上是横向关系，跟阅读的左右线形排序加工方向一致，较为容易分解。上下结构是纵向关系，只包含一种方向的分解，难度次之。综合结构包含纵、横两个方向，分解的难度大一些。但是在整字识别时，综合字因其对单个部件的依赖性小，更容易分离，出现分解优势。这个结果来源于心理辞典发展的结果，学习汉字和阅读的经验增多，提高了综合字的分解速度。包围结构的分解最难，它并非单纯的横向和纵向关系，而是全包围式曲线式（半包围），曲线式又有下位层次，比如两面包围、三面包围等。

这给教学者的启示为：汉字的分解和组合影响着学习者对汉字结构的认知和书写，想要提高汉字水平，从辨识整字结构、进行分解加工的能力与练习就十分重要。如果学习者在心理词典中建立明确、稳固的字形表征，那么就能确保不会写错字，留学生也能书写如母语者。国际汉语教育下的学习者通常对于分析字形的表像较不精确，汉字的分解练习可以帮助建立部件之间的关系。教师偶尔在课堂中能够以分解汉字结构的方式设计教学环节，强化学习者的练习，但大部分教师采取的策略是针对难字或者应学生的要求而进行，缺乏系统性和目的性。教师可以在汉字教学实践中，进行汉字分解教学，在笔顺、部首练习时适时带入分解教学。拆解或强化个别部件时，又能以设计"以字带字"的相关汉字，扩展汉字学习量。

由于汉字的图画性强，图像式汉字教学也是较为普遍的教学法，但是许多基础汉字的字义并非图示所能解释：比如数字，以及在六书中归类为形声、转注、

---

① 徐彩华. 汉字认知与汉字学习心理研究 [M]. 北京：知识产权出版社，2010. 相关论述见第三章.
② 徐彩华. 汉字认知与汉字学习心理研究 [M]. 北京：知识产权出版社，2010：119.

假借的汉字。教师在第一线教学现场可能因为准备不足，或因为文字流变的过程脱离文字本意太多，而难以使用字源、图像来解释汉字字义，而发展出"新说文解字"。就是教师根据教学现场给出一个临时性的学习者能够接受的解释。① 此种方法只能算是一种临时趣味释义，会存在解释不全面、不准确的情况。若是学习者将教师的这种解释认定为字义，就会产生学习错误。另一方面，这样的释义方法也反映出教师对汉字教学随意的态度。因此，汉字教学时，不必给每个汉字安上一张相应的图画。

除了自创"新说文解字"的现象，还有一些教具使用不当误导学习者汉字学习的情况。尤其针对儿童设计的汉字字卡，可供自学或由家长、教师引导学习的辅助游戏，本意在于以丰富的色彩、图像联想等创意吸引学习者，辅以多种游戏方式引导学习，增加儿童的学习兴趣。但是如果卡片内容设计不合理、教师卡片选择不当，都会导致创意学习成为"偏误"的开始。对此本人曾于"第三届汉字文化圈汉语教学国际研讨会"上发表过相关看法：适当使用辅助教具有助于汉字课堂的呈现，可以作为课程的教学导入、教学活动的道具，亦可作为测验辅助工具等。但是，教具和教学设计都需谨慎考虑其适用性——怎么用、何时用，才能事半功倍、丰富课堂。②

既然汉字教学贯穿不同教学阶段，那么正确习得汉字，包括字音、字形、字义及用法，就很重要了。教学法当中，能一以贯之的就是"字理教学法"③，要能掌握其中意涵，则"部首识字""以字带字""部件识字"或"形声字"等教学方法都能信手拈来。但字理教学依据六书诠释，理论性强。将学理知识以浅显易懂的方式传授，并融合到课堂教学活动之中，是一线教师汉字教学的重要任务。根据学习者的学习特点、学习水平及学习需求，恰当使用"字理教学法"。

结　语

汉字学习是汉语能力提升的关键，一名国际汉语教师如何教汉字，对学习者至关重要。要把汉字教好，从事国际汉语教育的教师应随时补充汉字知识，溯古

---

①　本人曾听到过，「四」是方方的桌子的四个边角，所以先画一个方形「口」，然后标记桌脚：「儿」。写「七」的时候，看看你的数字怎么写？「7」，汉字就是把这个字倒过来写。

②　参见赵晨妤. 论汉字教具及教学设计之适切性—— Chineasy Tiles、小象汉字辅助汉字教学的使用分析［A］. 汉字文化圈汉语教学与研究［C］. 越南：河内国家大学出版社，2018；127-135.

③　字理识字在教学现场能适当介绍，且该法遵循汉字历史脉络与架构等，前人已多有阐述。可参见万业馨. 从汉字研究到汉字教学［J］. 世界汉语教学，2004（2）：40-48；李香平. 对外汉字教学中的字理阐释［J］. 华文教学与研究杂志，2008（1）：30-36；张黎黎. 字的本质和对外汉字教学［J］. 湖北师范学院学报（哲学社会科学版），2010（4）：16-21.

汲今。这样有助于提高教学水平，拓展教学视野，从而为广大对汉语有兴趣的学习者提供更好的汉字学习内容。同时也要掌握各种汉字教学法。在面对不同课型和学习对象时，才能游刃有余。

总之，汉字保存着中华文化悠久的历史信息和丰富的先民思想，必须正确传播。教师要尽量挖掘汉字课程的两大价值：第一，横向延展，字的联系，经过系统性的设计与整理，串起识字、辨字的趣味；第二，纵向凿深，阐述汉字的来源演变，并借之引出人文社会与先民的思想。简而言之，第一线汉语教师的汉字教学既要掌握基本的教学技巧，也需要掌握深度的汉字文化意涵，两者均要涉猎、融会。

教师书面修正性反馈有效性研究
——以对外汉语中级班写作教学为例

陆圆圆[①]

引　言

教师书面修正性反馈是一种由教师主导的、通过书面的形式指出学生作文中的错误并给出修改建议的反馈方式，包括直接纠正错误、错误位置提示、错误位置和性质提示等多种形式。作为写作教学的重要环节，它一直备受学界的关注。尽管国内外学者进行了大量的研究，但对于书面修正性反馈是否有效以及何种反馈形式更有效等问题仍无定论。而且，目前相关研究主要集中于英语教学领域，对外汉语教学领域的研究相对缺乏。基于以上情况，本文将通过实证研究的方法来考察不同书面修正性反馈形式在汉语写作教学中的效果及其差异。

一、书面修正性反馈的教学实验

（一）教学实验的设计

1. 实验对象

本次实验首先选取了扬州大学海外教育学院中级 B 班的学生。之所以将实验对象限定在中级班，主要是因为中级班的学生已经具备了一定的汉语基础和写作能力，有利于实验的顺利进行。其次，为了排除汉语写作水平这一变量对实验结果造成干扰，对该班学生的汉语水平进行了考察。根据写作课的期中成绩，最后确定本次实验的受试者为中级 B 班中 12 名水平相当的留学生。受试者包括 9 位女生、3 位男生，平均年龄 21 岁，主要来自韩国、印度尼西亚、苏丹、俄罗斯、越南、蒙古等国家。

---

① 陆圆圆，扬州大学 2017 级汉语国际教育专业硕士研究生。

2. 反馈方式

本次实验以"错误位置提示"与"错误位置和性质提示"这两种教师使用频率较高的书面修正性反馈形式作为考察对象，反馈的焦点以作文中的汉字、词汇和语法错误为主。

按照不同的反馈方式，12名受试者被随机分为实验A组、实验B组和控制组3组，每组4人。对于实验A组，教师标注学生作文中语言错误的位置和性质；对于实验B组，教师仅标注学生作文中语言错误的位置而不指明错误性质；对于控制组，教师仅对其作文进行评价，而不给予任何形式的修正性反馈。

3. 实验材料

实验所用材料为4套作文题目。作文题都是在HSK五级真题的基础上，根据学生的学习情况稍作修改而成，难度相当并具有较高的可信度和有效度。题型均为"用所给词写短文"，要求字数不少于80字。该题型对写作内容有所限制，学生在写作时只能根据要求适当地进行发挥，也不会在背景知识或熟悉程度方面对学生造成不公，能更好地检验学生的真实语言水平。

4. 测量方式

实验的主要目的在于检验教师书面修正性反馈对写作教学是否有效，因此反馈有效性的标准需要确立。

本研究将从以下三个维度出发考察教师书面修正性反馈的具体效果：一是看学生在收到教师反馈后作文错误的修正情况；二是看学生在经过一段时间的反馈干预后所写作文的水平和干预前相比是否有所提高；三是看学生在经过一段时间的反馈干预后写作态度是否改善。

在进行第一个维度的考察时，将统计受试者4次作文中的汉字、词汇和语法错误数，以及错误修改数和修改成功数，通过计算错误修改率（错误修改数/错误数）和修改成功率（错误修改成功数/错误修改数）来了解反馈对作文修改的影响。在确定"修改"和"成功修改"的标准时，参考牛瑞英、张蕊的方法，将学生对错误进行替代、删除、移位等行为视为修改，将改动后问题得到解决并符合教师反馈要求的修改行为视为成功修改。

对于第二个维度的考察，本文借鉴陈晓湘和李会娜的做法，对各组学生第一次和最后一次作文的语言质量进行组内对比，以检验反馈是否有效。若有效，还需要对3组学生最后一次作文的语言质量进行组间对比，以考察不同反馈方式的效果是否存在差异。另外，为了更加直观、清晰地反映各组受试者在不同形式的反馈干预下其语言质量的具体变化过程，最后还要对3组受试4次作文的语言质量进行直观性分析。在对作文的语言质量进行评估时，借鉴Skehan的做法，采用客观性评估的方法，来测量学生每一篇作文的语言准确度、流利度和复杂度。

准确度指"中介语形式跟目的语标准形式的偏差程度"①，是二语学习者产出无错误语言能力的体现。复杂度指"语言产出的复杂和多样化程度"②，能够反映学习者使用复杂结构的能力。流利度指"语言运用过程中的熟练程度"③，体现了学习者提取与输出目的语的能力。Skehan认为三者共同构成语言使用的动态系统，是衡量学习者语言水平的重要标准。考虑到汉语自身的特点，在确定客观性评估的具体指标时，参考曹贤文、邓素娟对汉语作文的语言准确度、流利度、复杂度的测量方法，最终确定了三个方面的具体测量指标。每个指标的具体内容和计算方法如表1所示。

表1 语言准确度、流利度和复杂度的测量方法

维度	测量指标	具体内容	计算方法
准确度	汉字准确度	每百字的错误字数。汉字错误包括错字、别字、漏字、多字、繁体字、异体字、用拼音代替的字和无法识别的字	错误字数除以总字数再乘以100
	词语准确度	每百词的错误词数。词汇错误包括外文词、错词（包括把词的构成成分写错顺序的、该用甲词而用乙词的、生造词、词语搭配错误）、离合词错误等	错误词数除以总词数再乘以100
	语法准确度	平均每句话的语法错误数。语法错误包括句子成分残缺或多余、句式杂糅、语序错误、重叠错误、固定格式错误以及特殊句式的错误（如"把"字句、"被"字句、"比"字句、"是"字句、存现句、兼语句、连动句等）	语法错误总数除以总句数
流利度	字产出流利度	每分钟所写汉字数。作文中用拼音代替的字和无法识别的字的个数都计入总字数	总字数除以写作时长（15分钟）
	词产出流利度	每分钟所写词数。词语的切分以《现代汉语词典》（第7版）为主要参考标准，《现代汉语词典》中凡注音连写的都为词。词加上能产性较强的词缀（如"初、第、们、性"等）构成的形式看作一个词法词，例如"初二、第一、孩子们、重要性"等	总词数除以写作时长（15分钟）

---

①② 陈默. 汉语作为第二语言自然口语产出的复杂度、准确度和流利度研究[J]. 语言教学与研究，2015（3）：1-10.

③ 刘春艳. 汉语学习者任务型口语产出中复杂性、准确性及流利性与交际充分性的关系研究[D]. 北京：北京语言大学，2017.

(续表)

维度	测量指标	具体内容	计算方法
复杂度	词语复杂度	高级词汇数和总词数之比。词汇等级的划分以《汉语水平词汇与汉字等级大纲》(2001)为标准。本文把丙级词、丁级词和超纲词视为高级词汇	丙级词、丁级词和超纲词总数除以总词数
	句子复杂度	平均句长。作文总句数为句号、问号、叹号、省略号的总个数	总字数除以总句数

在对以上两个维度的数据进行统计时,所有字和词的切分、各类语言错误的辨识和标注,以及错误修改情况的判别全部由两位对外汉语教师人工完成并交叉核对,二人有异议之处经过协商达成一致。完成数据统计后,使用社会科学统计软件 SPSS 25.0 对数据进行处理。

对于第三个维度的考察,将在反馈干预结束后,采用访谈的方式与学生进行面对面交谈,以了解受试者对自己写作能力、写作信心等方面变化情况的主观认识。

(二)教学实验的步骤

1. 写作反馈干预

第1周,教师安排所有受试者进行第一次写作练习。为了考察学生的真实水平,教师不会为学生提供任何关于作文题目的指导。学生需要在15分钟内独立完成一篇不少于80字的作文,期间无法查阅资料。写作结束后,教师收回作文并按照要求对三组学生的作文给予不同形式的书面反馈。第2周,教师将作文返还给学生,要求他们认真阅读反馈内容并对作文中的错误进行修改。作文修改完成后再由教师统一收回。第3周,教师安排受试者进行第二次写作练习。如此循环,8周下来受试者共完成4次写作任务。

2. 学生访谈

第9周,教师安排所有受试者进行访谈。访谈采用个别交谈的形式在课余时间进行。访谈主要涉及两个方面的内容:一是实验后学生对教师书面修正性反馈在写作能力、写作信心等方面所起作用的认识;二是学生对教师书面修正性反馈的具体形式的实际需求。学生对这些问题的回答能帮助我们多角度地认识教师书面修正性反馈的作用和不足,并为作文反馈方式的优化提供可行性建议。

二、教学实验分析

(一) 写作数据的对比分析

1. 三组受试者作文修改情况的对比分析

从 4 次作文的整体修改情况来看,首先,控制组 4 次作文的错误修改率和修改成功率明显低于两个实验组。该组学生大多是在语义基本不变的前提下添加或删除某些修饰性成分,或用其他形式的表述对原本正确的内容进行替换,甚至只是把初稿誊写了一遍,能够对实质性问题进行改正的情况少之又少。这说明学生的自我纠错水平普遍较低。其次,实验 A 组的错误修改率和修改成功率高于实验 B 组。这表明,教师在指明错误位置的基础上增加一些有关错误性质的说明,可以进一步提高学生对错误的关注度并强化学生对错误的感知。但是,不是所有的教师反馈都能引起学生的注意。即使是错误修改率最高的实验 A 组,四次作文中仍有 16.39% 的错误没有得到修改。这可能与学生注意力资源有限有关(图 1)。

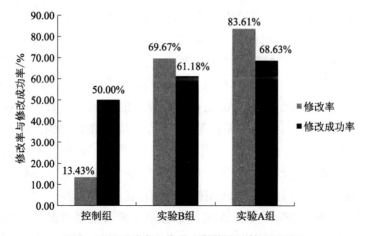

图 1　三组受试者 4 次作文整体修改情况统计图

从不同类型错误的修改情况来看,各组受试者的汉字错误修正率最高,词汇错误和语法错误的修正率相对低一些。其中,实验 A 组在汉字、词汇和语法三个方面的错误修正情况均优于实验 B 组,而实验 B 组的各项错误修正情况好于控制组(图 2)。由此可见,不同反馈方式在引导学生修改不同类型的错误时所起的作用是不同的。

对于汉字错误,控制组学生仅能修正个别因粗心或紧张而导致的错字(如"乐"字少了一点),而难以发现那些因字形或字音相近而造成的别字,以及因部

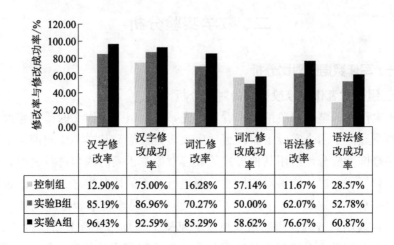

图 2　三组受试者四次作文不同类型错误修改情况统计图

件或结构问题而产生的错字。比如，因"试"字多一撇、"丹"字多一点而导致的笔画错误，或是把"独"字写成提手旁而引起的部件错误，抑或是把"须"的左右两个部件颠倒了位置的镜像错位错误，以及因字形或字音相近而造成的别字，如"今"和"令"、"候"和"侯"等。由于"这类错误的纠正大多涉及和记忆有关的大脑活动"[①]，只需要学生进行反复的记忆和练习，因此无论教师是否指出错误性质，实验组学生大多都能在错误提示的基础上对照正确字形做出修正。但是，对于那些学生不易察觉的笔画错误，例如因混淆笔画之间的长短关系而把"鼓""喜"等字中的"士"写作"土"、把"日"写作"曰"、把"己"写作"已"等，如果仅进行圈画而不指明写错的原因，学生很难注意到问题的存在。因此，在这些错误上，实验 A 组的修改情况比实验 B 组更好。

对于词汇和语法错误，实验 A 组大部分学生能够根据错误性质找到修改方向。比如，一位学生写作时因同时使用"运动"和"锻炼"这两个意义相近的词而导致语义重复，在教师指出错误原因后，学生成功改正了错误。但是，如果学生对规则理解得不够透彻，或是相关知识掌握得并不牢固，修改成功率便会大打折扣。比如一位学生将"我们要惜钱"改成了"我们要可惜钱"，将"在我的身边有爸爸妈妈，他们都鼓励我"改成了"有爸爸妈妈在我身边都鼓励我"等。这一情况表明，虽然对错误性质进行说明的反馈方式能够提供必要的语言知识，但学生并未进行更深层次的理解。相比之下，缺乏错误性质提示的实验 B 组学生对

---

① 吉乐．英语写作反馈模式的效能评估研究［D］．上海：上海外国语大学，2010．

错误的判断更容易出现偏差,尤其是在修改那些受母语影响而反复出现的错误时,他们很难找到正确的修改方向。比如,一位印尼学生的作文中出现了"我很少用私家车,多用地铁"这样的错误。由于"用"的印尼语对应词"menggunakan"有"穿""戴""花""坐""开"等义项,该学生受母语的影响而出现了上述误用的情况。虽然教师划出了错误的具体位置,但学生未能意识到自己用错了动词,在修改时找错了重点。可见,缺少错误性质说明的反馈方式对学生辨别错误的能力提出了较高的要求,它需要学生在独立思考的基础上调动知识储备来获得对错误的明确认知并做出修正。

总之,教师书面修正性反馈能引起学生注意并修改作文中的汉字、词语和语法错误。其中,仅标注错误位置的反馈方式在引导学生修正汉字错误方面更省时省力,而标注错误位置并说明错误性质的反馈方式在帮助学生修正词语和语法错误方面更具优势。

2. 三组受试者作文语言质量的对比分析

(1) 三组受试者可比性分析

表 2　三组受试者第一次作文语言质量的单因素方差分析

维度	因变量	方差来源	平方和	自由度	均方	F	显著性
流利度	每分钟所写字数	组间	0.719	2	0.360	0.805	0.477
		组内	4.023	9	0.447		
		总计	4.742	11			
	每分钟所写词数	组间	0.569	2	0.285	1.009	0.402
		组内	2.540	9	0.282		
		总计	3.109	11			
准确度	每百字错字数	组间	0.036	2	0.018	0.005	0.995
		组内	29.988	9	3.332		
		总计	30.024	11			
	每百词错词数	组间	0.133	2	0.066	0.052	0.950
		组内	11.525	9	1.281		
		总计	11.658	11			
	每句话语法错误数	组间	0.012	2	0.006	0.045	0.956
		组内	1.241	9	0.138		
		总计	1.253	11			

(续表)

维度	因变量	方差来源	平方和	自由度	均方	F	显著性
复杂度	平均句长	组间	17.959	2	8.979	0.817	0.472
		组内	98.888	9	10.988		
		总计	116.847	11			
	高级词汇比率	组间	0.005	2	0.002	2.070	0.182
		组内	0.010	9	0.001		
		总计	0.015	11			

表2显示,语言准确度、流利度和复杂度的各项指标的显著性概率均大于0.05,这表明三组受试的第一次作文在语言流利性、准确性、复杂性方面不存在显著差异,即所有受试在实验开始时的语言水平相当,具有可比性。

(2) 各组受试实验前后作文语言质量的组内对比

表3 实验A组第一次作文和第四次作文语言质量的配对样本 t 检验结果

维度	指标	第一次作文		第四次作文		t 值	p 值
		平均值	标准差	平均值	标准差		
流利度	每分钟所写字数	6.167	0.529	6.600	0.682	−1.219	0.310
	每分钟所写词数	4.200	0.446	4.583	0.574	−1.643	0.199
准确度	每百字错字数	1.914	1.402	1.530	0.626	0.431	0.696
	每百词错词数	3.895	1.120	2.865	1.006	3.344	0.044
	每句话语法错误数	0.739	0.308	0.594	0.370	2.987	0.058
复杂度	平均句长	16.692	4.733	17.738	3.017	−0.649	0.562
	高级词汇比率	0.066	0.017	0.046	0.020	2.061	0.131

表3显示,实验A组的词汇准确性取得了显著的进步($t=3.344$,$p=0.044$),语法准确性也有一定程度的提高($t=2.987$,$p=0.058$)。而该组学生第四次作文每分钟所写字、词数的均值和第一次相比分别提高了0.433、0.383,p 值分别为0.310和0.199,说明实验A组在流利性方面有进步,但未达到显著水平。复杂性方面,高级词汇比率和平均句长的 p 值均大于0.05,说明该组学生的语言复杂度变化不大。

表 4　实验 B 组第一次作文和第四次作文语言质量的配对样本 t 检验结果

维度	指标	第一次作文		第四次作文		t 值	p 值
		平均值	标准差	平均值	标准差		
流利度	每分钟所写字数	6.467	0.744	5.783	0.290	1.527	0.224
	每分钟所写词数	4.483	0.485	4.100	0.207	1.253	0.299
准确度	每百字错字数	2.014	2.561	1.442	1.467	1.002	0.390
	每百词错词数	4.084	0.615	3.258	0.165	3.107	0.053
	每句话语法错误数	0.804	0.517	0.717	0.191	0.301	0.783
复杂度	平均句长	19.579	2.010	16.575	0.759	2.434	0.093
	高级词汇比率	0.090	0.044	0.065	0.029	0.881	0.443

由表 4 可知，实验 B 组第四次作文每百词错词数的均值比第一次作文低 0.826，p 值接近 0.05，表明词语准确性进步较大。而在语言流利性和复杂性方面，各项指标的 p 值均大于 0.05，说明两次作文的流利性和复杂性不存在明显变化。

表 5　控制组第一次作文和第四次作文语言质量的配对样本 t 检验结果

维度	指标	第一次作文		第四次作文		t 值	p 值
		平均值	标准差	平均值	标准差		
流利度	每分钟所写字数	5.867	0.712	5.567	0.672	0.654	0.560
	每分钟所写词数	3.950	0.643	3.934	0.633	0.034	0.975
准确度	每百字错字数	2.042	1.213	2.480	1.297	−0.837	0.464
	每百词错词数	4.141	1.486	5.089	1.243	−1.257	0.298
	每句话语法错误数	0.733	0.226	0.875	0.218	−1.160	0.330
复杂度	平均句长	18.829	2.554	18.613	1.561	0.399	0.717
	高级词汇比率	0.042	0.033	0.040	0.028	0.092	0.932

表 5 显示，控制组两次作文在准确度、流利度和复杂度的各项指标上的 p 值均大于 0.05，说明该组学生第四次作文的语言准确性、流利性和复杂性和第一次相比没有太大的改进。

（3）三组受试者实验后作文语言质量的组间对比

表6 三组受试者第四次作文语言质量的单因素方差分析

维度	因变量	方差来源	平方和	自由度	均方	F	显著性
流利度	每分钟所写字数	组间	2.375	2	1.188	3.560	0.073
		组内	3.002	9	0.334		
		总计	5.377	11			
	每分钟所写词数	组间	0.911	2	0.456	1.768	0.225
		组内	2.319	9	0.258		
		总计	3.230	11			
准确度	每百字错字数	组间	2.649	2	1.324	0.940	0.426
		组内	12.676	9	1.408		
		总计	15.325	11			
	每百词错词数	组间	11.270	2	5.635	6.539	0.018
		组内	7.755	9	0.862		
		总计	19.025	11			
	每句话语法错误数	组间	0.159	2	0.080	1.080	0.380
		组内	0.663	9	0.074		
		总计	0.822	11			
复杂度	平均句长	组间	8.358	2	4.179	1.035	0.394
		组内	36.346	9	4.038		
		总计	44.704	11			
	高级词汇比率	组间	0.001	2	0.001	0.990	0.409
		组内	0.006	9	0.001		
		总计	0.007	11			

如表6所示，三组受试者第四次作文的流利度、复杂度、汉字准确度和语法准确度的显著性概率均大于0.05，表明三组受试者最后一次作文在这些方面虽然存在组间差异，但并未达到统计意义上的显著水平。而在词汇准确性方面，三组受试者第四次作文每百词错词数的均值存在显著的组间差异（$F_{(2,9)}=6.539$，$p=0.018<0.05$），说明三组受试者之间至少有两组的第四次作文在词汇准确度上有明显的差异。要判断具体哪两组之间存在显著差异还要进行事后多重比较。

表7　三组受试者第四次作文每百词错词数的事后多重比较检验

因变量	（I）参照组	（J）对照组	平均值差值（I−J）	标准错误	显著性	95％置信区间	
						下限	上限
每百词错词数	实验A组	实验B组	−0.393	0.656	0.564	−1.878	1.092
		控制组	−2.224	0.656	0.008	−3.709	−0.739
	实验B组	实验A组	0.393	0.656	0.564	−1.092	1.878
		控制组	−1.831	0.656	0.021	−3.316	−0.346
	控制组	实验A组	2.224	0.656	0.008	0.739	3.709
		实验B组	1.831	0.656	0.021	0.346	3.316

结果显示，在第四次作文中，实验A组和控制组的每百词错词数均值存在显著差异（$I-J=-2.224$，$p=0.008<0.05$），实验B组和控制组的每百词错词数均值存在显著差异（$I-J=-1.831$，$p=0.021<0.05$），而实验A组和B组的每百词错词数的均值差为−0.393，显著性概率为0.564，大于0.05，未达到显著水平。此外，控制组与实验A组、控制组与实验B组、实验B组与实验A组之间的均值差分别为2.224、1.831、0.393，三者均为正值，这表明，控制组第四次作文的每百词错词数最多，实验B组次之，实验A组最少。

（4）三组受试者四次作文语言质量的直观性分析

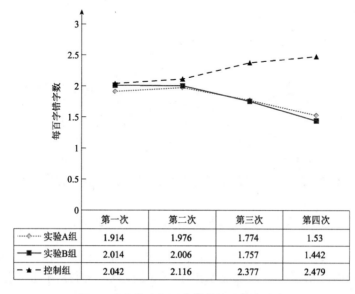

图3　四次作文每百字错字数均值统计图

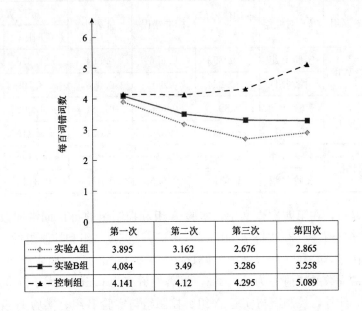

图4　四次作文每百词错词数均值统计图

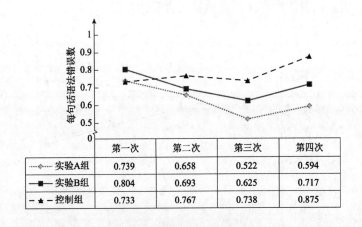

图5　四次作文每句话语法错误数均值统计图

从四次作文语言准确性指标的变化情况来看，整体上两个实验组在汉字、词语和语法错误率方面都显示出了下降的趋势，而控制组的语言错误率不降反升（图3～图5）。

在汉字准确性方面，实验A组和实验B组的汉字错误率从第三次作文开始都有明显的下降趋势,其中,实验 B 组每百字错字数的降幅更大。说明教师对错别字进行简单的圈画,足够引发学生的关注,帮助他们及时查漏补缺,强化记忆,从而提高汉字准确性。而控制组的汉字错误率之所以会呈现出逐渐上升的趋势,是因为之前作文中学生未能发现的错别字在后续作文中仍然存在,而后续作文又会出现新的汉字错误。可见,是否得到教师修正性的书面反馈是学生汉字准确率能否提高的关键。

在词汇和语法准确性方面,控制组第四次作文的词汇和语法错误数较前几次有明显的增多。因为大部分错误一旦被学生忽视就很容易被当作正确形式而反复使用。与控制组相比,两个实验组前三次作文的每百词错词数和每句话语法错误数均呈不断下降的趋势,其中实验 A 组的下降幅度更大。该组学生之所以能取得显著的进步,可能是因为反馈信息中包含必要的词汇和语法解释,能帮助他们更好地理解语言规则。这说明,教师反馈所提供的信息越多,越有助于学生词汇和语法准确性的提高。

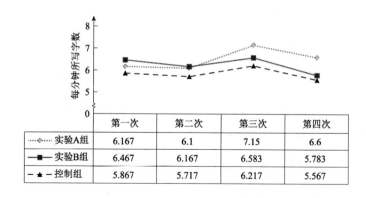

图 6　四次作文每分钟所写字数均值统计图

从四次作文语言流利性指标的变化情况来看,实验 A 组前两次作文每分钟所写字数和词数几乎没有变化,而第三次作文有了明显的提升,第四次作文虽略有下降,但整体呈小幅上升的趋势。而实验 B 组的字词流利性原本高于实验 A 组,但最后两次作文的语言流利性都不如实验 A 组。控制组除了第三次作文的字词流利性略有上升外,总体上波动不大。可见,对错误位置和性质进行提示的反馈方式比其他反馈方式更有利于语言流利性的提升(图 6)。

从四次作文语言复杂性指标的变化情况来看,在句子复杂性方面,控制组四次作文的平均句长处于上下波动状态,实验 A 组则差异较小,而实验 B 组整体上呈下降趋势。词语复杂性方面,控制组四次作文的高级词汇比率整体上变化不

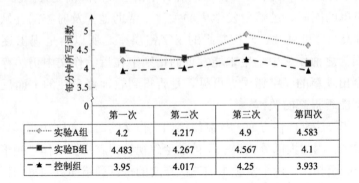

图7　四次作文每分钟所写词数均值统计图

	第一次	第二次	第三次	第四次
实验A组	4.2	4.217	4.9	4.583
实验B组	4.483	4.267	4.567	4.1
控制组	3.95	4.017	4.25	3.933

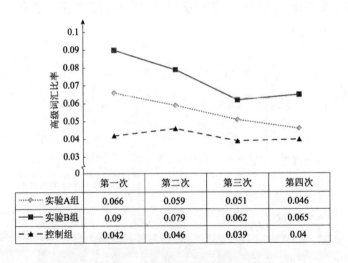

	第一次	第二次	第三次	第四次
实验A组	0.066	0.059	0.051	0.046
实验B组	0.09	0.079	0.062	0.065
控制组	0.042	0.046	0.039	0.04

图8　四次作文高级词汇比率均值统计图

大,而实验A组和B组则有逐渐下降的趋势。两个实验组作文高级词汇比率的下降可能是受试者为提高语言的准确性而减少使用较难词汇的结果。总的来说,教师书面修正性反馈对作文复杂性的影响不大(图7～图9)。

以上分别对三组受试者作文的语言质量进行了组内对比、组间对比和直观性分析。结果表明,仅标注错误位置的反馈方式有利于词汇准确率的提高,在提高汉字准确率方面也具有一定的优势。而标注错误位置并对错误进行解释的反馈方式,对词汇和语法准确度的提高起到了显著的作用,且效果比仅标注错误位置的反馈方式更好。同时,它也对学生语言流利性的发展产生了积极影响。此外,教师修正性反馈可能会影响学生使用高级词汇的频率,但整体上影响不大。总而言

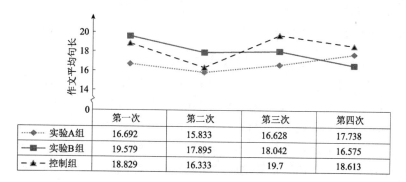

图9 四次作文平均句长均值统计图

之,教师书面修正性反馈是促使学生改进写作质量的有效手段,且反馈的明晰度越高,对学生的帮助也越大。

(二)学生访谈结果分析

1. 学生对书面修正性反馈作用的认识

首先,对于教师反馈能否帮助学生提高写作和修改作文的能力,实验组都对这一问题给予了肯定。实验A组生1认为老师在批改作文时能发现她忽略的问题,并把错误解释得很清楚。根据反馈信息,她每次都认真修改作文中的错误,作文成绩也有所进步。实验B组生1也认为自己汉语水平的进步与在老师提示下改正错误有很大的关系。而控制组学生虽然也肯定了评价性反馈的重要性,但他们一致认为在没有老师的帮助下自己难以找出错误。这也从侧面反映出教师书面修正性反馈对学生修改作文的重要性。

另外,当被问及教师批改作文是否会影响其写作积极性时,实验组和控制组学生的回答大多是否定的。他们认为,教师反馈能够帮助他们发现学习上存在的不足,促使他们更努力地学习汉语。然而,实验组的一位学生也表示教师纠错太多会打击她的自信心。学生对教师纠错的畏惧心理说明,过多的修正性反馈可能会影响学生的写作积极性。

2. 学生对书面修正性反馈方式的期望

首先,在谈到自己所期望的批改方式时,大部分受试者更倾向于教师标记错误并给出正确形式的直接反馈方式。这说明学生对教师改正错误的依赖性很强。

另外,学生还对直接反馈方式的具体表现形式提出了不同的建议。有的学生表示希望教师在批改作文时能够做到字迹端正、表达清晰,有的学生希望老师在修改作文的同时能附上相关的语言知识,还有的学生希望教师能通过面对面交流的方式回答他们对批改内容的一些困惑,这样能帮助他们理解错误的原因。可见,学生们对具体反馈形式的需求是多种多样的,教师有必要结合学生的实际需要灵活运用不同的反馈方式。

(三) 教学实验结果分析

1. 教师书面修正性反馈对写作教学的作用

首先，教师书面修正性反馈所引发的注意对学生发现并改正错误具有显著的效果。教师书面修正性反馈能够通过圈画等视觉刺激凸显错误的位置，引起学生的注意，帮助他们剔除错误的语言假设，并意识到中介语和目的语之间的差异。

其次，教师书面修正性反馈是提高学生语言准确性的重要因素。当学习者注意到自己的输出与目标语言形式之间存在差异时，他们会查阅学习资料或请教老师来寻求其他的可理解性输入，以弥补中介语的不足，使中介语系统逐渐向目的语系统转变。

再次，教师书面修正性反馈还为师生之间建立交互性活动提供了机会。修改作文时，学生能根据教师提供的信息有意识地调动已有知识和技能来对那些无法被理解的语言输出进行分析，并采取一些学习策略来调整、监控他们的语言输出，使之更加接近目的语。而教师能够根据学生修正后的语言输出判断反馈信息是否被理解和接受，及时调整反馈策略，提升反馈效果。

此外，教师书面修正性反馈对学生的学习习惯和学习态度产生了积极影响。学生修改作文时，需要对教师书面性的修改建议进行独立思考，并在输入与输出中反复进行自我调整和监控。这一过程既有利于培养学生的自我纠错能力，还能充分调动学生的学习积极性，发挥学生在学习中的主体地位。

2. 教师书面修正性反馈的局限性及优化策略

首先，教师书面修正性反馈的效果受反馈明晰度的制约，不同明晰度的反馈方式都有其各自的优缺点。比如，"错误位置和性质提示"虽然能使错误原因一目了然，但在运用时却需要花费教师大量的时间和精力。"错误位置提示"虽然简单、易操作，但它对学生的修改能力提出了更高的要求。因此，教师应根据错误类型选择合适的反馈方式。对于汉字错误，可以采用简单圈画的方式指出错误的位置；对于学生掌握得并不牢固的词汇和语法问题，教师可以进行错误性质提示，引导学生发现问题并自行改正；对于较为复杂的语言错误，教师可以给学生提供正确的语言形式并附上相关知识，帮助学生理解错误的原因。

其次，学生对反馈信息的理解和消化水平也是影响教师书面修正反馈有效性的重要因素，它主要与学习者的二语水平和认知能力有关。"学习者通常会倾向于接受那些能够被中介语系统接纳的纠正性反馈，进而识别与纠正相关错误。"[①]

[①] 朱晔，王敏. 二语写作中的反馈研究：形式、明晰度及具体效果[J]. 现代外语，2005 (2)：170-180，220.

因此，教师在批改作文时应该根据学生的中介语水平、学习能力、母语背景有所侧重地进行纠错，而不应过分关注超出学生理解水平的语言错误，否则会加重学生的学习负担。

再次，学生对反馈的处理方式也会影响教师书面修正性反馈的效果。如果学生在收到教师反馈后没有及时订正错误，反馈便无法发挥出真正的作用。因此，教师应引导学生深入了解反馈的作用，并加强反馈后的检查和指导工作，以帮助学生养成修改作文的习惯。

另外，过多的修正性反馈可能会影响学生的写作信心。要解决这个问题，教师除了要及时关注学生对反馈的反应、与学生进行有效的沟通之外，还可以通过勾画作文中的好词、好句、好段以及给出肯定性的评语来充分发挥反馈的激励作用，鼓励学生大胆表达，提高写作积极性。

结　　语

本文通过教学实验考察了教师书面修正性反馈对中级水平留学生汉语写作的影响。研究结果证实了书面修正性反馈在帮助学生修改作文、提高语言准确性、改善写作态度方面的积极作用，同时也指出书面修正性反馈的实际效果受学生认知能力、情感态度等多方面因素的制约。要想充分发挥书面修正性反馈在写作教学中的积极作用，教师应以学生的语言水平为基础，建立灵活多样的反馈机制，并引导学生养成自觉修改作文的习惯，提高学生自我评改作文的能力。

本研究虽取得了一定的成果，但由于实验周期较短，样本容量较小，研究结果可能缺乏说服力。今后的研究可以延长实验周期，扩大样本范围和数量，并从作文的语言、内容、结构等多个方面全面考察反馈的效果。

来华留学生汉语学习中的课外任务研究

孙泽霖[①]

一、研究背景

(一)研究目的

目前我国大多数高校针对留学生的汉语教学,基本以课堂教学的形式进行且多按技能分课型授课,具有文化多元、课堂教学为中心、分技能教学以及教学内容标准化、教学方法多样化的特点。总的来看,这样的教学是系统且高效的。但课堂教学由于时间、空间以及教学内容限制难以提供真实交际,使得学生没能很好地利用目的语环境这个重要的资源。虽然通过开展任务型教学、情境式教学,一定程度上解决了课堂教学语境缺失的问题,但是课堂中的语境多少还是有所加工,不是自然真实的。本文课外任务的提出,就是经过对现有教学模式以及任务型教学的优势与局限性的分析,希望将任务型教学中"任务"与课外环境结合,设计可以帮助学生学习汉语的课外任务,让学生在语言知识学习之外,在目的语环境中能够真实使用汉语,从而整体认知习得语言。

(二)研究意义

课外任务的设计初衷在于打通课堂与课外,让学生在引导下接触自然与真实的语言环境,实现语言的习得。在进行小范围的课外任务实验后,发现实施课外任务,丰富了教学的途径,延展了教学空间范围,提升了学习兴趣,实验后学生学习积极性明显提高,测试后学生对于语言的使用情况也比实验前好得多,而且意外发现课外任务对于目前留学生教学管理中学生课外圈子封闭、课外情况难以关注、学生学习能力水平差距较大的情况等也有所改善。本文在确定研究可行

[①] 孙泽霖,硕士,江苏农牧科技职业学院国际教育学院教师,研究方向为国际汉语教学、职业教育国际化。

后，对课外任务在已有任务型教学对"任务"的研究成果基础上，对汉语教学中可采用的课外任务界定和分类，并设计了具体的课外任务进行教学实验，确定了课外任务的长期使用效果，为未来课外任务的教学研究提供了参考，具有借鉴意义。

二、课外任务的界定、实施与评估

通过对课外任务相关研究梳理，发现目前对来华留学生汉语学习的课外任务研究几乎处于空白阶段，可供直接参考的文献不多。但此前的研究中，任务型语言教学研究者对"任务"的理论构建为课外任务的定义、分类与实施评估提供了很好的理论参考。国内外语教学研究中对于课外任务的研究探索则为汉语学习的课外任务研究提供了方法和思路上的借鉴。汉语教学研究中对于语言环境利用的探索为课外任务关于实施背景、教学对象以及教学本身等方面研究提供了参考。因此，本文研究的课外任务的定义、分类、基本原则和评估标准是在相关研究的基础上形成的。

（一）课外任务的定义与分类

由于课外任务是基于任务型语言教学中关于"任务"的思考，故对课外任务界定时，首先从任务及任务型教学的特点出发，再结合具体的任务目的与汉语教学要求，分析总结出了本文对于课外任务的定义：

课外任务是在课外实施的有着特定目标、内容和程序，能得到不同成果的教学活动。学习者在活动中需要运用所学语言得出某种结论或结果，并在此过程中实现语言习得。

由定义可见，课外任务涉及教学者、学习者以及课外环境等多个方面。因此，在分类时，如任务型教学研究中任务的分类一样，从不同的分类标准和分类角度可以对课外任务进行不同的分类。为此，本文对课外任务进行分类时，综合考虑了课外任务设计几个主要的出发点，最后选择从课外任务主客体、任务完成的方式与目的以及课外环境五个角度出发对课外任务进行分类。划分标准及具体分类如下：

1. 从课外任务设计者角度进行的分类

任务设计者决定了任务的难易与类型，而任务设计者本身也能决定任务的类型，区分任务类型的标准就在于任务设计者或教师是否参与任务的完成，以及参与任务的程度和方式。一般情况下课外任务设计者都是课外任务的实施者。所以，任务设计者常常是参与任务前与任务后环节的。因此，从设计者角度区分课外任务主要看在任务中，教学者（设计者）参与任务中的环节则为教师参与型任务，反之则为教师不参与型任务。其中教师参与型任务又可以根据参与的程度与方式划分成教师监督型任务、教师帮助型任务、教师合作完成型任务。具体划分如右图1。

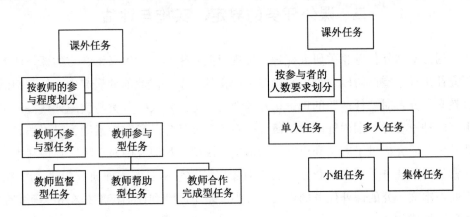

图1 任务设计者角度分类　　　　图2 任务参与者角度分类

2. 从任务的参与者角度进行的分类

课外任务的参与者是任务过程中的主体，因此，针对参与者不同，任务也有所区分。参与者对任务的区分最直观的一个分类标准就是任务的参与人数要求。具体来说，参与人数情况可以将任务划分成单人任务、多人任务，其中任务又可以根据分组人数多少划分为小组任务和集体任务。具体划分如图2。

3. 从任务完成的方式角度进行的分类

课外任务的目的是为语言教学服务的。学习者在任务中需要对语言信息进行加工处理以进行成果呈现，从而在语言的接触与使用中得到提高。因此，对课外任务从完成的方式上进行划分主要考虑任务完成中主要使用的信息处理呈现方式。具体的划分参考 Willis 对任务的分类：罗列、排序、分类、比较、解决问题、分享个人经历、创造性任务[①]。在此基础上，结合对于课外任务特性的思考，在进行归纳和改进后，具体的分类如下：

（1）单一性信息处理任务

单一性信息处理任务主要是指在任务中对于给出信息主要采取较为单一的处理加工方式。如罗列、排序、分类、比较。

---

① Willis J. A Framework for Task-based Learning [M]. London：Longman，1996.

(2) 综合性信息处理任务

综合性信息处理任务主要指对于给出信息需要做出多种方式的处理以得出结果，可以采用的形式有解决问题、设计方案。其中解决问题主要指通过对给出信息分析、推理、判断、计算等之后解决问题。设计方案主要指根据给出信息及要求，对信息进行加工和再造进而设计出相应要求的方案。

(3) 创造性信息处理任务

创造性信息处理任务指学习者根据给出信息或者要求，自己收集信息并进行处理得出具有原创性的结果。具体的任务形式可以是要求有原创结果的任务，如让学习者分享自己的爱好、分享自己的经历、设计规划自己的未来等。

4. 从任务完成的目的角度进行的分类

设置课外任务的目的有很多样，除了上文中提及的利用好课外环境、让学生接触真实交际等，课外任务设置还可以帮助学生体验丰富的汉文化、提高学习兴趣等。因此基于课外任务的目的可以将课外任务划分为：

(1) 课堂教学延伸型任务

课堂教学延伸型任务主要目的在于对课堂教学的辅助。根据辅助的侧重点不同，可分为课前任务与课后任务。课前任务主要为预习课堂学习内容相关的任务，课后任务主要为复习操练或者延伸拓展课堂学习内容的任务。

(2) 课外拓展型任务

课外拓展型任务主要从学生对于真实语境、汉文化的体验出发，以培养学生的文化认知与语言交际运用能力为目的。课外拓展型任务又可以划分为文化型任务、汉语生活型任务、娱乐型任务。

5. 从课外环境角度进行的划分

课外任务实施在课外，且从留学生活动范围来看，留学生活动的区域常常处于校园与校园附近。因此，基于课外环境角度可以将课外任务分为校园内任务、校园外任务和校内外结合任务。

上面是就课外任务涉及的从几个角度进行的分类。当然，分类的角度还有很多，具体的分类也有很多。而且，分类标准以及具体分类也需要进一步的科学系统的分析、验证和改进。这里做出的分类仅仅从任务的设计出发，希望为教学者进行课外任务的设计提供参考，从而帮助教学者设计出合适的课外任务。

（二）课外任务的实施

课外任务虽然在课外实施，但其设计的目的也是通过任务以帮助学习者学习汉语。因此，课外任务实施的过程也基本采用了任务型教学法中对于任务实施代表性的三段模式：①任务前，即教师在课堂上进行任务的引入和任务要求的讲解。②任务环，即学习者参与到任务中，计划任务、做任务、完成任务得到结果①。这个过程根据任务不同可长可短。此外，在这过程中学习者虽然主要在课外进行任务，但任务计划和任务结果的报告是在课堂完成的。③任务后，与任务型教学一样，任务后环节主要对于任务完成情况进行分析，并对语言情况聚焦和点评。

当然，课外任务实施流程与任务型教学的任务实施虽然基本一致，但由于课外任务的完成场所主要在课外，在任务环环节，课外任务要比课堂上的任务多了不可控性。对此，教学者在实施设置课外任务时可以遵循这样几个原则：以学习者为中心，以真实有效为目标，课堂与课外相结合，强调合作学习和动态认知。

（三）课外任务的评估②

正如在上面提到的，由于课外任务在课外进行中具有一定的不可控性，故而对于任务的评估需要在一定程度上控制学习者在任务实施中的行为，并客观地反映出学习者任务的完成情况。具体来说，在任务环引入学生自评与互评机制，通过评分表让学生进行互评与自评以帮助教师掌握学习任务实施过程中的情况。而在任务结果的评价上，根据任务目的的不同以及任务结果呈现方式的不同可采取不一样的评价方法。具体评价方法有：

（1）评分。评分主要适合有着明确的结果和评分标准的任务。评分的主体可以是教师，可以是学生，也可以教师与学生相结合，好处在于直观地反映出任务的完成情况且明确将学生进行区分，缺点在于容易打击到水平较差学生的积极性，且学生可能会因评分产生焦虑情绪。

（2）分等级。这种评估方法适合评分标准模糊的任务，好处在于可以降低学生的焦虑感，缺点在于不能明确地将学生表现具体地区分开。

（3）无区分。这类评估主要是针对任务的结果进行分析得出，具体的评价并不做区分，好处在于学生由于打分导致的焦虑感较低，缺点在于对学生表现没有好坏的区分。

总之，课外任务的评估方法要根据教师设置任务的目标及学生的特点灵活考虑，且评估的目的在于让学生发现任务完成中的优点与不足，激发学生学习动

---

① Willis J. A Framework for Task-based Learning [M]. London：Longman，1996.
② 课外任务的评估主要指的是对于学习者参与课外任务后进行的评估。而对于课外任务本身的评估主要参考魏永红在《任务型外语教学：认知心理学视角》中对任务难易的影响成分分析表。魏永红. 任务型外语教学研究：认知心理学视角 [M]. 上海：华东师范大学出版社，2004：117.

力，从而让学生得到提高。

三、课外任务的应用分析与教学分析

（一）课外任务的应用案例

为了掌握课外任务应用中的情况，发现任务实施过程中可能会出现的问题，笔者根据汉语教学对象的汉语水平分初级、中级、高级三组进行了课外任务的教学实验。囿于篇幅限制，本文只展示课外任务在初级组综合课的应用情况。

1. 教学对象

扬大基础 A1 班，学生 15 人，其中男生 7 人，女生 8 人。来自印度、巴基斯坦、苏丹、韩国、蒙古和越南等国家。

2. 教材与教学内容

教材为《发展汉语：初级综合 1》，教学内容为第七课《中国银行在哪儿》，其中主要的语法点为存在句与方位词。

3. 具体任务概述

基于练习存在句与方位词的目的，该班教师设置了课外任务：画出你的宿舍方位图，并在课上用"……在……""……有……"说一说你的宿舍周围有什么。

4. 任务实施

任务前：教师在课堂上完成教学内容的讲解后，对于所学习的语言点进行了复习，之后在下课前布置了课外任务。从学生的整体反应来看，除两位印度男生无精打采外，其他几名学生表现出感兴趣的神情，越南学生甚至已经开始与旁边的学生交流起来，总体来看，任务布置后的反响不错，学生的兴趣较高。

任务中：第二天上课，学生们基本都带了自己绘制的地图来，除 1 名印度学生与 1 名韩国学生没有来上课、1 名巴基斯坦学生没有做之外，其他学生都很好地完成了地图的绘制。据观察，昨天比较积极的越南学生及蒙古学生绘制得较为认真，蒙古学生甚至在地图上着了色。接着，在教师的安排下，学生们纷纷展示了自己的地图，并用目标句阐述了宿舍周围的建筑，其中学生主要提及教学楼、食堂、超市、饭馆、运动场等已学词汇，蒙古学生提到了广场、购物商场等未学词汇。在句子的使用上，除印度学生在方位词的位置上使用有误外，其他学生基本正确。

任务后：在学生分享后，教师借着学生的地图复习了存在句和方位词的用法，其中巴基斯坦的学生由于没有绘制地图，有些惭愧，因此在教师复习句子时声音很大。

5. 任务分析

此次课外任务的实施总体来说效果较好，任务的实施不仅帮助学生复习了存在句和方位词的用法，而且在一定程度上帮助学生熟悉了校园的环境，有些学生还由此学习到了新词。当然，在实施中也发现有1名学生存在敷衍的现象，还有那名未完成任务的巴基斯坦学生。对这两位学生进行交流后发现，巴基斯坦学生之所以没有完成任务是因为要做生意没有时间，而那名敷衍的学生认为画地图太烦，所以不想做。任务结束后，对任课教师进行访谈，该课教师表示这次任务学生的总体表现较为积极，一些平时不爱写作业的学生这一次也完成了任务，任务后教学效果较好。

（二）教学效果分析

1. 问卷调查分析

在各教学组进行教学实践后，笔者设计了调查问卷对教学实验中的学生进行调查。问卷设计总共分为三个部分：一、对课外任务的喜爱程度；二、课外任务对学习的帮助；三、对于任务的建议。第一、二部分有选择题，有开放题，第三部分为开放题。本次问卷共发放31份，回收有效问卷31份。统计后具体情况见下表1：

表1 教学效果统计表

调查内容	调查对象	初级组	中级组	高级组	合计
课外任务、课外活动、课外作业最喜欢的是？	课外任务	12	9	6	27
	课外活动	3	1	0	4
	课外作业	0	0	0	0
对课外任务的喜爱	喜爱	12	9	6	27
	有的喜爱，有的不喜爱	2	1	0	3
	不喜爱	1	0	0	1
课外任务对于学习的帮助	有帮助	12	10	6	28
	一般	3	0	0	3
	没帮助	0	0	0	0

从表1中可以看出，在课外任务实践后，学生对于任务整体上是喜欢且认可的。其中喜欢程度上，学生总的来说是很喜欢课外任务的，喜欢的学生比例达到87%，其中，初级组学生喜欢程度由早前调查的45%上升到80%，而中高级组的学生喜爱程度由50%提高到94%。可见由于早前课外任务的实施较少，学生对于课外任务的认知不多，从而对课外任务的喜爱程度不深。当然不喜欢课外任务或者认为课外任务一般的学生，在问卷中也给出了理由：初级组2位学生觉得有些任务难，因此不喜爱课外任务，一位学生认为课外活动比课外任务轻松且不需要交作业；中级组的学生认为有些课外任务比较无聊，不如一些课外活动有意思。在与任课教师访谈后发现，确实有些任务对于初级组学生较难，有些任务较无聊，所以以后课外任务在难度与趣味性上还要改进。在课外任务的认可上，学生的总体认可程度较高，比例达到90%，其中中高级学生比例达到了100%。而在之前的调查中，中高级学生认为课外任务有帮助的比例仅为50%。学生对于课外任务的认可率提高如此之快的主要原因还在于之前对于课外任务的了解不够。而3名认为课外任务对汉语学习帮助一般的理由主要还在于有些任务较难，学生难以理解。

本次问卷还设置了开放性的问题，主要对喜欢的课外任务进行调查以及学生对于课外任务的建议与反馈。就调查结果来看，在喜欢的课外任务类型上，有很多初、中、高级组学生都提到在课堂个人分享展示的相关活动。可见学生在汉语表达上有着较高的诉求。此外，很多初级学生喜欢购物任务、烹饪任务等与生活相关任务，这类任务的语言表达要求不高且任务较有趣。而很多中级学生喜欢合作调查任务，这类任务指向性强且有着丰富的经历分享空间。有些高级学生喜欢实际操作类的任务，比如之前提及的社团招新，有些喜欢辩论类任务。这些任务竞技性强且对于汉语口语的锻炼也充分。

2. 教师的访谈分析

此次教学实践共邀请了5位汉语教师进行了教学实验，5位汉语教师教龄都在2～5年间，都有丰富的教学经历与较高的教学热情，对此次教学实验也都非常配合。教学过程中笔者也积极与5位教师进行了课外任务相关的探讨，并合作设计许多课外任务。在教学实验后，笔者对5位教师进行了访谈，具体访谈问题如下：

问题一：通过上下学期的对比你觉得学生的变化大吗？大的话是由于课外任务吗？

问题二：你觉得上下学期对比，学生提高明显吗？（如果教师回答提高了，询问其提高哪些方面）

问题三：你觉得课外任务在教学时使用方便吗？（如果教师回答不方便，询

问主要不方便在哪儿）

问题四：你在今后的教学中会继续布置课外任务吗？

问题五：在半学期的课外任务实践后，你有哪些体会与建议？

通过教师访谈，发现教师们对于课外任务总体是较为认可的。只是由于综合课教学内容多、教学任务重，在教学时教师有时缺乏时间和精力来实施课外任务。当然，教师可以利用课余时间提前设计一些任务模块，如调查任务、侦探任务、操作任务等，也可以在设计任务中利用教材中提到的任务帮助设计，由此减少任务设计的时间。而课堂上的任务后环节，教师可以通过有选择性的展示以节约展示时间，并利用下课时间进行任务的检查。

总之，此次课外任务的教学实践符合了预期设想，证明教学中实施课外任务对于来华留学生汉语学习有着一定的帮助。当然在实践中也反映出有些任务较为多余，学生感觉枯燥；有些任务较难，学生难以完成；有些任务实施的时间太长，影响教学时间等问题。依据这些问题，课外任务及其实施过程还需要进行改进。此外，由于学生的数量有限以及教学中的变量太多，此次教学实践没有给出具体的成绩数据以证明课外任务的优势。

四、课外任务教学实验

（一）实验设计

本次的实验时长为一学期，采取平行班对照比较的方法，通过控制变量以突出课外任务与传统课外作业的比较。平行班选择了江苏农牧科技职业学院的两个一起进校的印尼班级。两个班级除专业选择不同以及学生人数分别为22人与23人外，其他各项条件都差不多。为保证实验的客观，两个班在教学内容、教学方法以及教学进度上都保持一致，只对课外任务与传统课外学习方式（作业、背诵自主学习为主）进行区分，并在期中与期末设置了考试以进行比较。

确定好实验计划后开始教学实验。对照组与实验组的教材皆为《发展汉语：初级综合1》，课堂教学的方法也基本一致，只有在课前导入部分，实验组主要通过总结课前任务进行导入，而对照组采取正常导入。下面先概括性介绍实验组的任务设置。

实验组的课外任务主要分为三类：课前任务、课后任务以及课外拓展任务，其中有时课前与课后任务有所交叉。课前任务方面，前期由于学生的汉语能力有限，所以任务布置较为简单，主要设置常规任务，如制作生词卡，每节课上学生展示生词卡并进行评选找出最美生词卡。此外，学生要会读出生词卡，每次课上都会随机挑选学生进行检查。随着学生学习一些简单句子后，生词卡的任务逐渐减少，话题查阅的任务渐渐变多，即让学生每次课前对教师事先从课文中找出的主题词进行查阅和了解，并在正式上课前进行分享。随着学生进一步学习的深入，逐渐开始实施一些调查任务，如《暖气还没修好》这课前，设置"课外找中国学生询问了解中国暖气使用情况"的任务。

课后任务方面：前期由于学生能力有限，所以主要让学生在复习后以完成课前任务为主，并安排一些如制作名片、准备自我介绍等简单的任务。学习一段时间后，就开始根据课文的主题布置不同的任务，有真实购物、家庭介绍、画地图、制定日程表等小型任务；有组织中文派对、节日策划等大型任务。此外，还设计了一个长期的任务：中文学习日记，即让学生在能够写简单句子后，就开始写中文日记，一开始可以写一些简单的名词和短句，到后来要求学生尽可能写一些长句子。在学期结束时，展示并评选出最美日记、最佳汉语学习者等奖项。

课外拓展任务方面：首先组织中国学生志愿者建立了汉语角社团，然后，在征得学生同意的情况下让实验班学生集体加入了社团，并邀请其他班级的留学生参与其中。在活动方面，社团会时常组织汉语交流以及学习答疑等。此外，每周六，社团会举行"一周汉语秀"活动，即让学生每周在社团活动中心表演汉语节目或者分享所学习的汉语。为提高学生积极性，笔者将社团组员分为4组，每组负责一周的汉语秀活动安排，包括节目安排以及人员邀请等，志愿者可以提供帮助。每四周即一个月后进行月度总结，选出最佳的团队和节目。除了这项长期性活动外，其他的课外拓展任务还有联合学校其他社团安排的二手衣服义卖、中国武术推广等。

在实施以上任务的基础上，制作了各个学生的任务档案袋。对于每次任务完成较好的学生给予称号且记录于档案袋，并将学生活动的照片也放置其中，以便于学期总结。

（二）实验结果与分析

此次实验中，课外任务的实施情况较好，学生积极性和任务完成度都非常高。而且实验后从学生的反馈情况来看，实验组学生无论在语言的表达还是汉字书写，甚至交际能力等方面普遍比对照组要好。下面对对照组和实验组在学习积极性、课后作业（任务）完成情况、学生成绩三个方面进行比较分析。

1. 学习积极性

学习积极性方面，对照组与实验组学生在学习初期情况都差不多，四分之一的学生学习非常积极,一半学生学习较为积极,四分之一学生学习较被动。实验前期,两班由于课外任务与课外作业实施情况差不多,多以课前预习准备与课后复习为主,所以在学习积极性上变化不大,当然在生词卡制作和名片制作等具有一定创造性的任务时,实验组学生的整体积极性比对照组学生高得多。等学习进行一段时间后,随着任务逐渐多样起来,实验组学生的积极性开始出现变化,学习积极性一般的学生比原来积极得多,一些学习比较被动的学生也有一些积极表现了,当然,仍然有些学生学习比较懈怠。在通过与这些学生交流后发现,这部分学生有些是由于语言基础差,有些是缺乏学习动力。而对照组的学习积极性则变化不大。随着教学实验进入中期,这时,实验组学生的上课积极性很高,发言踊跃,受到周围学生的影响,原来较被动的学生也变得积极起来。而对照组学生学习积极性也有所提高,但主要还是以中游学生提高为主。到实验后期,实验组的学生课堂情况比中期又好了些,但由于这时创造性分享信息的任务多了,有些学生出现偷懒的现象,学习积极性有所下降。而对照组,与中期相比,学生的学习积极性整体结构变化不大。综合上述分析,课外任务在对学生学习积极性的提高上帮助较大,尤其对于学习基础较好但学习缺乏动力的学生提高尤为明显。但由于有些任务对学生要求较高会导致学生出现畏难情绪。

2. 课后任务(作业)完成情况

总的来说,实验中实验组与对照组课后练习完成情况都较好。实验前期,课外任务与作业都比较简单,所以完成情况都不错,学生基本都能够达到要求。实验中期,随着课外作业难度的提高,对照组学生中出现了一部分学生难以完成任务的情况,而实验组中由于中期的任务较多样,课外任务的完成情况不太一致,开放性较强的任务完成情况较好,而汉语要求较高的任务如写作类任务,学生完成情况参差不齐,基础差的学生完成度不太高且句法错误较多。到实验后期,实验组的学生任务完成情况比中期又好了些,这主要是由于到教学后期分组合作学习的任务变多,一些学习基础好的学生会主动帮助基础差的学生提高汉语能力。而对照组,课外作业的完成情况出现了较大差距,学习情况好的学生作业完成情况较好,学习情况不好的学生作业完成度较低,有些甚至没有完成作业。

3. 学习成绩

学习成绩上,本次的实验中实施了期中与期末两次考试,并记录学生的考试成绩以进行比对。在实验前即两班学生入学前,也进行了简单测验。由于两个班都在印尼集中学了三个月汉语,学生都有些汉语基础,实验班与对照班在学习基础上是基本一致的。表2、表3是实验后两组的实验成绩统计。

表2 期中考试两组成绩

分数段	实验组（人数与占比）	对照组（人数与占比）
100~90	4（18%）	3（13%）
89~80	7（32%）	8（35%）
79~70	7（32%）	8（35%）
69~60	3（14%）	1（4%）
59~0	1（4%）	3（13%）
平均分	80.18	78.74

表3 期末考试两组成绩

分数段	实验组（人数与占比）	对照组（人数与占比）
100~90	7（32%）	5（22%）
89~80	7（32%）	7（30%）
79~70	6（27%）	5（22%）
69~60	2（9%）	4（17%）
59~0	0（0%）	2（9%）
平均分	83.91	78.65

总体来说，期中考试前即实验前中期，课外任务与传统课外学习相比教学效果要略好一些，但也看出对于中上水平学生，课外任务与传统课外学习在成绩体现上差距不大。据观察分析，这主要是由于前期教学主要以字词与简单的句子学习为主，课外任务的实施与传统课外学习的路径差异不大，对学生来讲传统课外学习效率甚至更高。因此，这也解释了为何对照组最高分97甚至比实验组96还高。当然，课外任务对汉语基础较差的学生还是体现出一些优势，由于前期的任务较为简单，也容易激发学生的学习热情，故一些基础较差的学生能够在任务中得到提高。

从期末成绩来看，实验组的分数比期中分数有所提高，高分数学生由18%提高至32%，而且从整体来看，学生的分数进步了，有77%的学生分数有了提高，其中，许多处于中间的学生进步了，尤其是低分段学生进步非常明显，进步最为明显的一个学生由61分提高到77分，而之前分最低的学生也由51分提高到63分。据观察，期中测试后汉语角活动越来越热闹，且活动中一些低分段学生还得到了表扬,因此提高了学习信心。此外由于有分组合作的任务,许多学习好的学生也主动给学习差的学生补课,所以学生在整体上都有了提高。而且从期末考试最后一道开放性写信题目来看,实验组学生在词汇使用与表达形式上都比对照组丰富得多。可见,课外任务对学生学习积极性与学习效果提高有较为明显的作用,特别是在帮助学习基础较差的学生方面,课外任务尤其是合作类的课外任务有着较大的优势。而对照组期末成绩与期中相比,平均分比期中略低,虽然高分段学生有所增加,但低分学生也比期中多。综合学生的学习情况不难看出,由于传统的课外学习方式较为枯燥,许多学生逐渐失去学习兴趣,课堂学习效果较差,而基础较差的学生由于不能完成课后作业,教师在课上讲解后仍然不能完全弄懂,进而导致有很多知识点都不能掌握。当然也有部分学生学习基础好课堂反应较为积极活跃,课外学习也认真,因此学习成绩一直保持较好。

经过期中与期末实验组与对照组的成绩比对,课外任务无论在学生成绩的提高还是学习积极性的提高方面皆表现得比传统的课外学习要好。当然,也不能否认,对于学习基础较好的学生,传统课外学习方式效率较高,对学习的帮助也很大。但从学生整体提高上来讲,本次的实验充分证明课外任务有着更大优势。

(三)实验小结

本次教学实验,实验组学生学习动机的激发、学习方式方法的改进、学习成绩等方面都表现出了优势,从而进一步证明了课外任务的可行性与意义。当然在实验中也发现一些问题值得思考。

任务设计上,由于前期学生的汉语水平较低,所以课堂延伸型任务主要以简单的操练性任务和课前预习课后复习为主。有些设计的任务如生词卡任务在目的上与课外作业异曲同工,但费时却较多。所以如何提高任务实施效率,从而既能照顾学生兴趣又能节约时间,这还需多思考。

任务实施上,首先学生参与积极性总体是较高的,但也有极个别学生在前期的资料准备任务与中后期写作的任务上有些消极。因此,与作业一样,课外任务的实施也需要适时的鞭策与鼓励让学生完成任务。实验中发现任务档案袋与每周任务评选对于激励任务的完成有着较好的效果。当然学生兴趣不高也需要教师反思任务的设计上是否存在难度过高或者任务较为枯燥等问题。此外,课外任务实施过程中,由于学生较多,一些校外任务如采访任务难以管理。对此,笔者在实验中也邀请了志愿者参与管理,采用分组方法,小组长负责制,效果较好。

任务评估上,由于班级学生较多,教学者不一定每次都能全面评估每个学生的任务完成情况。在教学实验中发现通过量化评分细则让小组长辅助打分或小组交换进行评分能一定程度解决教师时间不够的问题。

总之，综合分析本次实验，课外任务总体效果理想，虽然在局部细节上仍需要教学实践的反复试验以进行改进，但不可否认，教学中引入课外任务非常有意义。建议教师在教学中多运用课外任务以帮助学生提高汉语能力与学习积极性。由于时间的限制，对于课外任务的研究也还不全面，存在着极大的后续研究空间。希望能有更多研究者关注，不断完善课外任务的研究。

母语非汉语学习者介词"从"偏误情况之考察

聂羽菲[①]

引　言

从语义层面看，介词"从"在现代汉语中可以标记处所、时间、方面、范围和依据等语义成分。从句法层面看，介词"从"必须介引其他实词或短语构成介词短语才能充当句法成分。介词"从"可以和方位词、动词等构成介词框架，充当定语、状语、补语等句法成分。对现代汉语介词"从"、"从"字结构以及"从"类介词的本体研究，学界主要集中在介词介引宾语成分的现象[②]，运用结构主义语言学的分布理论、三个平面语法理论、认知语法理论、语法化理论以及语言类型学的相关理论，从共时现象和历时发展等角度探讨"从"类介词和相关介词框架的语法化[③]。

介词"从"用法的多样性使得母语非汉语学习者在习得介词"从"用法的过程中经常出现偏误。崔希亮[④]、李珊[⑤]、李建慧[⑥]分别论及了欧美、泰国和越南留学生使用介词"从"的偏误情况。此外，《汉语国际教育用音节汉字词汇等级划分》[⑦]普及化等级中，表时间、处所、方向的七个介词，母语非汉语学习者介词"从"的使用次

[①] 聂羽菲，扬州大学汉语国际教育博士研究生，重庆邮电大学移通学院讲师，主要研究方向为汉语国际教育。

[②] 金昌吉. 汉语介词和介词短语 [M]. 天津：南开大学出版社，1996. 傅雨贤, 周小兵. 现代汉语介词研究 [M]. 广州：中山大学出版社，1997. 陈昌来. 介词与介引功能 [M]. 合肥：安徽教育出版社，2002. 张谊生. 现代汉语虚词 [M]. 上海：华东师范大学出版社，2000.

[③] 胡彩敏. 介词"从"和"从"字结构研究 [D]. 上海：上海师范大学，2008. 张会兰. "从"类介词研究 [D]. 上海：华东师范大学，2009. 孙琳娜. "从"字句研究综述 [D]. 长春：东北师范大学，2010.

[④] 崔希亮. 欧美学生汉语介词习得的特点及偏误分析 [J]. 世界汉语教学，2005（3）：83-95, 115-116.

[⑤] 李珊. 泰国学习者汉语常用介词偏误分析 [D]. 广州：暨南大学，2008.

[⑥] 李建慧. 越南留学生常用介词偏误分析 [D]. 桂林：广西师范大学，2004.

[⑦] 国家对外汉语教学领导小组办公室. 汉语国际教育用音节汉字词汇等级划分 [M]. 北京：北京语言大学出版社，2010.

数仅次于介词"在",位列第二,而偏误率较高,居第四。白荃①、曲宏欣②分别从语义功能、介词短语结构和句法成分三方面对外国留学生介词"从"的偏误进行了分析。对于"从"与其他介词的对比研究主要有面向对外汉语教学的介词"在"和"从"的对比研究③。

综上,学界对汉语介词"从"、"从"字结构以及"从"类介词的本体研究成果丰富,而从汉语国际教育或对外汉语教学角度研究汉语介词"从"的对比分析和偏误分析文献相对较少。本文拟在前人研究成果的基础上,以北京语言大学HSK动态作文语料库为偏误语料来源,较为系统地分析留学生学习介词"从"的偏误类型,为介词"从"以及"从"类介词的对外汉语教学提供参考。

母语非汉语学习者使用介词"从"的偏误可以分为两大类:一类是未能全面准确地把握介词"从"本身的意义和用法而产生的偏误,本文称为词语偏误,可以分为误代、冗余和遗漏三类;一类是由介词构成的介词短语使用的偏误,本文称为结构偏误,可以分为介词框架不完整和介词短语语序不当两类。

一、介词"从"的词语偏误

(一)误代

"误代"偏误指的是该用甲词语而误用了乙词语的现象。HSK动态作文语料库中与"从"有关的误代偏误情况如表1所示。

表1 介词"从"的误代

	介词					动词、副词、连词			其他
当用词	在	跟	由	对	用	受	到	分为	
偏误数	50	18	17	13	11	2	2	2	系统重复标记;系统标记介词"从"不属于误代
当用词	离	以	因	自从	把	听	看着	作为	
偏误数	6	6	5	4	3	1	1	1	
当用词	因为	让	通过	连	向	在于	刚		
偏误数	2	2	2	1	1	1	1		
当用词	当	关于	对于	与	依据	从而	就		
数量	1	1	1	1	1	1	1		
总数	146					13			14
比例	84.48%					7.47%			8.05%

---

① 白荃. 外国学生使用介词"从"的错误类型及其分析 [J]. 北京师范大学学报 (社会科学版), 1995 (6): 95-97.

② 曲宏欣. 汉语学习者介词"从"的偏误分析 [J]. 长春工程学院学报 (社会科学版), 2010, 11 (4): 82-85.

③ 李彩凤. 面向对外汉语教学的介词"在"与"从"的对比研究 [D]. 广州: 暨南大学, 2011.

从上表中我们发现，介词"从"与其他介词混用的偏误比例最高，占84.48%；而与动词、副词和连词的混用所占比例并不是很大。其中介词"从"与"在"的混用次数最多。

1. 介词"从"与"在"的混用

介词"从"与"在"在表时间、处所、范围、条件等方面都有混用现象。

"从"与"在"都可以表时间，"在"介引的时间是动作行为发生或状态出现的确定时间或时间点，"从"介引的时间是动作行为发生或状态出现的时间起点。如：

（1）在｛CC从｝此之前，我从来没碰到过真正理解中国人的大学老师。①

"在"表示确定的时间点，没有时间起点之意，所以"从"应改为"在"。当表示动作发生的某一比较确定的时间或某一时间点时，只能用"在"，不能用"从"。"从"介引的时间是动作发生的时间起点，并有向后持续延续的意思。

"从"与"在"都可以表处所，"在"介引动作行为发生或状态出现的场所，而"从"介引的处所是动作行为移动的起点位置、经过点位置或路线。所以当介引事物场所时，只能用"在"，不能用"从"。如：

（2）在｛CC从｝集体生活中，人们往往产生想依靠别人，占便宜那样的坏思想。

上例中"人们产生想依靠别人，占便宜那样的坏思想"这一动作行为发生的场所是"集体生活"，它不表示动作行为移动的起点或路线。

介词"从"和"在"也都可表范围，其后都可以加名词或名词性词语。"从"跟名词或名词性词语组合，一般要构成"从……到……"的格式，如"从小孩到大人都参加了劳动"。当"从"直接跟名词或名词性词语组合时，一般表示凭借或根据，如"从实际情况出发""从脚步声就能听出是你"。而"在"一般跟名词或名词性词语组合，构成介词框架"在……方面"表范围。如：

（3）对服装设计这一门学问是从小就感兴趣的，特别是对女性服装的设计，这也由于我个人的身材矮小，故专读此科可以在｛CC从｝服装方面突出我自己。

用介词"在"和"从"的意义是不同的。"服装"为名词，嵌入介词框架"在……方面"表示服装这一方面能够突出自己。"服装方面"为名词性短语，如果用作介词"从"的宾语则表示凭借或依据服装突出自己。由语境可知，用介词"在"更好。

介词"在"还可以表示条件，构成"在+动名词短语+下"的格式，用在动词或主语前作状语。而"从"没有这种用法。如：

---

① CC表示错词，"｛ ｝"内的"从"是误用词，其前的"在"是当用词，以下同此。

(4) 当然病人自己没有意识的情况下要下决定的时候也有，所以在｛CC从｝平常的情况下，家属之间要讨论这事，而且在书面上记下来。

此例中"家属之间要讨论这事，而且在书面上记下来"的条件是"在平常的情况下"，"在平常的情况下"这一介词短语位于主语"家属之间"前，作句首状语。

2. 介词"从"与其他介词的混用

介词"从"除经常与介词"在"混用外，还与"跟""由""对""用""离"等20个介词出现混用现象，其中与"跟""由""对""用""离"混用的偏误例较多。

现代汉语中介词"跟"可以直接与表示人的名词或代词组合，表示动作所涉及的对象或动作的对象。如：

(5) 我还没从事过这项工作，可我父亲就是上海康乐宫的导游，我跟｛CC从｝他学会了很多，所以可以说我也有一点经验。

上例中"他"是"我"学习的对象，而介词"从"没有引进动作行为对象的功能，应该改用介词"跟"。

在语料库中由于作文的命题所限，出现的此类偏误现象大多是"从＋（自己）父母/代词（我/他/他们/谁）"，"从"附着的指人的名词性词语多为动作行为涉及的对象，因此应改成"跟＋（自己）父母/代词（我/他/他们/谁）"；或者可以分别改成"从＋（自己）父母＋那（里）""从我这儿"和"从＋他/他们＋那（里）"。如：

(6) 父母要他们的孩子变成有好习惯的人，有责任感的人，会做好事的一个人，他们就要控制他跟｛CC从｝谁学习。

句中代词"谁"是泛指，只能用介词"跟"介引动作所涉及的对象。

介词"由"可以表示方式、原因或来源，跟名词、动词组合。而介词"从"没有此用法，所以以下例句只能用介词"由"，不能用"从"。如：

(7) "代沟"的问题是由｛CC从｝缺少沟通、了解、谅解对方而引起的，因此我们一定要多沟通、了解、谅解对方，这个问题就不会再出现了。

介词"对"有表示对待之意，而介词"从"没有此用法。如：

(8) 首先是对｛CC从｝个人的健康有很多的坏处。

介词"从"可以与"来说"等构成介词框架，介词"对"也可以构成介词框架"对……来说"或"对……而言"等，但两类介词框架所表示的意义有区别。如：

(9) 所以"安乐死"是非常难的话题，也许这些话题就是对｛CC从｝人类而言进退两难的东西吧！

此句中"人类"看待"这些话题"都是"进退两难的东西",并且介词"从"一般不与"而言"构成介词框架。介词"从"一般组成介词框架"从……来说"表范围、方面,没有看待某一事物之意,所以只能用"对",不能用"从"。

"用"有动词和介词两种用法,动词"用"表示使用,可带宾语,充当谓语;可带"了、着、过",可重叠。如:买一套设备用了不少钱。介词"用"最常见的用法是构成介词短语"用……来……"表示动作行为的工具、方式或手段,充当状语。可带名词宾语,用在连动句的前一部分,"用+名词"表示后一动作所凭借的工具、方式或手段。而介词"从"没有此用法。如:

(10)引导我的思想,用{CC从}种种的方法来使我敢于发表自己的意见。

介词"从"表示起点,而"离"表示相距(多远或多久),以下都是表两地相距的距离近或者远,只能用"离"而不能用"从"。如:

(11)跟爸爸一起去的地方,比如说动物园、游泳池、离{CC从}家很近的公园等,给我留下了很深的印象。

句中"很近"表示空间距离,现代汉语中表示两个地点之间距离的远近常用"A离B……"的格式,而介词"从"不能用于表示空间距离。

3. 介词"从"与动词、副词和连词的混用

介词"从"与相关介词的混用偏误较为常见,而与动词、副词和连词等的混用相对较少。在我们检索到的语料中,介词"从"与动词"受""到"和"分为"的混用偏误各有两例,与"看着""作为""听""在于"等动词混用分别出现1例。介词"从"只与副词"刚"出现1例混用,与连词"从而"和"就"也各出现1例混用。介词"从"与动词、副词和连词的偏误比例只占7.47%。在介词"从"的使用方面并不具有典型性和代表性,我们就不一一分析了。

(二)冗余

"冗余"指的是不应该使用某词语而误用的现象。HSK动态作文语料库中与"从"有关的冗余统计结果如表2。

表2 介词"从"的冗余

偏误类型		偏误数		比例	排序
介词"从"与其他介、连词重复		10		5.78%	5
误加在时间名词、副词和代词前	误加在作状语的时间名词前	31	34	19.65%	3
	误加在副词前	2			
	误加在代词前	1			
误加在"是"字句的宾语前		25		14.45%	4

(续表)

偏误类型		偏误数		比例	排序
介词"从"造成主语残缺	造成大主语残缺	31	42	24.28%	2
	造成小主语残缺	6			
	误加介词框架,造成主语残缺	5			
固定搭配,介词"从"冗余		4		2.31%	6
误加在谓语和宾语等句法成分前	谓语成分中误加介词"从"	10	58	33.53%	1
	宾语成分中误加介词"从"	13			
	系统标记误加介词"从"	35			

我们把介词"从"的冗余分为六大类,其中误加在谓语和宾语等句法成分前,误加"从"造成主语残缺和误加在时间名词、副词和代词前这三类偏误现象较多。

1. 误加在谓语和宾语等句法成分前

现代汉语介词属于前置词,必须附着某个实词或短语的前面构成介词短语才能充当状语等句法成分,不能单独使用,也就是说现代汉语介词不允许悬空。通过对语料库中相关语料的调查,我们发现有些"从"直接用在体词性词语或谓词性词语前,但并不能与这些词语构成介词短语。如:

(12)其实,经常碰到困难,比方说,我这年七月份{CD从}留学回来了。①

句中介词"从"表动作行为"回来"的起点,后面必须加时间或处所词语组成介词短语作状语,而"留学"是动词,作谓语,动词不能与"从"组成介词短语作状语。

2. 误加介词"从"造成主语残缺

误加介词造成句子主语的残缺,主要有三种现象:造成大主语残缺,造成小主语残缺和误加介词框架,造成主语残缺。这类偏误不仅是母语非汉语学习者介词使用偏误中常见的现象,即使是母语使用者,此类错误也较为常见。

介词"从"与名词性词语组成介词短语,作状语常常造成大主语残缺。名词性词语要在句中作主语,所以介词"从"应删去。如:

(13)逐渐习惯中国的生活习惯的时候,{CD从}家里来了一封信。

句中"家里"在句中作主语。

介词框架"从……上/中/里"在句中作状语,使整个句子缺少主语,所以介

---

① CD为多词,"{ }"内的"从"是冗余词,以下同此。

词框架应删去。如：

(14) {CD 从}"和尚挑水……"一文 {CD 中}，让我联想到凡事别期望任何人来帮你做，想喝水就去挑、去扛、去提，何必假手于人，贻人笑柄。

(15) {CD 从}"三个和尚没水喝"的故事 {CD 里}，令我联想到人类自私的一面。

以上两例中介词"从"组成"从'和尚挑水……'一文中"和"从'三个和尚没水喝'的故事里"介词框架作状语造成主语残缺。"和尚挑水……"和"三个和尚没水喝"应在句中作主语，"让我"和"令我"是介词短语作状语，不充当主语成分，所以应删去介词框架"从……中"和"从……里"。

3. 误加在时间名词、副词和代词前

汉语中表示时间的时点名词可单独作状语。介词"从"主要用于介引时间起点，时间名词表时间，不表时间起点时，不需要介词"从"介引。因此，下面句子中的"从"都应该删掉。如：

(16) {CD 从} 九年以前，我刚开始学习汉语的时候，我认识了一位从中国南京来的老师。

也有误加在副词或代词前的现象出现，但并不常见。如：

(17) 然后原来在庙里住的和尚说："我 {CD 从} 一直住在这个庙里。"

除此之外，"是"字句是由"主语＋是＋宾语"组成，其中"是"作谓语，"是"后面的成分作句子的宾语，不需要用介词"从"介引。如：

(18) 他爸爸是 {CD 从} 中国广东的谋生人，二十世纪初到了美国。

除部分介词框架外，"从"类介词短语不能充当定语。如上例"从中国广东"不能充当定语。另外，此句作者可能将"从"与"来自"的用法混淆了。"来自"可以表示为介词框架"自（从）＋地点名词＋来"，可作定语。"来自中国广东的谋生人"即为"自（从）中国广东来的谋生人"在句中作宾语，介词框架"从中国广东来"作"谋生人"的定语。

"……的话""有史以来""就……来说""除了……之外"都是汉语的固定搭配，在句中是插入语或作独立成分，不应添加介词"从"。如：

(19) 我觉得如果我是那个例子当中的丈夫，{CD 从} 他要求安乐死的话，他当然会受到别人的批评。

句中"他要求安乐死的话"是独立成分，在句中不作任何句法成分。

（三）遗漏

词语偏误中的"遗漏"指的是该用某词语却没有使用的现象。HSK 动态作文语料库中与"从"有关的遗漏偏误情况如表3。

表3 介词"从"的遗漏

偏误类型		偏误数		比例	排序
遗漏地点介词"从"	介引起点位置	5	23	8.49%	6
	介引经过点位置	18			
遗漏时间介词"从"	"从……起/开始"	23	46	16.97%	4
	"从……后/以后/之后"	7			
	"从……到(至)……"	16			
遗漏方面介词"从"	"从"介引某个方面	10	51	18.82%	2
	"从……来说(讲)/的话/说起"	25			
	"从……(的)方面"	10			
	"从……(的)角度"	6			
遗漏依据介词"从"	"从"介引凭借,根据	2	74	27.31%	1
	"从……上"	10			
	"从……(来)看"	62			
遗漏范围介词"从"			30	11.07%	5
系统标记缺介词			47	17.34%	3

从表3可知,母语非汉语学习者使用汉语介词"从"介引时间、地点、方面、依据和范围时都有遗漏现象出现,其中表时间、方面和依据的遗漏现象所占比率较高。

1. 遗漏地点介词"从"

介词"从"用来介引事物运动或动作行为发生的起点位置,跟处所词语、方位词语组合。一般介词短语后的动词为"来""出来""回来"和"走"等表示位移趋向的动词。如:

(20) 起初母亲托我××阿姨的时候,我大哭得厉害,后来晚上母亲接我走的时候,我不愿意{CQ从}阿姨家出来了。①

趋向动词"出来"所表示的位移方向通常可以与表示位移起点的处所词语共现,上例中"阿姨家"正是"出来"的起点,应该用介词"从"标示。

介词"从"可以介引事物位移运动经过的位置,表示经过的路线、场所等。如:

---

① CQ为缺词,"{ }"内的"从"是缺词,以下同此。

(21) 5年半以前，我自己{CQ从}当时上的大学退学了。

上例中介词"从"应引进路径"当时上的大学"，表示动作行为"退学"经过的场所。

2. 遗漏时间介词"从"

介词"从"也可以跟时间词语、动词短语或小句组合引介时间的起点，主要有以下几种结构形式：

① 介词框架"从……起/开始"

"从"常常与动词"起"或"开始"配合构成介词框架，表明时间起始点。如：

(22) 快乐家庭旅游公司招聘启事快乐家庭旅游公司是第一旅游公司。在北京，我们{CQ从}1988年的10月开始，现在一年一年不断地发展。

上例中介词"从"与时间词语"1988年的10月"构成介词框架"从1988年的10月开始"表示"发展"的起点时间。

② 介词框架"从……后/以后/之后"

表时点的介词"从"还可以与"后""以后""之后"等方位词组成介词框架"从……后/以后/之后"。如：

(23) 我是{CQ从}安卡拉大学毕业以后到中国来学习古代汉语的。

句中介词"从"与"安卡拉大学毕业"构成介词框架"从安卡拉大学毕业以后"，表示"到中国来学习古代汉语"的起点时间。

③ 介词框架"从……到（至）……"

介词框架"从……到（至）……"表示由一个时点到另一个时点，整体表示由起点到终点的一段时间，该介词框架还可以表示某个发展、变化的过程。如：

(24) 他每天{CQ从}早晨七点干工作到很晚。

句中"从早晨七点到很晚"表示由起点"早晨七点"到终点"很晚"，这一段时间都在"干工作"。

3. 遗漏方面介词"从"

介词"从"介引某种话题和动作行为涉及的某个方面时，具有选择或限定某种话题的意味。此时的介词"从"具有一定的句法强制性。如：

(25) 人们一般适应现在生活，按照现在生活，可以说人们未来的梦都差不多，{CQ从}这一方面来说，她的梦非常特殊。

句中"她的梦非常特殊"这一论断局限于"这一方面"。介词"从"常常组成介词框架"从……来说（讲）/的话/说起/方面/角度"介引某种话题和动作行为涉及的方面。

4. 遗漏依据介词"从"

介词"从"表示凭借、根据时,经常附着于名词性词语前,"从"所介引的依据成分是动作行为实施所依照的标准、前提和基础。如:

(26) 很多孩子可以看得出是他父母的"克隆",因此在很多方面,{CQ 从}孩子的直接反应就可以看得出他的父母是个怎么样的人。

句中介词"从"所介引的"孩子的直接反应"正是说话人判断"他的父母是个怎么样的人"的依据。

5. 遗漏范围介词"从"

介词"从"表动作行为以及主体、客体等所涉及的某种范围,跟名词、动词或小句组合。范围介词"从"表示某种范围的起点。如:

(27) 这种不好的想法呢,我们应该要{CQ 从}自己的身边消除。

上例应该添加范围介词"从"介引"自己的身边",表示"消除这种不好的想法"的相关成员从"自己的身边"开始。

二、介词"从"的结构偏误分析

与词语偏误不同,结构偏误指的是"从"类介词框架后置成分缺失和"从"类介词短语与其他词语位置错误。在 HSK 动态作文语料库中,介词"从"的结构偏误主要有两种类型,一是由"从"构成的介词框架不完整,二是"从"类介词短语的语序不当。

(一) 介词框架不完整

1. 缺少动词"开始"和"起"

介词"从"介引时间起点构成介词短语必须附着于谓语动词才能作状语,不能像时间名词"今天"这样独立作状语。如:

(28) 从我记得我在生活中走自己的第一步{CQ 开始},爸爸总是和我在一起。我知道他非常爱我,并不因为我是他的独生女,而是他对每一个孩子都是这样,总是很关心。①

例句中介词"从"与"我记得我在生活中走自己的第一步"这一时点组成介词短语,必须附着于由"开始"充当的谓语动词才能作状语,表示"爸爸总是和我在一起"开始的时间是"我记得我在生活中走自己的第一步"。

---

① CQ 为缺词,"{ }"内的词是缺词,以下同此。

2. 缺少方位词

白荃《外国学生使用介词"从"的错误类型及其分析》曾分析过下面一组病句①：

(29) ＊妈妈从飞机走下来了。

＊快八点了，他才从床起来。

＊我从他的手接过那封信……

＊我从书包拿出课本和笔记本……

＊我从心感谢她。

＊他们从海度假回来了。

表示国名、地名、单位名称的名词以及少数普通名词（如"学校、工厂、银行、商店、市场、电影院、剧场、操场、家"等）可以直接用作"从"的宾语。他们的后边不需要方位词，如"他从英国来""我们从北大去清华""你从银行取出一千元来""从我们家去火车站最多只要半个小时""他从电影院一直走回学校来"。大多数普通名词一般要跟"上、中、下、里、外、边"等组合方位短语，用在"从"的后边，构成"从……上""从……中""从……下""从……里""从……外""从……边"等格式。表示动作行为的空间起点或某种抽象意义。

我们再看以下偏误例：

(30) 而从另一个角度，我又从这三个和尚｛CQ身上｝看到了人类的丑陋。

此句中"这三个和尚"是普通名词，不能作介词"从"的宾语，也不表示空间起点，要添加方位词"上"构成方位短语"这三个和尚身上"才能与介词"从"构成介词框架。

3. 缺少"从"类介词框架

以下偏误例都是应该使用"从"类介词框架，却没有使用：

(31) 我想｛CQ从｝这点｛CQ来说｝，我会肯定我的父母也是我的第一任老师。

(32) 当然，每个人的看法是不一样的，但是｛CQ从｝政府对抽烟的人出台的一些规定｛CQ来看｝，还是反对抽烟的人多。

前一例缺少了介引选择或限定"这点"话题的"从……来说"。后一例"政府对抽烟的人出台的一些规定"正是说话人判断"反对抽烟的人多"的依据，所以应该使用"从……来看"来介引说话人的依据。

---

① 白荃. 外国学生使用介词"从"的错误类型及其分析［J］. 北京师范大学学报（社会科学版），1995（6）：92-97.

（二）介词短语错序

除了部分介词框架可以作定语外，"从"类介词短语只能在句中作状语，不能充当补语。以下偏误例都是将作状语的"从"类介词短语错放在动词后补语的位置上造成错序。如：

（33）人们需要一个自己的缓解压力、解脱｛CJX｝从社会的方式，所以我赞成人们听音乐，追求自己喜欢的歌手。①

例句中"从社会"不能作定语，而是充当动词"解脱"的状语，"从社会解脱"这一偏正结构作"方式"的定语。

"从……到……"这个介词框架中，起点介词"从"组成的介词短语在动词前作状语，而"到"组成的介词短语则在动词后作补语，常常构成："从＋起点时间"＋VP＋"到＋终点时间"。如：

（34）他每天｛CJX｝从早晨七点到很晚干工作。

例句中介词"从"介引起点时间"早晨七点"组成"从早晨七点"应放在"干工作"的前面，表示"干工作"开始时间是"早晨七点"，"到"介引终点时间"很晚"则应放在"干工作"后面，表示"干工作"的终点时间。

此外，我们发现，"从"类介词短语充当状语与其他状语共现时先后次序的偏误例。如：

（35）我今年七月份｛CJX｝从华东工业专科学校美术设计系就要毕业了。

例句中介词短语"从华东工业专科学院美术设计系"不应放在副词"就"和能愿动词"要"的前面。当副词、能愿动词与介词短语同时作状语时，副词和能愿动词应放在"从"类介词短语的前面。

结　　语

本文主要分析了 HSK 动态作文语料库中误代、冗余和遗漏三类词语偏误，与"从"有关的介词框架不完整和介词短语错序等结构偏误。

介词"从"的遗漏是偏误例最多的，并且涵盖了介词"从"介引时间、地点、范围、方面和依据等所有语义功能，这说明母语非汉语学习者未能全面准确地掌握介词"从"的意义和用法，可能采用"回避"策略而产生偏误。虽然介词"从"的误代偏误例没有遗漏偏误例多，但是介词"从"与其他介词、动词、副词和连词等多种词性都有偏误例出现，也说明了学习者并未完全掌握介词"从"

---

① ｛CJX｝表示错序，｛ ｝后为错放的介词短语，以下同此。

与其他词意义和用法的区别。而针对有关"从"类介词框架不完整大多数是整个"从"类介词框架的缺失，也就是说，应该使用"从"类介词框架而没有使用。"从"类介词框架后置成分缺失只有动词和方位词两类。而介词短语错序大多数是将作状语的介词短语错放在补语位置上。总的来说，与"从"有关的结构偏误在 HSK 动态作文语料库中只出现了 26 例，远远不及与"从"有关的词语偏误的数量多。

基于汉英对比的"正、在、正在"习得研究

徐 苗[①]

引 言

在学界,潘文娱最早对"正、在、正在"进行了专门研究。他指出这组词均可表动作行为在进行或持续,但各自语义的侧重点又有所不同。"正"重在表示动作进行所发生的时间。"在"重在表示动作进行时所呈现的状态。"正在"是"正+在"的组合,具备这两个词的特性,既可表时间,也可表状态[②]。后来学者继续展开对这组词的研究,但在汉英对比和习得研究方面仍然不足。因此,展开这两方面的研究很有必要。

一、"正/在/正在"及其相关搭配与英语相应表达的对比研究

学界一般把时间副词"正、在、正在"看成是进行体的标记,表示动作正在进行或状态持续,而英语中进行时态则是表进行和持续义的标记。那么这组词及相关搭配与英语相关表达的对应关系到底如何?这有待我们进一步研究。

(一)"正/在/正在"在英语中的对应表达形式

我们查找了300万汉英双向平行语料,共抽取带时间副词"在"的例句534条,带"正"的例句303条,带"正在"的例句198条,逐一分析它们在英语中的对应形式,统计结果如表1所示。

[①] 徐苗,扬州大学2017级汉语国际教育专业硕士,研究方向为第二语言习得。
[②] 潘文娱. 谈谈"正""在"和"正在"[J]. 语言教学与研究,1980(1):41-50.

表1 "正/在/正在"在英语中对应表达形式统计表

对应形式	正		在		正在		总计	
	频数	频率(%)	频数	频率(%)	频数	频率(%)	频数	频率(%)
一般时态	90	29.7	197	36.9	34	17.2	321	31.0
进行时态	179	59.1	244	45.7	129	65.2	552	53.3
完成时态	7	2.3	17	3.2	2	1.0	26	2.5
完成进行时态	2	0.7	27	5.1	6	3.0	35	3.4
其他形式	25	8.2	49	9.1	27	13.6	101	9.8
总计	303	100	534	100	198	100	1035	100

通过统计分析可知：

第一，"正、在、正在"在英语中的对应形式多样。英语中不仅可以依靠动词形式的变化来对应汉语中的"正/在/正在"，也可用"under/in/on/at+（冠词/物主代词）+名词"这样的介词短语与之对应，还可用现在分词V-ing、副词、形容词及其短语、名词短语等形式与之对应。

第二，"正、在、正在"都倾向于与英语中进行时态对应，其中"正在"对应进行时态的比例最高，约占总数的65.2%。这是因为"正在"兼具"正"和"在"的特性，既可以表示动作在某一时段内正在进行，也可以表示状态在某一时段内正在持续。这与英语进行时态表达的语义特征基本相似。

第三，当"正"强调动作"时点义"时，在对应的英语小句中常出现"just"等词，表示"恰好"在某一时刻正在发生某事。当"正"和"想""打算"等词连用时，表示现在或过去动作将要发生而尚未发生时，常与将来时、过去将来时对译。而"正在"和"在"则没有这样的用法。

第四、当"在"与"一直""总"这样表动作持续和反复发生的时间副词连用时常用英语中完成进行时态与之对应。当"在"与"已、已经"这样表已然意义的副词连用时则常用英语完成时态与之对应。

（二）"正/ 在/ 正在"与不同词组配时的英译情况

我们从300万汉英平行语料①中抽取例句来分析"正、在、正在"与不同词

---

① 本文的300万汉英平行语料来自《老人与海》《傲慢与偏见》《阿Q正传》《围城》《散文佳作108篇》《德伯家的苔丝》等十多部汉英对译的散文、小说，其中汉语语料约150万。

组搭配时的英译情况，分析结果如下：

第一，"正、在、正在"与句中时间词、表已然义、表范围义、表比况义、表强调义的副词共同出现时有着各自的搭配规则。一般情况下这些词在句中作状语时，均出现在"正、在、正在"之前，但对应的英语句中这些词出现的位置不固定，可出现在小句句首、句末，也可出现在句中 be 动词、助动词、情态动词之后，实义动词之前。因此，英语背景留学生使用这些词与"正/在/正在 VP"组配时，可能产生错序的偏误。

第二，"正/在/正在"其后搭配形容词、光杆动词的例子比较少，它们常和不同动词短语①搭配，在英语中对应不同的形式。"S＋正/在/正在＋述宾短语"常对应英语"SVO"结构。此时汉英两种结构基本一致，学生习得这个结构比较容易。"S＋正/在/正在＋状中短语"常对应英语 SVA 结构。由于汉语中状语都是放在谓语中心之前的，而英语中状语修饰谓语时一般后置，此时学生习得这个结构时容易受到母语负迁移的影响。"S＋正/在/正在＋并列短语"在英语中也常用并列结构与之对应。与汉语不同的是，英语中常用"and、or"等词引导并列结构，且省略重复的成分。"S＋正/在/正在＋述补短语/连动短语"这个结构在英语中一般译为 SVA 结构。此时汉英差距比较大，英语背景学生习得这个结构难度较大。"S＋正/在/正在＋兼语短语"这个结构常对应英语中 SVOC 结构。英语中有宾补这个概念而汉语中只有述补这个概念，英语背景学习者习得这个结构比较难。从汉语本身的角度来说，"兼语结构"也比较难掌握，所以我们认为"S＋正/在/正在＋兼语短语"这个结构习得难度最大。

二、"正/在/正在"使用情况考察

本文的中介语语料来自北京语言大学的 HSK 动态作文语料库，约 100 万字。我们采用的是穷尽性查找语料的方法，将 HSK 动态作文语料库中所有具有英语背景的留学生作文语料筛选出来，再抽取出有关时间副词"正、在、正在"的例句。在此基础上分析英语背景留学生习得这组词的情况，分析偏误例，探究偏误产生的原因。

---

① 韩力. 时间副词"正"、"正在"、"在"的优先序列研究［D］. 武汉：华中师范大学，2012.
韩力在论文中讲到"正/在/正在"后面所接动词分为"述宾短语""述补短语""状中短语""连动短语""并列短语"以及"兼语短语"等 6 种类型。

(一) 英语背景留学生"正/在/正在"使用情况统计说明

表2　英语背景留学生"正/在/正在"使用情况统计表

	实际例句	与"时间副词"有关的例句	正确例		错误例	
			频数	频率(%)	频数	频率(%)
在	8 051	308	175	56.8	133	43.2
正	158	75	49	65.3	26	34.7
正在	58	58	41	70.7	17	29.3
总计	8 267	441	265	72.7	176	60.1

在HSK动态作文语料库中检索到英语背景留学生使用带有"正"的句子158条，带有"在"的句子8 051条，带有"正在"的句子58条。其中，在"在"句中，留学生大多是把"在"作为介词使用，时间副词"在"的用法比较少。我们进一步筛选出了308条与时间副词"在"有关的句子、75条与时间副词"正"有关的句子以及58条与时间副词"正在"有关的句子。

由表2可知，英语背景留学生习得这组词的情况并不理想。时间副词"在"的正确使用例为175例，正确率为56.8%；"正"的正确使用例为49例，正确率为65.3%；"正在"的正确使用例为41例，正确率为70.7%。据此，可将留学生使用这组词的正确率排序为"正在＞正＞在"（这里"＞"表示高于）。

通过之前的研究，可以推测留学生"正在"习得情况较好是因为"正在"在汉语里词性单一，语义自足性比较强，可以单独搭配形容词、动词及动词短语使用。它兼具"正"和"在"的语义特征。而"在"的词性复杂，使用起来容易混淆。时间副词"在"的搭配规则也比较复杂，在英语中对应的形式也比较多样，所以不容易掌握。"正"作副词时有3种用法，学生在学习过程中容易混淆。"正"用作"时间副词"时也因其自身语义的特殊性，在使用过程中有一些限制，所以习得起来也比较困难。

(二) 英语背景留学生"正/在/正在"正确用例的统计分析

这里主要分析英语背景留学生使用"正/在/正在"与谓词性成分（包括形容词、光杆动词及动词短语）正确组配的情况，统计结果如表3所示。

表3　英语背景留学生使用"正、在、正在"与谓词性成分组配的情况统计表

谓词性成分	正		在		正在		总计	
	频数	频率(%)	频数	频率(%)	频数	频率(%)	频数	频率(%)
形容词	3	6.1	1	0.6	2	4.9	6	2.3
光杆动词	0	0.0	32	18.3	4	9.8	36	13.6
动词短语	46	93.9	142	81.1	35	85.4	223	84.1
总计	49	100	175	100	41	100	265	100

由表3可知，留学生使用"正、在、正在"与形容词组配的例子非常少，仅有6例，与光杆动词组配使用的例子也不多，共有36例，仅占总数的13.6%。通常情况下，学生多用"正、在、正在"与不同动词短语组配使用，共有223例，约占总数的84.1%。具体分析如下：

1. "正/在/正在"与形容词组配情况分析

"在、正在"常和表人心理的形容词连用，偶尔也会和表人或物状态的形容词连用，这样的例子不多。但是"正"则常和表示人的心理以及表人或物状态的形容词连用①，语料中发现2例这样的用法。例如：

（1）母亲在她二十一岁的时候生了我，那时她正年轻，处于精力旺盛的初成年期。

例（1）中"正"与表人状态的"年轻"搭配在一起，强调母亲在生我的时候处于年轻的状态。

在150万的汉语语料中查到"正、在、正在"与形容词搭配使用的例子共29例，但在英语背景留学生的作文语料中仅发现6例。我们推测"正、在、正在"搭配形容词的用法比较难以习得，学生常采用回避策略，不使用这种搭配。

2. "正/在/正在"与光杆动词组配情况分析

"在/正在"与光杆动词搭配使用的例子并不多，共发现36条。没有发现"正"与光杆动词搭配使用的例子。这是因为"正"自身语义自足性不强，当和光杆动词搭配使用时后面一般有"着、呢"与之共同出现。但相比"正在"而言，"在"与光杆动词的组配似乎更自由，共有32例。

"在、正在"常与光杆活动动词②充当。例如：

---

① 刘亚璇. 时间副词"正""在""正在"的比较研究 [D]. 上海：上海外国语大学，2009.
② 郭锐. 汉语动词的过程结构 [J]. 中国语文，1993 (6)：410-419.
郭锐根据动词有无动态性、瞬间性、终结性、持续性将动词分为四类：状态动词、活动动词、终结动词、瞬间动词。

(2) 他们喜欢听他们小时候的歌曲，到现在还<u>在听</u>。

例（2）中"在"和活动动词"听"连用，则主要强调从过去到现在这一时段内，他们都喜欢听小时候的歌曲，现在"听歌"这件事仍然在反复进行。

"在、正在"也可与光杆瞬间动词连用。例如：

(3) 在日常生活上，老一辈人勤劳节俭、省吃省穿；可现在不同了，一切都<u>在变</u>。

例（3）中"变"是瞬间动词，但是这句话强调的是现在人们日常生活的方方面面都在不断发生变化。这里发生变化的主体是群体。所以这里的"在"能和"变"连用，强调动作的反复持续。

"在"可与光杆状态动词和终结动词连用。没有发现"正、正在"与之连用的例子。例如：

(4) 如果父母每天都<u>在忙碌着</u>，不顾孩子的成长，孩子就会变得消极，不喜欢学习，因为他不知道学习到底是为了什么？

(5) 我还以为自己的心跳<u>在加快</u>，自己的神经会受到干扰。

例（4）中"忙碌"是个状态动词。此句中"每天都在忙碌着"强调父母在"忙碌"这种状态一直反复持续，所以这里"在"可与"忙碌"连用。例（5）中强调自己心跳在到达非常快之前，有一个不断加速的短暂过程，所以这里"在"能和终结动词"加快"连用。

3. "正/在/正在"与动词短语组配情况分析

表4 英语背景留学生使用"正/在/正在"与不同动词短语搭配的情况统计表

动词短语	正		在		正在		总计	
	频数	频率（%）	频数	频率（%）	频数	频率（%）	频数	频率（%）
述宾	25	54.4	98	69.0	27	77.1	150	67.3
述补	3	6.5	0	0.0	1	2.8	4	1.8
状中	14	30.4	21	14.8	3	8.6	38	17.0
连动	2	4.3	4	2.8	1	2.9	7	3.1
并列	1	2.2	16	11.3	2	5.7	19	8.5
兼语短语	1	2.2	3	2.1	1	2.9	5	2.2
总计	46	100	142	100	35	100	223	100

由表4可知，留学生用"正、在、正在"与述宾动词短语搭配使用最多，共计150例，其次是和状中短语搭配较多，计38例。留学生使用"正、在、正在"

与并列短语、述补短语、连动短语、兼语短语搭配的例子都比较少。但是相比"正、正在"而言,"在"与并列短语搭配使用较多,这是因为"在"语义自足性比较强,常和并列结构组配用在排比句和对比句中,"正、正在"则很少有这样的用法。通过进一步分析,我们发现留学生的正确输出例主要体现了这组词的共性方面,选取的这些例句中"正、在、正在"基本上都可以替换使用。

三、"正/在/正在"偏误用例统计分析

由表1的数据可知,"在"使用的偏误率最高,为"43.2%";"正"使用的偏误率为34.7%;"正在"使用的偏误率也达29.3%。这说明英语背景留学生习得这组词的情况并不理想。偏误情况如表5所示。

表5 英语背景留学生"正、在、正在"偏误情况统计表

	在		正		正在		总计	
	频数	频率(%)	频数	频率(%)	频数	频率(%)	频数	频率(%)
冗余	22	16.5	5	19.2	3	17.6	30	17.0
误代	37	27.8	10	38.5	8	47.1	55	31.3
遗漏	36	27.1	6	23.1	4	23.5	46	26.1
错序	18	13.5	2	7.7	0	0.0	20	11.4
其他	20	15.1	3	11.5	2	11.8	25	14.2
总计	133	100	26	100	17	100	176	100

由表5可知,英语背景留学生使用这组词时产生的偏误主要是"误代""遗漏"和"冗余",其他类型的偏误数量相对较少。

通过分析发现,留学生在习得这组词时主要偏误表现在"正、在、正在"与相关结构搭配使用时产生的成分冗余、遗漏或者句子成分之间发生错序;"正、在、正在"之间相互误代或与其他词之间的误代;"正、在、正在"相关结构中前后某些成分搭配不当。下面结合语料来分析:

(一)冗余

"正、在、正在"的相关结构中产生成分冗余的共有30例,主要表现在"正、在、正在"的冗余。在某些情况下不能用"正、在、正在",留学生却使用

了，造成了句中语义的冲突。例如：

(6) *在这儿，我在获得了很丰富的经验。①

(7) *现今社会在文化、经济、建设、军事、国防、科技等各方面都正在已经开始进入国际全球化的领域。

例（6）主要是因为句中表进行义的"在"和表完成义的"了"连用造成语义冲突而发生的偏误。根据上文研究发现，"在"所在句可以对应英语中完成进行时，强调完成的动作对后续动作产生的持续影响，但是在汉语里没有完成进行这个概念。汉语里"在V"表示动作在进行或状态在持续，而"V了"表示动作已经发生或是已经完成，所以表进行的"在"和表完成的"了"不能同时使用。此句要表达的意思是"我已经获得经验"，这里强调动作的完成，所以应该把表进行的"在"删除。例（7）想要说明的是现在社会在各方面的变化，句中出现"已经"，强调的是动作的已然性，因而不能与表进行的"正在"连用，故应将"正在"删除。

（二）误代

"正、在、正在"的误代例共有55例，主要表现在"正、在、正在"之间的相互误代，以及这组词与其他词的误代。具体分析如下：

"正、在、正在"三者之间常出现相互误代的例子，例如：

(8) *他不知道孩子们每天也正在试探自己的父母。（在）

(9) *今年的春假，正在计划待在家里做完我早应克服的功课难题，忽然间，电话响了一下……（正）

通过之前的研究，我们知道"在"常和表示重复的时间词"每天、时时刻刻、每时每刻"连用，也常和表延续性的时间副词"一直、还、总是"等连用，但是"正在"和"正"则不能。例（8）中强调的是反复性和延续性的动作，应将"正在"换为"在"。例（9）中将"正在"改为"正"比较适宜。因为"正"常常用来表示两个事件同时发生，强调恰好在某一时间点发生另一件事，"正在"则不常这样使用。

究其原因，我们认为英语背景留学生将"正、在、正在"这组词混淆使用，一方面与"正、在、正在"本体规则掌握不牢有关。另一方面，与英语的负迁移有关。通过前面的汉英对比，我们发现"正、在、正在"与英语进行时的对应率非常高，所以学生在学习时容易掌握这组词的共性用法，但不能很好地区别这组词的差别性特征。

---

① 注：本文只研究和"正、在、正在"这组词及其相关结构有关的偏误点，但是一个句子中往往有很多与我们研究无关的偏误点，这些本文不作研究。所以选取例句时，做了一些适当的删减和修改。

"在"和"再"之间相互误代,这样的例子共有34例。例如:

(10) *吸烟的朋友们,请不要在做这种损人损己的事情了,停止吸烟吧!(再)

(11) *我一直再说我会等待他的再次出现,期待再次相遇。(在)

例(10)应该将"在"改为"再"。因为"在"的否定式是"没有在",而不是"不要在"。"不要再做"是强调之前已经做了很多次这样的事情,动作不应该重复下去了。没有"不要在做"这样的表达。例(11)中应该将"再"改为"在"。因为"在"经常和表示延续的时间副词"一直"连用强调动作或状态的持续性,而"再"不可以。这里"在"和"再"相互误代使用,一方面可能因为语音相似导致的,另一方面和两者都存在语义共性有关。"再"可以表示动作重复或继续,用于未实现的情况①。"在"也可以表示反复发生且持续的动作。在英语中,"再"有"再继续、再出现"的意思,可译为continue,reappear②。因为两者语音相似、语义有一些共性,所以留学生不能很好区分两者,从而导致偏误。

"正在"和"现在"之间也会出现误代,我们认为这与留学生对这组词的词性、词义混淆有关。语料中有3例。例如:

(12) *我想"安乐死"这一个问题正在在各个国家都发生争论。(现在)

(13) *所以,我认为如果长者多参与社会活动,多结交不同年纪的朋友,多看书报,从中可以加深对现在社会的认识,清楚了解社会正在是什么样子……(现在)

"正在"和"在"不能连用,也不能组成"正在+〈[在+处所词成分]pp+VP〉状中"结构。例(12)句中结构组配错误,应将时间副词"正在"改为时间名词"现在",强调现阶段各国正发生某事。"正在"表进行持续义时,不能与[-进行][-持续]的"是"连用。例(13)应将"正在"改为"现在"比较合适,强调"现在"这个时段内社会的样子。

(三) 遗漏

"正、在、正在"所在句发生成分遗漏的例子共有46例,主要包括"正、在、正在"的遗漏,以及这组词搭配相关结构时发生某些成分的遗漏。

留学生该用这组词而不用时,产生遗漏偏误(在语料中没有发现缺"正"发生的偏误),共计15例。例如:

(14) *中国,每天都有变化,经济和生活各个方面好像天天∧改变。(在)

---

① 吕叔湘. 现代汉语八百词(增订本)[M]. 北京:商务印书馆,2015:642.
② 吴光华. 汉英大词典[M]. 第3版. 上海:上海译文出版社,2010:2037.

(15) *我得知贵公司由于业务的需要∧招聘导游，深感兴趣，本人也具备了公司所列的资格，希望贵公司能给敝人机会。（正在/在）

"在"经常和表示重复的时间词"天天、每天、每时每刻"连用，而"正、正在"不可以。例（14）中强调的是中国的经济和人们生活逐步在发生变化，这里应该在"天天"后面添加"在"，表达中国经济和人们生活一直在发生持续性的改变，这里"在"不能换成"正"或"正在"。例（15）应该在"招聘导游"前面加上"正在"，要表达的是"招聘导游"这个事件正在发生。这里的"正在"也可替换为"在"，但是从韵律的角度考虑还是"正在"更为贴切。

"正、在、正在"所在句中也常出现谓语丢失、定语标志"的"丢失的偏误。例如：

(16) *《撒哈拉的故事》是一本集合多篇文章的书，全部都是作者在∧居住在西属撒哈拉时所发生的点点滴滴。（描述）

(17) *大多数在恋爱∧孩子，只顾沐浴在爱河里，把所有东西都抛到九霄云外，从而影响学习的进展。（的）

例（16）中"在"后面缺谓语，可以添加"描述"一词，使句子结构完整。例（17）中缺少定语的标志"的"，应该补充完成，构成"在＋VP＋的＋N"结构。这里的"在VP"在句中作定语。汉语"在＋VP＋的＋N"结构在英语中对应比较复杂。学生发生这样的错误，可能是由于对"在＋VP＋的＋N"结构掌握不牢以及定语"的"用法掌握不牢造成的。

"正、在、正在"搭配状中短语时，常因为"正/在/正在＋〈[介词＋处所成分]＋VP〉$_{状中}$"这里介词丢失而发生偏误。例如：

(18) *本人现在正∧新加坡国立大学进修一个中国文学硕士课程。（在）

(19) *我的看法是家长和学者都在∧不同的出发点来看待这个问题。（从）

例（18）主要是由于留学生对"正＋〈[在＋处所成分]＋VP〉$_{状中}$"这个结构掌握不牢而造成的偏误。留学生在写作过程中丢掉了介词"在"。我们可以在"正"后面添上"在"使得句子结构保持完整性。例（19）中缺失介词成分"从"，使得整个介词结构不完整，影响句子语义的表达。这说明留学生对"在＋〈[从＋处所成分]＋VP〉$_{状中}$"这个结构掌握不牢。

"在"和述补短语搭配使用时，句中也常缺失成分。例如：

(20) *父母往往以为尽量满足孩子的每样要求就是疼爱他们，或在∧另一极端，认为孩子是父母的附属品，可以任意打骂。（走向）

例（20）中可将"在"后面添加"走向"构成述补短语"走向另一极端"。究其错误的原因，我们认为"S＋在＋述补短语"常对应英语中"SVA"结构，两者差距较大。英语背景学生难以习得这个结构。

（四）错序

"正、在"所在句发生错序的例子共有 20 例，主要由于"正、在"与相关结构搭配使用时，位置放置不当而发生偏误。例如：

（21）＊我一整天站着在讲课……（在站着讲课）

（22）＊他比我们大十来岁，也是一个老山民，从小一直都跟山区的园林在打交道，很懂野外生存的技巧和方法。（都在跟山区的园林打交道）

例（21）中应该将"在"置于"站着"之前，构成"在＋连动短语"这个结构。这里"在"修饰表同时进行的两个动作"站着"和"讲课"。究其原因，我们认为汉语中"S＋在＋连动短语"常对应英语中 SVA 结构，这里汉英两种结构差别较大，不容易习得。例（22）应将句中的"在"提到"跟山区的园林"之前。因为与"在"连用的动态动词可带表对象的状语，这里的对象状语一般由"同、跟、与、和"引导的介宾短语充当。"在"与这个结构连用时一般出现在表对象的状语前①，构成"在＋〈[介词＋名词] pp＋VP〉状中"结构。

通过上述讨论，我们认为留学生使用这组词与相关结构搭配时产生错序的最主要原因就是在相关搭配中汉英两种语言语序差别较大，这不利于留学生的习得。

（五）其他

"正、在、正在"所在句其他类型的偏误指成分搭配不当造成的偏误。语料中发现的"在"与前面修饰的副词搭配不当以及"正在"与后面动词搭配不当的例子。例如：

（23）＊这个老师呢，他得了肺病和心脏病以后还是不听医生的劝说，总是在继续抽烟……（还是）

（24）＊那时，我正在想到我上海的两个朋友。（想到了）

"在"可以和表延续和重复的时间词"总（是）、还（是）"连用。但是要根据具体语境要表达的意思，选择不同的连接词。例（23）中"在"后面加了"继续"这个词，表达的是"抽烟"这个事件仍然在持续不断地发生。"总是"一般强调动作的反复性。一般情况下，"总是"不能和"继续"共现，应该将这里的"总是"改为"还是"。例（24）中应该将"正在想到"改为"想到了"，这样才能使语义明确。因为"正在"常表动作进行和状态持续，是进行体的标记。"想到"这个词表动作终结或者已完成，没有持续义。"正在"不能和不具动性的词连用。此处留学生写错的原因可能是汉语中表进行的用法和表完成的用法混淆使

---

① 郭志良. 时间副词"正""正在"和"在"的分布情况 [J]. 世界汉语教学, 1991 (3): 167-172.

用造成的偏误。

四、教材编写建议及教学建议

教材和教师对学生的学习都起着至关重要的作用。为了让英语背景留学生更好地习得该组词，本文提出以下教材编写和教学建议。

（一）对教材编写的建议

1. 分课安排语法点，逐步增加学习难度

从学生的接受程度以及语言点的复杂程度来说，教材编写者在编写教材时应该分课设置有关"正、在、正在"的教学点。先将"正、在、正在"表进行的共性用法放在前面教学（如可以先将"正、在、正在"搭配动词或述宾结构表进行的用法放在前面教学），然后在课文中逐级增加相关语言点的难度。在书中写出"正、在、正在"的一些复杂用法和搭配规则，突出"正、在、正在"各自语义侧重点及搭配重点和难点，告诉学生什么情况下可以相互替换，什么情况不可相互替换。

2. 合理选取语法点，中英文解释要清晰

通过考察《新实用汉语课本》《博雅汉语》等教材，我们发现教材中"正、在、正在"的中文解释大多是"表动作进行"，没有突出"正"表时点、"在"表时段、"正在"既可表时点也可表时段的特性。教材中对这些词的英文解释多为"an action in progress"，从中无法看出每个词的语义差别。因此，我们认为编者在编写教材时可以注意区分每个词的语义特征。在突出其语义不同点时，更应举例说明，这样便于学生更好地领会其差别。

同时发现，大多数教材中只选取了"正/在/正在＋V＋（O）＋（呢）"这个结构进行编排讲解，但是大部分教材对"正、在、正在"可以搭配形容词以及状中短语、述补短语、连动短语、并列短语以及兼语短语使用的情况并未提及，所以编者在教材编写中应该选取这些点，补充编写进去。

3. 合理设置练习类型，严格把控练习的量

课后练习的编排一定要与前面课文中编排的内容具有对应关系，这样才能起到有效练习的效果。"正、在、正在"词的意义比较接近，在某些情况下可以互换使用，但是它们语义侧重点和搭配规则又有所不同。所以在呈现词的共性用法时，我们可以采用一些看图说话、替换练习、情景问题、中英翻译等习题，在呈现词不同的语义特征和搭配规则时，可以考虑增设改错、连词成句等练习。同时，教材编写者应该合理把控课后练习的量。

（二）对教学的建议

1. 确定教学顺序，区分常用式、次常用式和非常用式

"正、在、正在"是一组语义接近但用法互参的词。在教学时，我们不能将"正、在、正在"以及它们与不同词语、不同结构搭配的用法同时教给学生，而应该根据它们的使用频率以及学生的习得情况将这组词按照先易后难的原则拆分成不同语法项目，分级教学。我们应先教"正、在、正在"的共性用法，再教其不同的用法。先教简单的用法，再教稍微复杂的用法，最后教比较复杂的用法。根据以上原则，我们可将这组词按照"常用式—次常用式—非常用式"的顺序教学。具体教学的顺序如下：

常用式：

"正/在/正在"与光杆动词以及"呢"连用。

"正/在/正在"与述宾短语/状中短语连用。

"正/在/正在"否定式。

次常用式：

"正/在/正在"与"着"连用。

"正/在/正在"与句中其他状语连用。

"正/在/正在"与连动短语/并列短语连用。

非常用式：

"正/在/正在"与形容词连用。

"正/在/正在"与述补短语/兼语短语连用。

2. 突出"正/在/正在"语义侧重点，强调其搭配的重点和难点

在讲授完"正、在、正在"共性用法之后，要从语义和句法搭配等方面突出其教学的重难点。

（1）"在"的教学重难点

语义方面：

"在"强调动作进行或持续的状态，具有"时段"的特性。

句法方面：

第一，"在"可与表反复性的时间词连用（如"天天""每天""每时每刻"等），可与表示反复性延续性的时间副词连用（如"一直、总是、还、仍然"等），还可与表已然义的"已经、早已"连用，"正、正在"则不能。

第二，"在"常出现在"是"之后，"正、正在"则不能。

第三，"在"经常与范围副词"都"共现，还经常与"好像、仿佛、似乎"等词连用，"正、正在"则较少与之连用。

第四,"在"常用在排比句、对比句、比况句中。

第五,"在"不能与"[在/从+处所成分]+VP"这样的状中结构连用,也不能与"V+[在+处所成分]"这样的述补结构连用。

(2)"正"的教学重难点

语义方面:

"正"强调动作发生的时间,具有"时点"的特性。"正"也具有同时性,强调在某一时刻发生某动作时,另外一动作也在发生。

句法方面:

第一,"正"后面不能搭配光杆动词使用。若搭配光杆动词使用,动词后面必须加上"着""呢"等词,使语义自足,"在、正在"则可以搭配光杆动词使用。

第二,"正"能与"[在+处所成分]+VP"这样的状中结构以及"V+[在+处所成分]"这样的述补结构连用,"在、正在"则不能与之连用。

第三,"正"常搭配"V+得+Adj"这样表状态的述补短语使用,"在、正在"基本没这样的用法。

第四,"正"所在短语常作定语,构成"正+VP+的+N"这个结构。

(3)"正在"的教学重难点

语义方面:

"正在"相当于"正"与"在"的组合,同时兼具两者特性。它既可以表示动作进行的时间,也可以表示动作进行或持续的状态。

句法方面:

第一,"正在"所在短语也常作定语,构成"正在+VP+的+N"这个结构。"在"所在短语作定语的较少,且一般都是有标记的。

第二,"正在"可搭配"[介词+处所成分]+VP"这样的状中结构使用,但是这里的介词不能是"在"。

3. 注重汉英对比,突出汉英表达的差别

教授英语背景留学生"正、在、正在"时,一定要将汉英两种语言中的类似表达进行对比分析。通过上述的汉英对比研究发现,汉语中多用"正、在、正在"这组词搭配不同的动词表示进行义。而英语中则常用进行时态表示进行义,且大多数学者将英语中的"V-ing"形式看作进行体的标记。再者,我们通过研究"正、在、正在"搭配不同词和短语时在英语中的对应方式,可以看出汉英语序和表达方式的不同。从研究的结果来看,汉语中"正、在、正在"搭配述宾、状中、并列短语时与英语相应结构的吻合度比较高。所以在教学生这3种结构时,可以采用汉英结构对比的方法,突出两者的相同点与不同点。

4. 采用合理教学方法，给予充分练习

教师在教授"正、在、正在"时，应该先讲解这组词的共性用法，再讲解其不同用法。首先让学生知道这组词的语义共性表"进行"，在学生弄懂这组词的基本用法之后，教师可结合时间轴讲解这组词的各自语义侧重点（"在"表时段义，"正"表时点义，"正在"既可表时点义又可表"时段义"）。学生明白这组词的语义区别后，教师可再结合例句讲解这组词的不同搭配规则，并辅之以充分的练习。

结　语

时间副词"正、在、正在"是意义相近仅有音节之差的近义词，留学生想要学会正确使用这组词非常困难。本文在汉英对比的基础上对英语背景留学生习得这组词的情况进行了充分研究。通过研究发现，学生对"正、在、正在"这组词的共性用法掌握较好，忽视了这组词的语义差异和不同搭配规则。通过分析正确用例，我们发现学生使用"正、在、正在"与形容词以及单个动词组配的例子较少，与动词短语组配的例子较多。他们常将"正、在、正在"搭配述宾、状中短语使用，而不常搭配连动、并列、述补短语及兼语短语使用。通过分析偏误用例，我们发现留学生使用"正、在、正在"这组词时常出现相互误代以及与其他词误代的现象，使用这组词搭配不同词以及结构时，常出现成分冗余、遗漏、错序及搭配不当等问题。针对上述研究，我们提出一些教材编写建议和教学意见，旨在帮助学生更好地习得这组词。

外国学生"刚才"及其同义词习得研究

周 楠[①]

引 言

"刚才"及其同义词的本体研究一直都是学界研究的重点,也是留学生学习的难点。本文以"刚才"及其同义词作为研究对象,在已有研究成果的基础上,通过分析语料发现学生在习得本组词上存在较多的误加、遗漏和误代偏误,因此,更需要对本组词的习得进行系统分析。

一、"刚才"及其同义词句法功能比较分析

(一)"刚""才"与"刚才"句法差异

单音节副词"刚"和"才"与同素双音节名词"刚才",尽管词性不同,但三者都有"事情发生在不久前"的意思并且都可以位于主语之后、谓词性词语之前作状语。

因此,留学生很容易将"刚""才"与"刚才"混用,出现句法搭配错误,尤其是与体标记词搭配时有很大的差异。考察留学生语料发现,学生在这几个词与体标记词搭配方面存在易错点。我们首先看三者与体标记词搭配的情况。

1. 与体态标记词搭配情况

汉语中,能够在动词后面加上某些助词来表示完成体、进行体、经历体等。如在动词后加"了""着""过"等词就能表达出想要表达的体态。分析语料发现,"刚"和"刚才"在和体态词搭配时存在很大的差异。

1)与进行体标记词搭配的情况

进行体标记词如"正、在、着"表示事情正在进行或者过去的某个时间正在进行。我们知道"刚""才"在运用中表示完成体,会与表示进行体的词语出现

[①] 周楠,扬州大学2017级汉语国际教育专业硕士,研究方向为第二语言习得。

语义冲突，因此不能与进行体态词语搭配。而"刚才"属于时间名词，表示的是行为或者事件发生前不久的时间，与体没有语义上的关联，因此，"刚才"可以与表进行体的词语搭配。如：

（1）我<u>刚才</u>在看你的嘴，你搽了什么东西？（《江南三部曲》）

*我<u>刚</u>在看你的嘴，你搽了什么东西？

*我<u>才</u>在看你的嘴，你搽了什么东西？

（2）她一时还弄不明白他们<u>刚才</u>在说什么。（《人面桃花》）

*她一时还弄不明白他们<u>刚</u>在说什么。

*她一时还弄不明白他们<u>才</u>在说什么。

例（1）（2）中表示的是"我在看你的嘴""不明白他们在说什么"都是在"刚才"这个时间里进行的动作。把以上例句全部换成"刚"或者"才"就不对了，"刚""才"只表示动作之间的时间间隔短，因此后面的谓语不能表示正在进行。

2）与完成体标记词搭配

"刚""才"和"刚才"都可以与"了"连用，但是与两者共同搭配的"了"所表示的意思和位置都是不一样的。与"刚""才"搭配的"了"是动态助词，不能位于句尾。而与"刚才"搭配的既可以是位于句中的动态助词"了"，也可以是位于句尾的语气助词"了"。位于句中的"了"，表示一种行为动作已经完成，紧接着是进一步发生的另一个动作。"刚""才"句往往作为后句的时间背景句出现，是一个表意完整的句子。如果将"了"置于句尾，表明对于说话人来说，这是一个新信息、新情况，这等于在完整的句子中再添加一个新情况，显然是不符合语义的。而位于句中的表示完成体的"了"则可用于过去发生的事情中，因此，可以与过去的时间"刚才"搭配出现，而不会出现语义冲突。由于"刚才"表示的仅仅是一个时间，因此与句尾的语气助词"了"搭配不会出现语义重复。如：

（3）<u>刚</u>过了五月，天气就变得酷热难当了。（《江南三部曲》）

*<u>刚</u>过五月了，天气就变得酷热难当了。

*<u>才</u>过五月了，天气就变得酷热难当了。

（4）我<u>刚</u>买了手机，你想通了给我打电话。（《英雄时代》）

*我<u>刚</u>买手机了，你想通了给我打电话。

*我<u>才</u>买手机了，你想通了给我打电话

例（3）中，如果在前一句句尾使用"了"，则表示一种新情况发生，和"刚"句所表达的完整句义出现了语义上的冲突。

下面我们再看"刚才"与"了"搭配的情况。

（5）对不起，<u>刚才</u>错怪你了。（《英雄时代》）

(6) 大概刚才喝了凉开水，人好些了，我的头已经不晕了。(《城南旧事》)

从例（5）（6）可以看出，无论是"刚才"与句中的"了"还是与句尾的"了"搭配，都是符合汉语规则的。

在与时间状语成分搭配时三者也表现出了不同。

2. 与时间状语搭配情况

"刚""才"和"刚才"都可以作时间状语，但是"刚"和"才"都可以位于其他时间状语之后，而"刚才"语义涉及时间背景，不能再加其他的时间状语，一个句子中同时出现两个过去的时间，这个句子是不成立的。如：

(7) 去年刚来的这位，名叫郭杏村，原来是市文化局的局长。(《江南三部曲》)

＊去年刚才来的这位，名叫郭杏村，原来是市文化局的局长。

(8) 那葱我早晨才喷了些农药，吃时你得洗干净啊！(《秦腔》)

＊那葱我早晨刚才喷了些农药，吃时你得洗干净啊！

例（7）（8）换成"刚才"之后都是错误的，通过对留学生语料的分析，我们发现，学生由于难以辨析"刚""才"和"刚才"在与时间状语使用时的不同，频繁出现误代偏误。

（二）"刚""才"与"刚刚"句法差异

1. "刚""才"与"刚刚"的位置差异

"刚""才"与"刚刚"在句法上有很多相同点，但是"刚刚"和其他两者在使用位置上有一些区别。"刚刚"可以位于主语之前，也可以位于主语之后，但"刚"和"才"都不可以位于主语之前。

(9) 刚刚我到夏正思那儿借书，用英文谈话，他说好久没有听到这样流利的英语了。(《东藏记》)

＊刚/才我到夏正思那儿借书，用英文谈话，他说好久没有听到这样流利的英语了。

(10) 刚刚我从出境大厅转身出来的时候，在玻璃落地窗里看到自己的影子。(《林清玄散文集》)

＊刚/才我从出境大厅转身出来的时候，在玻璃落地窗里看到自己的影子。

以上两例为三者用于主语前的比较，再看三者位于主语之后的情况。

(11) 他刚刚/刚/才到外地参加5个学术研讨会回来。（同上）

(12) 我刚刚/刚/才出版了一本小书，你就留着它做个纪念吧。(《江南三部曲》)

例（9）（10）中"刚刚"可以放在主语之前，替换成"刚""才"之后，整个句子是不成立的。但是通过例（11）（12）我们却发现"刚刚"位于主语之后且不能移动到主语之前。

2. "刚""才"和"刚刚"与能愿动词搭配

在所发现的语料中，未见"刚刚"与能愿动词的搭配情况，"刚""才"可以与能愿动词"想、准备、打算"等搭配，如：

（13）她刚/才想说桶都掉到井里了，想想缩住不说。（《东藏记》）

＊她刚刚想说桶都掉到井里了，想想缩住不说。

（14）武林才/刚要说话，抬头往北一看，312国道上走下来了张学文。（《秦腔》）

＊武林刚刚要说话，抬头往北一看，312国道上走下来了张学文。

以上例句使用"刚""才"时都是语义正确的，全部替换成"刚刚"后，细细品味就可以观察出两者还是有一定的不同。贾改琴认为，"'刚'表示的能愿动词，正在处于始发时点，但是具体的动作在不久前还没有开始就被一件意想不到的事件打断了。这在根本上是由能愿动词的特殊性决定的，人从心理活动到其真正付诸事件是需要一个过程的，而这个过程可长可短。"① 我们知道在实际运用中，"刚刚"一般表示过去短时间内很快发生的动作。因此，需要一定时间的心态事件或动作发生动词用"刚""才"则更符合汉语使用规范。

（三）"刚才"与"刚刚"句法差异

双音节词"刚刚"和"刚才"在句法上类似，但是两者的差异也是不容忽视的。学界有认为"刚刚"是时间名词的情况。但根据语料看，将"刚刚"作为时间名词使用的情况极少。并且，在我们所考察的词典中，"刚刚"的词性也确定为时间副词。因此，此处我们仍认为"刚刚"是时间副词。

1. 与时间词共现

"刚刚"可以与别的时间词共现，但是"刚才"不可以。如：

（15）中午时分他刚刚和小孔翻了脸，紧接着又和金嫣翻了脸。（《推拿》）

＊中午时分他刚才和小孔翻了脸，紧接着又和金嫣翻了脸。

（16）梅小姐今早刚刚遇到古狼的事，心里肯定很难受。（《英雄时代》）

＊梅小姐今早刚才遇到古狼的事，心里肯定很难受。

同"刚"一样，"刚刚"也可以位于其他时间状语之后，但是"刚才"不能。

2. 与其他词语共现

"刚才"可以和形容词、否定词搭配，而"刚刚"不可以。如：

---

① 贾改琴. 现代汉语时间副词的形式语义研究 [D]. 杭州：浙江大学，2009.

(17) 他刚才很难过，现在好多了。

*他刚刚很难过，现在好多了。

(18) 您如果刚才不说，我还觉得活儿做得太糙了。（同上）

*您如果刚刚不说，我还觉得活儿做得太糙了。

但是"刚刚"可以用在"不……吗""不是……吗"中构成反问疑问句。如：

(19) 我不是刚刚跟你说过怎么做吗？

"刚刚"可以用在复句的前一分句表达前后两个事件或行为发生的时间间隔短，后句常用"就"衔接，"刚才"则没有这种用法。如：

(20) 谭功达刚刚说完，赵焕章就将手里的红铅笔高高地举起来，要求发言。（《江南三部曲》）

*谭功达刚才说完，赵焕章就将手里的红铅笔高高地举起来，要求发言。

(21) 君亭在市场建成后刚刚取得成效，就谋划起了又一个决策。（《秦腔》）

*君亭在市场建成后刚才取得成效，就谋划起了又一个决策。

二、"刚才"及其同义词语义语用差异

（一）时间间隔长度差异

谢成明①从语义范畴比较了"刚"和"刚才"的语义差异，认为"刚才"作为一个时间名词，像"现在""今天"一样，表达一个绝对的时间概念，在时间轴上的位置是固定的，时间间隔最长不会超过半天，但"刚""刚刚""才"虽然是表达短时义的副词，但其表达的时间间隔是可长可短的。

(22) *我刚才去巴黎的时候，听说了这件事。

(23) 我才/刚刚/刚去巴黎的时候，听说了这件事。

(24) *我刚才来中国三个月，很多东西还不了解。

(25) 我刚/才/刚刚来中国三个月，很多东西还不了解。

以上例句中，事情发生的时间距离现在已经超过了半天，用"刚才"显然不符合语义。

（二）语体风格差异

在语料分析中，共发现《人民日报》中"刚"句173例，"刚刚"句127例，"刚才"句8例，"才"句0例。因此，在正式的书面语体中，更多地选择用

---

① 谢成名．从语义范畴角度看"刚"和"刚才"的区别 [J]．世界汉语教学，2009，23（1），38-48．

"刚"和"刚刚",而"刚才"和"才"则较多使用于口语语体中。尽管"刚"和"刚刚"多数情况下可以交替使用,但是通过对比我们发现"刚"的使用率要比"刚刚"高。除此之外,笔者发现,本文所研究的"才"更加偏重口语,在所考察的语料中,共发现"才"的"不久以前"义用例112例,其中贾平凹的(《秦腔》)中"才"的使用就占了55例,接近所有用例的一半。由此可见,尽管"才"也具备"不久以前"这一义项,但是在正式的书面语体中已经很少见了。

三、外国学生"刚才"及其同义词习得情况考察

我们从自建留学生语料中抽取了90万字的语料,其中包括初级、中级和高级各30万字。我们对90万字的语料进行了穷尽性地标注与分析,从中得到了有效例句共321例,本章中我们将对其正确用例及偏误情况进行全面统计分析。

(一)正确用例分析

90万字留学生语料中,我们统计分析出初级、中级、高级阶段的学生对4个词的正确使用情况如表1。

表1 "刚才"及其同义词正确使用情况汇总表

	初级			中级			高级		
	使用频数	正确频数	正确率(%)	使用频数	正确频数	正确率(%)	使用频数	正确频数	正确率(%)
刚	79	49	62	48	37	77.1	64	54	84.4
刚才	10	5	50	7	3	42.9	14	9	64.3
刚刚	32	28	87.5	21	18	85.7	40	36	90
才	0	0	0	1	0	0	3	2	66.7

总体来看,无论是哪一汉语水平的学生,"刚"的使用频数都是最高的,而"才"的使用频数都是最低的。这说明在4个词中,"刚"是最先被习得的,而"才"则是最后被习得的。横向来看,4个词的正确率都是随着学生汉语水平的提高而不断提升的。由此可见学生在汉语学习的过程中,逐渐掌握了4个词的使用规则,使用词语时正确率也逐渐升高。

1."刚"的正确用例分析

分析发现,无论在哪个阶段表示"行为动作发生在不久前"的"刚",正确用例都是最多的,这说明留学生对这一义项是最先习得的,并且习得状况比较

好。但是在中级阶段正确比例相较于初级阶段有了较大幅度的降低，随着学习难度的增加，学生对"刚"的用法了解也增多，辨别不清、掌握不熟练就会导致其正确率降低。高级阶段学生掌握得越来越好故而正确率又有所回升。另外，在具体用例中有一半以上的例句都是用于"刚＋V（地点）＋的时候/时"结构中。由此可见，留学生虽然掌握了这一用法，但是在句子中的应用不够灵活多样。如：

（1）刚来中国时我不习惯中国的气温。（初级）

（2）刚开学的时候，我对这儿的生活还没有习惯。（初级）

"刚"与能愿动词连用的正确用例分别在初级阶段和高级阶段各出现1例，由于用例很少，很难推断出学生的实际习得情况。但我们可以肯定的是，学生用例少跟教材和工具书的编排有很大的关系，在教材和工具书中均未见对这一用法的讲解，教师教学也未将其作为重点，这自然影响到了学生的习得情况。初级和高级出现的两例分别是：

（3）我吃了晚饭回家刚要打开收音机就听到妈妈叫我。（初级）

（4）我刚要写第二个字，教室的声音更大了。（高级）

2. "刚刚"的正确用例分析

我们共发现初级阶段正确用例28例、中级18例及高级36例。分析发现，留学生使用"刚刚"的频数不如"刚"的频数。初级阶段正确使用频数最高的就是"说话动作在不久前"这一义项，并且正确率也比较高，学生对这一用法习得比较好，但"一个动作紧接着另一个动作发生"这一义项只出现了1例，说明初级阶段的留学生对"刚刚"的所有用法掌握得不够全面，仍需进一步学习。如：

（5）我刚刚来中国的时候，老师们说话听不懂。（初级）

（6）刚刚来中国的时候，我生病了。（初级）

中级阶段时，留学生渐渐掌握了"刚刚"的其他用法，"刚刚"表示"动作行为在不久前发生"这一用例也有所减少。尽管"在另一动作之前发生并且相隔时间短"这一用法增加到了2例，但是，由于用例很少，这种正确率具有很大的偶然性，但留学生已经开始尝试使用这种用法了。

到了高级阶段，尽管表示"行为动作在不久前发生"的"刚刚"正确率有所减少，但波动幅度很小。另一义项相对于初级阶段有了较大幅度的增加，但是和中级阶段比例相同。由于用例很少，我们不能从中得出准确的习得情况，只能说，到了高级阶段，学生对这一用法仍然处于尝试阶段。

综合来看，学生已经很好地掌握了表示"行为动作在不久前"的"刚刚"，各阶段的使用率和正确率都是最高的。但对另一用法的习得明显不足。学生对

"刚刚"的使用还不够深入。

3. "刚才"的正确用例分析

我们共统计出初级阶段5例、中级阶段3例及高级阶段9例用例。

语料库中"刚才"的用例并不多，我们认为，这跟语料的语体风格有关，"刚才"是一个口语语体比较强的词，因此在留学生书面语用例中使用较少。"刚才"在工具书中都只有一种解释，即"行动或情况发生在说话前不久的时间"，是一个名词。因此，"刚才"既可以作状语也可以作定语。通过以上分析可以发现，留学生更倾向于使用"刚才"作状语，且习得情况良好。但作定语的"刚才"，其使用率并不高，并且在中高级才出现，正确率也比较低，可能是由于学生不熟悉这类用法而产生了回避策略，下面来看一下具体用例。

（7）刚才我拿在篮子里最小的面包，我还亲吻了面包师的手表示感谢。（高级）

（8）小雨！你刚才说什么呀！（高级）

4. "才"的正确用例分析

在90万字的留学生语料中，我们只发现了6例符合研究需要的"才"，这是本组词中使用率最低的。在6个例句中，有3例正确用例。

由于语料库中"才"的用例比较少，笔者统计了HSK动态作文语料库中"才"的用例作为补充。在HSK动态作文语料库中也仅发现了17例符合本课题的"才"的用例，正确用例14例，我们首先来看各用法的正确率。

在HSK动态作文语料库中共得到17例符合课题的"才"的用例，其中表示"行为动作在不久前发生"这一用法正确率为85.7%，占总用例的一半还要多，表示"动作间隔时间短"这一用法正确率占14.3%。

我们发现，在两种语料中，"才"的正确率都很高，尤其是表示"行为动作在不久前发生"的"才"，正确率高达85.7%，这说明学生对这种用法习得比较好。正确用例举例如下：

（9）我才搬家在新的房子，从来没有想到我有这么好的运气。（高级）

（10）小王的精神才振作起来，就发现原来都是他的想象。（高级）

（二）本族语者与留学生使用情况对比

通过对90万字的留学生语料中以及1 000万字的本族语语料进行穷尽性的分析与统计，我们将本族语使用者与留学生使用"刚、刚才、刚刚、才"的情况进行对比，具体情况如下：

我们在90万字留学生语料中共统计出192例符合条件的"刚"的例句，在1 000万字的语料中共统计出符合条件的"刚"共有1 169例。其中表示"行为动作发生在不久前"的"刚"的留学生使用比例比本族语者高32%。另外一个

"在另一动作之前发生并且相隔时间短"的义项本族语者使用比例要大大高于留学生使用比例。由此可见，留学生对这一用法习得情况并不好，因此在具体用例中采取了回避策略。通过以上分析我们发现留学生对"刚"的使用大部分还处于单一地表示"行为动作发生在不久前"的阶段，对其他用法习得不够，仍需加强。

再看"刚刚"的对比情况，我们在留学生语料中共统计出"刚刚"用例92例，本族语语料中共统计出"刚刚"用例696例。

根据统计我们得出：表示"行为动作在不久前发生"的"刚刚"留学生使用的比例比本族语者高7%，原因是本族语者所掌握的"刚刚"的其他用法比留学生多。并且同样的意思可以用其他词语代替，而留学生使用情况单一。"表示一个动作紧挨着另一个动作发生"这一义项，本族语者使用比例比留学生高10%左右，总体而言，这一用法留学生也是较难习得的，本族语使用情况也比较少。说明无论是教师的教学输入还是学生的输出都缺乏这一用例的使用，这是教学双方都需要加强的。

至于"刚才"，留学生语料中用例31例，本族语语料中用例706例。从留学生语料中所统计的4个词中，"刚才"的用例也不多，作状语的"刚才"无论在本族语者还是留学生语料中使用率都比较高，由此可见，这类用法是留学生最早习得的，而且是留学生最常使用的。再看作定语的"刚才"，虽然这一用法本族语者使用比例比留学生高7%，但其在本族语语料和留学生语料中都明显低于作状语的"刚才"，这恰恰证明这一用法本族语者输入不够，留学生的输出随之减少。

我们在1 000万字的本族语语料中仅发现118例符合课题的"才"，平均90万字也只有10例。90万字的南师大语料中仅发现了6例本研究中的"才"。

本研究中的"才"在本族语语料与留学生语料中用例都很少。在前文的教材分析中，我们考察到几本常用教材都将"表示说话人认为动作发生得很晚"的"才"作为重点列入教材中，并未将"事情不久前发生"的"才"列入教材中，这是留学生用例少的最重要的原因。其次，由于本族语者使用少、输出少也导致了学生对这一义项习得难度加大，从而导致使用率低。同样的条件下留学生更愿意使用意思相近的"刚"。

（三）偏误情况分析

在自建留学生语料库中我们共发现"刚"的偏误用例共51例，"刚刚"的偏误用例11例，"刚才"的偏误用例14例，"才"的偏误用例3例，具体统计如表2。

表 2 "刚才"及其同义词偏误情况汇总表

	刚				刚刚				刚才				才			
	遗漏	误代	误加	错序	遗漏	误代	误加	错序	遗漏	误代	误加	错序	遗漏	误代	误加	错序
初级	10	7	11	2	1	1	2	0	0	5	0	0	0	0	0	0
中级	4	3	5	0	1	2	0	0	0	4	0	0	0	1	0	0
高级	5	2	4	0	2	0	2	0	0	4	1	0	1	1	0	0
合计	19	12	20	2	4	3	4	0	0	13	1	0	1	2	0	1
百分比(%)	35.8	22.6	37.8	3.8	36.4	27.2	36.4	0	0	92.9	7.1	0	33.3	66.7	0	0

从表2我们可以看出，随着学生汉语水平的增加，各偏误的用例总体上来说是逐渐减少的，偏误类型主要以误加和遗漏为主。在HSK动态作文语料库（高级）中也只发现了3例"才"的偏误，其中，遗漏、误加、错序各1例。下面对偏误情况进行详细分析，首先看误代情况。

1. 误代

通过表2分析，在90万字的留学生语料中共发现误代偏误用例31例，其中初级13例、中级10例、高级7例。所有误代中"刚才"的误代率最高，高达92.9%。从初级阶段到高级阶段"刚"的误代用例是呈下降趋势的。而其他3个词的误代情况则都是先上升后下降。首先来看初级阶段的误代情况。

1) 初级阶段误代情况

初级阶段共发现误代偏误13例，首先看"刚才"及其同义词之间内部误代情况，通过分析留学生语料发现，"刚"和"刚才"是4个词中，留学生误代率最高的两个词。由于两个词的意思相近，而且用法上也有很多相同的地方，在口语中有时候可以相互替换，故留学生最容易混淆。如：

（1）＊我刚才来中国，现在不会说汉语，别的人说的听不懂，所以我的生活很麻烦。（刚）

上例是由于留学生对"刚"和"刚才"语义辨析不清而导致的误代情况，隋雨竹[①]认为这与学生不了解两个词的时间跨度有关。"刚才"所表示的时间一般不超过半天，而"刚"的时间跨度比较大。

对于本阶段该组词与其他词之间的误代，只发现6例"刚"与其他词之间的误代，如：

（2）＊今年三月末我始来南京，所以开始学习汉字是很难。（刚）

上例中混淆词与时间有关。学生在初学时间词时这类偏误情况最多，这与目的语知识的过度泛化有一定的关系。

2) 中级阶段误代情况

再看中级阶段，在中级阶段中"刚"和"刚才"的误代依旧是误代率最高的两个词。在4例"刚才"的误代中均是"刚"误代成"刚才"，例如：

（3）＊九月四号我刚才来南京留学。那时候我关于这个城市什么都不知道。（刚）

关于各个词与其他词之间的误代情况，相较于初级阶段，"刚"的这类情况有所减少，3例误加用例中仅有1例，例句如下：

[①] 隋雨竹. 对外汉语教学中"刚（刚刚）""刚才"的偏误分析——以韩国学习者为例[J]. 现代语文（语言研究版），2013（9）：79-81.

（4）＊我绝对不能忘记她，谢谢，来中国第一次交的好朋友。（刚）

在中级阶段语料中开始出现了"刚刚"和其他词的误代情况，但仅仅出现了1例，例句如下：

（5）＊我在这儿上二年级，刚好开始学《中级汉语》。（刚刚）

留学生在不清楚规则的情况下认为"刚好"与"刚刚"完全相同，在任何语境中都等同使用，从而产生了目的语知识过度泛化的现象，造成了误代偏误。

3）高级阶段误代情况

高级阶段误代情况相较于中级阶段减少到了7例，说明随着汉语水平的提高，学生对本组词的习得相对来说是比较好的。

再看本该用"刚"误代成"刚才"的用例。

（6）＊刚才认识我的陌生人猜不到半年之前我心里充满难过。（刚，高级）

在上例中，存在学生对"刚"和"刚才"的时间跨度不够了解的情况，前面已经分析过。

在高级阶段，也发现了1例"刚"与"才"的误代，前面已经分析过，"才"的主观性更强，因此，在表达人的主观情感时使用"才"比"刚"更加符合语义要求。用例如下：

（7）＊他浑身没劲儿，刚上班但是像已经上了几天班的样子。（才）

至于高级阶段本组词与其他词的误代情况，在所有词中未见1例，由此可见，到了高级阶段，学生已经能很好地掌握与时间相关的词语之间的使用规则了。

2. 误加

在语料中发现了大量的误加现象，其中初级13例、中级6例、高级7例，总体来说由初级到高级呈下降趋势。误加同样分为两类，词本身的误加和其他词的误加。首先看初级阶段的误加情况。

1）初级阶段误加情况

初级阶段共出现13例误加偏误，包含"刚"11例、"刚刚"2例，"刚"的误加是4个词中占比最多的。其中，仅发现1例"刚"本身的误加，其他词均不存在此类偏误。例句如下：

（8）＊我觉得应该帮人刚了解橄榄球。

从上下文看"帮人民了解橄榄球"是目前"我"的一个想法，是还没有发生的事情，而"刚"表示的是事情发生在过去。因此，此时的"刚"与本句的语义不相符。

"刚"与其他成分的误加用例主要是留学生在使用"刚"的时候，对"刚"与"了"共现时使用规则不了解容易造成误加"了"的情况，共3例。如：

(9) *我五个月以前来中国,我今年2月刚高中毕业了。

前文提到过,"刚"不可与位于句尾的表示一种新情况的"了"共现,两者的语义存在冲突,因此,例(9)中是"了"的误加,这类误加也是所有误加中情况最多的。

在笔者统计的留学生语料中发现了大量的"刚+VP(地点)+的时候/时"句式的使用,正确用例也占大部分,但仍然存在误加情况。此类偏误共2例,如:

(10) *这是我刚来中国的时发现的一件忘不了的事情。

例(10)中误加了"的"造成了偏误。学生对"刚"所组成的固定结构的习得是比较差的。

初级阶段共发现2例"刚刚"误加其他成分的用例。使用"刚"所出现的误加偏误同样出现在"刚刚"句中,以下我们将列举相关例句,不重复做详细分析。请看以下例句:

(11) *但是刚刚来这里以后,我们家要交房租。

(12) *我是刚刚来到中国,就快要一个月了。

2) 中级阶段误加情况

在中级阶段共出现5例误加偏误,其中仅有"刚"的用例5例,相较于初级阶段用例具有明显的减少。说明学生对"刚"的用法越来越了解。5例误加用例中皆是其他成分的误加。请看以下例句:

(13) *她刚来了南京留学所以不太认识地方什么的。

(14) *我刚来中国的时去了五道口的一个商店。

这两类误加是初级阶段中就存在的,但是到了中级阶段数量有了明显的减少。

3) 高级阶段误加用例

高级阶段共发现误加用例7例,相对于中级阶段的5例有所增加,但增加幅度并不大,其中"刚"4例,"刚刚"2例,"刚才"1例,均是其他成分的误加。我们看错误最多的"刚"的例句,其中同样存在2例"刚+VP(地点)的时候/时"的误加,例句如下:

(15) *因为不是在国内学习,刚到这里的时,我还不服水土。

另外,在HSK动态作文语料库中,发现了1例"才"的误加情况,用例如下:

(16) *人如果遇到挫折,要想一下为什么才发生这问题,慢慢想。

在例(16)中,根据上下文意思,作者并没有要表达"挫折前不久发生"的意思,此时的"才"是误加成分,应改为:人如果遇到挫折,要想一下为什么发生这问题,慢慢想。

3. 遗漏

根据统计分析,在各等级学时中遗漏所占的比例都比较大。共发现 27 例遗漏用例,其中初级 11 例、中级 5 例、高级 8 例。和误加一样,同样包括两类,一类是本组词本身的遗漏,一类是其他成分的遗漏。首先看初级阶段的遗漏情况。

1) 初级阶段遗漏情况

初级阶段共发现 11 例遗漏用例,其中"刚"10 例,"刚刚"1 例。主要看"刚"的遗漏情况,初级语料 10 例"刚"的遗漏中,有 6 例"刚"是本身的遗漏。如:

(17) *我是老挝人。今年我∧来中国南京师范大学学习中文。

(18) *我∧来中国的时候,我不会中国话。

例(17)(18)中均缺乏时间状语"刚",作者要表达"我今年来学习不久",但缺少了修饰"来中国"的时间状语,应加一个"刚"更为合适。

另外,留学生在句子中使用"刚"时,常常遗漏固定结构"刚+VP(地点)+的时候/时"的个别成分,共发现 3 例,如:

(19) *我刚来中国∧时候,不会中国话。(的)

(20) *我刚来中国∧时候一句中国话也不会。(的)

2) 中级阶段遗漏情况

中级语料中共发现 5 例遗漏情况,其中"刚"4 例,"刚刚"1 例。首先看"刚"的遗漏。在 4 例用例中共发现 3 例"刚"本身的遗漏,1 例其他成分的遗漏。例句如下:

(21) *∧开始的时候,人们都想跟胖子学。(刚)

(22) *刚上车∧我没有月票只好投币,然后找了个位子坐了下来。(时)

例(21)中遗漏了"刚"。例(22)同样是"刚+VP(地点)+时/的时候"结构中"时"的遗漏。

再看"刚刚"的遗漏用例,1 例用例中包含了两种遗漏情况,请看用例:

(23) *刚刚学汉语我∧知道我应该来中国。(就)

在本例中,首先,遗漏了固定结构中的"时";其次,"刚刚"可以与"就"连用表示两件事接连发生且间隔时间短,在本例中正有这种表达。

3) 高级阶段遗漏情况

高级阶段共发现遗漏用例 8 例,其中"刚"5 例,"刚刚"2 例,"才"1 例。

首先看"刚"的遗漏。在 5 例例句中共发现 2 例"刚"本身的遗漏,3 例其他成分的遗漏。例句如下:

(24) *跟几个韩国同学从机场直接往学校走了，∧到了南师大我们就被安排宿舍。（刚）

(25) *我想到了我在北京的朋友，那是我刚到北京∧认识的老公同事的太太。（时）

例（24）遗漏了时间状语"刚"，例（25）则遗漏了固定结构中的"时/的时候"。

2例"刚刚"的遗漏，都是其他成分的遗漏，例句如下：

(26) *一天晚上睡觉前，我刚刚趴窗户上∧看到流星了。（就）

(27) *他跟女朋友∧刚刚在一起到现在，特别不想跟女朋友分开。（从）

例（26）遗漏了"就"，例（27）则遗漏了介词"从"。

"才"的总体用例很少，在所有语料中只发现了1例遗漏的情况，例句如下：

(28) * 文杰在小饭店打工，挣钱给姐姐买结婚礼物。但∧干了一个月就被辞退了。（才）

例（28）中，作者意在表示事情发生的时间仅仅一个月，在这里用"才"比用"刚"更能表达作者的主观情感。

4. 错序

在初级阶段仅发现2例"刚"的错序偏误，HSK动态作文语料库中高级阶段发现1例"才"的错序，其他词均未见错序。这说明学生水平的提高对"刚"的使用顺序掌握越来越好。另外，对于本组词在句中的位置学生的习得还是比较好的。具体用例如下：

(29) *中国刚来的时候，我不习惯南京的生活。

(30) *她刚学开始汉语，一句汉语也不会说。

我们再看1例"才"的错序：

(31) *妈妈，昨天我念过才老舍的《月牙儿》。

结　语

通过对各个词各阶段的偏误比较分析，在各等级学时中，"刚"和"刚刚"的误加和遗漏都是占比重最大的两类偏误，随着汉语水平的提高，也在慢慢地有所减少。其中大多数是由于学生对固定结构"刚/刚刚＋V（地点）的时候/时"句式掌握不牢固造成的偏误。还有的是学生对两者与"了"共现时的情况了解不清造成的偏误，在各等级学时中都存在这几类用法掌握不清造成的偏误。由此可见，这几类用法在初、中、高级3个阶段的教学中都应该受到重视。在各等级学时的误代中"刚才"的误代率是最高的，其中主要是"刚"和"刚才"的误代，这主要是由于学生混淆两者的时间跨度造成的。"刚"的误代随着水平的提高有所减少，但是"刚才"的误代只有小幅度的下降然后上升，并且大多数误代是本该用"刚"而用成了"刚才"。因此，在各等级教学中重视两个词的区分是非常有必要的。至于"才"的偏误，主要是"才"与"刚"的混用，尽管偏误用例很少，教学中也应该引起注意。由于两者有一定的主客观的差别，故而在不同的情况下选择合适的词语是非常有必要的。

韩国大邱观光高中学生汉语祈使句习得研究

唐粟芳①

祈使句是现代汉语中用来表达建议、命令、劝阻、请求、禁止等目的的句子,与陈述句、疑问句、感叹句相比,具有显著的交际性特征。黎锦熙的《新著国语文法》(初版于1924年)是国内最早使用"祈使句"这一专门术语的著作。书中根据语气将汉语句子分为决定句、商榷句、疑问句、惊叹句和祈使句五类②。朱德熙则从功能角度出发将句子分为陈述句、疑问句、祈使句、称呼句和感叹句五类,并提出"祈使句的作用是要求听话的人做某事"的观点③。在此之后,学者们也渐渐地从句法和语用功能等方面来界定祈使句。袁毓林认为从句法形式上看,祈使句的谓语主要由表示动作、行为的谓词性词语充当;从表达功能上看,祈使句的作用主要是要求(包括命令、希望、恳求等)听话人做某事或不做某事④。同时,他还将祈使句划分为请求、乞免、建议、劝阻、命令和禁止六个类别。前人对汉语祈使句的概念、结构、语用功能等方面的本体研究已经进行了深入的探讨,取得了丰硕的研究成果,但对于祈使句的界定依然没有一个统一的说法。在留学生习得汉语祈使句的研究上,特别是针对韩国学生习得汉语祈使句的研究还不多。总体来说对汉语祈使句的研究呈现出不平衡的状态,表现为汉语祈使句的本体研究成果颇为丰硕,研究领域逐步拓宽,研究范围也不断加深,但对祈使句的偏误研究和祈使句在对外汉语教学中的研究偏少。本文以韩国大邱观光高中高一、高二年级的学生为调查对象,基于前人的研究成果,结合汉语祈使句的偏误研究、汉韩对比研究和教学研究等情况,从第二语言习得的角度出发,分析学生习得汉语祈使句的情况。

---

① 唐粟芳,桂林技师学院教师,研究方向为对外汉语习得。
② 黎锦熙. 新著国语文法 [M]. 长沙:湖南教育出版社,2007:306.
③ 朱德熙. 语法讲义 [M]. 北京:商务印书馆,1982:23.
④ 袁毓林. 现代汉语祈使句研究 [M]. 北京:北京大学出版社,1993:7.

韩国大邱观光高中是一所职业高中，设有酒店管理、观光烹饪、电脑和外语四个专业。学生们在毕业后大都从事服务型行业，为了给学生们往后的求职之路提供和创造更多的优势和机会，学校特别开设了汉语课。由此看来，汉语祈使句的学习是很重要的。此次调查共发放了 69 份问卷，回收 65 份，能够进行数据分析的有效问卷为 62 份。其中，所有受试者的母语均为韩语，年龄在 17 岁到 18 岁之间。除了高二的学生学习过一年的汉语，具备一定的汉语拼写能力之外，高一学生只有少数在初中接触过汉语，其他都是零基础学生，能够进行简单的问候、道歉、告别、询问等交流对话。本文将通过问卷调查的形式，了解学生选择祈使策略的倾向，正确习得汉语祈使句的情况以及出现的偏误现象，分析学习汉语时间对学生习得汉语祈使句的影响、正确使用汉语祈使句的差异、偏误的特点以及产生偏误的原因，并有针对性地提出教学建议，试图让韩国学生在学习汉语祈使句时少走弯路，更好地掌握汉语祈使句。

一、韩国学生祈使策略选择倾向情况分析

肖奚强在论述祈使义句的委婉程度时认为祈使义句大致可分为三种祈使强度：平直祈使、委婉祈使和超委婉祈使①。除此之外，赵燕认为反问语气也可表达祈使意义，行使祈使功能，且委婉语气低于疑问语气祈使句②。本文对此观点表示赞同，就委婉语气的强弱问题上，试比较：

你能打个电话给他吗？（疑问语气）

你不能打个电话给他吗？（反问语气）

从上述例句中不难看出，含疑问语气的祈使句和含反问语气的祈使句相比，疑问语气祈使句委婉程度更高。因此，本文要讨论的汉语祈使句不仅包括从语义功能角度划分出来的表示请求、乞免、建议、劝阻、命令和禁止的 6 类祈使句，也包括从祈使语气角度划分出的四种祈使句：陈述语气祈使句、反问语气祈使句、疑问语气祈使句、感叹语气祈使句。

结合袁毓林对祈使句的分类，本文将祈使策略分为肯定式祈使、否定式祈使、委婉祈使和超委婉祈使四个类型（见表1）。

---

① 肖奚强. 试论祈使义句教学 [J]. 汉语学习，1993 (6)：43-45.
② 赵燕. 吉尔吉斯斯坦学生汉语祈使句习得中的偏误研究 [D]. 乌鲁木齐：新疆大学，2014.

表 1 祈使策略分类表

祈使策略	肯定式祈使	命令	例：和我去看电影！
		请求	例：请和我去看电影吧。
		建议	例：和我去看电影吧。
	否定式祈使	禁止	例：不要和我去看电影！
		劝阻	例：还是别和我去看电影了。
		乞免	例：请不要和我去看电影。
	委婉祈使	反问语气	例：你不能和我去看电影吗？
		疑问语气	例：你能和我去看电影吗？
	超委婉祈使	陈述语气	例：这部电影我还没看过。
		感叹语气	例：这部电影评分好高啊！

表 1 中，肯定式和否定式祈使句比较直接地表达了说话人的想法和愿望，属于平直祈使；委婉祈使和超委婉祈使对语境有一定的依赖性，特别是超委婉祈使对语境存在较大的依赖性，比如陈述语气的祈使句"这部电影我还没看过"，言外之意是：你和我去看吧，委婉地表达说话人想去看电影的请求。如果脱离了一定的语境，这句话很容易被认为是一般的陈述句和感叹句，我们就无法分析出句子中包含的祈使义。

基于此，本文设置了五道情景选择题，分别为：(1)你刚做好一个面包，想请老师尝一尝，你会怎么说？(2)买东西时发现自己忘记带钱了，想让朋友李明借十块钱给你，你会说什么？(3)金东民下课后想去网吧玩游戏，但是今天有很多作业，你该怎么劝他？(4)你在房间写作业的时候弟弟在你旁边大声地玩游戏，你想让他出去玩，你会怎么对他说？(5)你发现善宇在学校厕所里抽烟，你希望他不要抽烟了，你会怎么说？从祈使句语气和功能两方面出发，设置了相应的选项，答案无正确错误之分，旨在考查学生在具体情景中对汉语祈使策略的选择倾向。

表 2 祈使策略选择倾向统计表

题号	年级（专业）	祈使策略									
		命令	请求	建议	禁止	劝阻	乞免	反问语气	疑问语气	陈述语气	感叹语气
(1)	高一（5）	1	9	7					4		0
	高一（8）	0	10	5					5		0
	高二（9）	2	12	3					3		1
	百分比（％）	4.8	50	24.2					19.4		1.6

(续表)

题号	年级（专业）	祈使策略								
		命令	请求	建议	禁止	劝阻	乞免	反问语气	疑问语气	陈述语气	感叹语气
(2)	高一(5)	4	1	0					16	0	
	高一(8)	3	0	2					13	2	
	高二(9)	0	0	8					13	0	
	百分比(%)	11.3	1.6	16.1					67.7	3.2	
(3)	高一(5)	1	9		4		2			5	
	高一(8)	3	11		3		1			2	
	高二(9)	2	4		7		4			4	
	百分比(%)	9.7	38.7		22.6		11.3			17.7	
(4)	高一(5)	9	6	4			2	0			
	高一(8)	9	9	1			1	0			
	高二(9)	6	6	5			1	3			
	百分比(%)	38.7	33.9	16.1			6.5	4.8			
(5)	高一(5)				2	2	7			4	6
	高一(8)				2	7	2			3	7
	高二(9)				2	8	1			2	7
	百分比(%)				9.7	27.4	16.1			14.5	32.3

通过统计、分析和对比，可以发现学生在祈使策略的选择倾向上：

1. 运用礼貌、委婉的祈使策略程度较高

表2中，学生运用礼貌、委婉的祈使策略的百分比分别为95.2%、88.7%、79.0%、56.5%、75.8%，由高到低排列对应的祈使对象分别是老师、朋友、弟弟和同学，从中可以发现当祈使对象的身份越高，或祈使行为发生的原因越敏感时，学生实施的祈使策略就越委婉，而与祈使对象关系越亲密时，实施祈使策略的委婉程度越低。

2. 倾向于使用单一的祈使策略

这些祈使策略主要包括表建议、请求、劝阻、命令类的祈使句，比如题（1）学生的选择多集中在建议和请求类上，题（3）集中在建议和劝阻类上，题（4）则集中在命令类和请求类上。

3. 与高一学生相比，高二学生运用的祈使策略更为丰富

在题（1）和（4）中，高一学生基本没有选择含感叹语气和反问语气的祈使策略，高二则有1.6%和4.8%的学生选择了这些祈使策略。另外，在题（3）中，运用"今天还是别去网吧了""难道你写完作业了吗"表劝阻和反问语气祈使策略的高二学生明显比高一学生多，分别占33.3%、19.0%，高一只占17.1%、7.3%。不难看出，高二学生由于学习汉语时间更长，与祈使句相关的否定副词、句末语气词和语气副词等的选择都更加丰富，在祈使策略的运用上也更加丰富。

4. 相较于老师和朋友，对待比自己小的亲人时使用命令类祈使句的频率最高

在题（1）（3）（4）三个情景中，学生使用命令类祈使句的百分比分别为4.8%、9.7%、38.7%。这表明祈使策略的选择和祈使对象存在着密切的关系，当祈使对象是老师和朋友时，学生往往偏向于使用礼貌、得体的祈使策略，当祈使对象是比自己小的亲人时则偏向于使用直接、强烈的祈使策略。从题（1）（3）中也可以看出，相较于其他表建议、请求、劝阻类的祈使句，命令类祈使句的使用率较低，侧面显示出在韩国与同辈或长辈相处时礼貌分寸是很重要的。

二、韩国学生正确使用汉语祈使句情况分析

该部分将情景设置在餐厅、百货商场里和航班上，根据开放性的回答分析学生正确运用汉语祈使句进行交际的能力。

（一）正确使用汉语祈使句的比例分析

在收集到的186条语料中，50条为正确使用汉语祈使句的语料。从表3可以看出，3个班级正确使用汉语祈使句的百分比分别为15.9%、26.7%、38.1%，高一和高二正确使用汉语祈使句的比例约为1∶1.8。由此可知学习汉语时间越长，学生对汉语祈使句的掌握越好，正确使用汉语祈使句的比例越高。

表3　正确使用汉语祈使句统计表

年级（专业）	所有语料	正确语料	百分比（%）
高一（5）班（酒店管理）	63	10	15.9
高一（8）班（观光料理）	60	16	26.7
高二（9）班（外语）	63	24	38.1

（二）正确使用汉语祈使句的差异分析

从句法结构上来说，祈使句可以分为提醒语、关键行为语、附加行为语三个部分①，例如，"风真大啊，你把窗户关上，行吗？"其中"风真大啊"是提醒语，引起对方的注意，也是关键行为语"你把窗户关上"的原因，"行吗"作为附加行为语，带有商量的语气，能更好地达到祈使目的。在这三部分中，提醒语和附加行为语可以不出现，关键行为语则不行，它是祈使句中核心的部分，不能省略。以下是从提醒语、关键行为语、附加行为语三个方面统计学生正确使用汉语祈使句的情况。

表4 正确使用汉语祈使句差异统计表

年级（专业）	提醒语 （使用人数/总人数）	关键行为语 （使用人数/总人数）	附加行为语 （使用人数/总人数）
高一（5）班 （酒店管理）	2/10	10/10	3/10
高一（8）班 （观光料理）	3/16	16/16	3/16
高二（9）班 （外语）	6/24	24/24	7/24

表4中不同年级的学生在这三个方面呈现出的差异也有所不同。

1. 提醒语使用方面

从整体来看，高一和高二的学生都较少使用提醒语，但相比高一年级，高二年级的学生更加倾向于使用提醒语，两个年级使用提醒语的百分比分别为19.2%和25%。另外，高二年级学生使用的提醒语更为丰富，不仅包括高一年级的学生使用的"你好""您好"或"请问"，还包括"不好意思"或直接称呼对方"服务员"。

2. 关键行为语使用方面

高一学生由于学习汉语的时间较短，词汇量较少，偏向于使用简单的短语来实现祈使行为，比如"一份牛排""一杯咖啡""有大的吗"等；高二学生学习汉语的时间较长，使用的词汇更加复杂，比如"请再来一份牛排""有大一点儿的吗""我想要一杯咖啡""我想喝咖啡"，或者"大一点儿的有吗"，将动词"有"放到宾语后面，在口语中我们常常会这样说，可以看出他们的语感更为丰富，在表达祈使行为时语句更加完整。

---

① 严婵娟. 泰国宋卡王子大学学生汉语祈使句学习情况调查［D］. 昆明：云南大学，2016.

3. 附加行为语使用方面

附加行为语的使用和提醒语的使用有一定的相似性,高一年级和高二年级的学生使用附加行为语的人数都不多,百分比分别为 23.1% 和 29.2%。在附加行为的使用上,高一年级的学生几乎都使用"谢谢"来结束祈使行为,而高二年级个别学生也会使用"好吗""有吗"这样的反问语气词。

三、韩国学生汉语祈使句习得偏误情况分析

学生在学习汉语的过程中难免会产生偏误,本文将学生的偏误进行整理分析,主要有错序、遗漏、误加、误代四类,另外,也有多种偏误类型杂糅在一起的情况,下面将展开具体分析。

(一)汉语祈使句偏误类型

1. 错序

在祈使句中,学生因把某些词语或结构放错位置而产生的偏误,我们称之为"错序"。

(1) 谓语错序

＊请再一份牛排来。(高一)

动词"来"应放在数量名词前,副词"再"的后面,应改成"请再来一份牛排"。

(2) 状语错序

＊请来一份牛排再。(高一、高二)

＊请来再一份牛排。(高一)

这两个句子中,副词"再"的位置不对,应放在动词"来"前面作状语,改成"请再来一份牛排。

(3) 介词错序

＊请我一杯咖啡给,谢谢!(高一)

"给"作为介词,后面应该加双宾语,因此,这句话可以改成"请给我一杯咖啡,谢谢!"

(4) 状中结构错序

＊请一份牛排再来。(高一、高二)

"再来"的状中结构起到修饰限定后面名词的作用,不能放在句子的末尾,应改成"请再来一份牛排。

(5) 数量结构错序

＊请给我咖啡一杯，谢谢！（高二）

在"数量名"结构中，数量结构应放在名字前面起到限定的作用，该句中学生错把"一杯"和"咖啡"的位置交换了，因此形成了偏误，正确的说法应该是"请给我一杯咖啡，谢谢"。

（6）双宾结构错序

＊请给咖啡我，谢谢！（高二）

在"给＋双宾语"的结构中，"咖啡"是直接宾语，"我"是间接宾语，因此，正确的句子应为"请给我咖啡，谢谢"。

2. 遗漏

学生在使用祈使句时，因缺少某些词语或成分而产生的偏误，称之为"遗漏"。

（1）动词遗漏

＊请再一份牛排。（高一）

＊大一点儿的吗？（高二）

很明显学生把动词"来"和"有"遗漏了，正确的句子应该是"请再来一份牛排""有大一点儿的吗？"

＊我想一杯咖啡。（高二）

在能愿动词"想"后缺少一个谓语动词，应改成"我想喝一杯咖啡"或"我想要一杯咖啡"。

（2）介词遗漏

＊我一杯咖啡，谢谢！（高一）

在这里，缺少介词"给"，改成"给我一杯咖啡，谢谢"，或者也可以改成名词谓语句"一杯咖啡，谢谢"。

（3）宾语遗漏

＊请给咖啡。（高一）

这个祈使句中缺少宾语，应改成"请给我咖啡"。

（4）语气词遗漏

＊有大的？（高一）

从句法上来说这句话是没有问题的，只是语义听起来像是"有大的？那给我大的吧"，这与学生要表达的意思不符，很明显学生是在表达疑问时把句末的语气词"吗"遗漏了，正确的表达应该是"有大的吗？"

3. 误加

在祈使句本身结构完整的情况下，因某些成分多余而形成的偏误，称之为"误加"。

(1) 动词误加

＊牛排一份请。（高一）

＊我想喝要咖啡。（高二）

动词"请"一般不放在句末。第二个句子中已经有动词"喝"了，再加动词"要"显得成分多余。因此，正确的句子应为"牛排一份""我想喝咖啡"。

(2) 形容词误加

＊有大的一点儿吗？（高一）

＊请问，有一点儿大的吗？（高二）

这两个祈使问句中，学生分别把形容词"一点儿"加在"大的"的前后，显得多余，直接说"有大的吗？""请问，有大的吗？"就可以了。

(3) 助词误加

＊大一点儿的，有的吗？（高二）

"有吗"使句子语气变得更加委婉，一般不用"有的吗"，因此，句子应该改成"大一点儿的，有吗？"

4. 误代

句子中因某些成分在发音上相似或在形式、意义上相近而产生的偏误，称之为"误代"。在收集的语料中误代的情况较少，主要是量词误代和语气词的误代。

(1) 量词误代

＊来一个牛排。（高一）

"个"是学生最早接触到的量词，修饰的名词有很多。"牛排"一般不用"个"。在这里，学生错用量词"个"来代替"份"，正确的说法应为"来一份牛排"。

(2) 语气词误代

＊请给我咖啡吗。（高一）

"吗"一般用在问句的句末，不用在陈述句中，在这里，学生应把"吗"改成"吧"，或把"吗"省去，"请给我咖啡"也行。

5. 其他

还有的祈使句偏误情况比较复杂，例如：

＊一牛排请。（高一）

在这句话中，学生应该想要表达"请再来一份牛排"，但表达出来的祈使句中既缺少量词"份"和动词"来"，"请"的位置也放错了，将几种偏误集合在了一起，让人感觉怪怪的。

＊请咖啡我谢谢。（高一）

句子结构一长，学生很容易将某些成分遗漏，在顺序上也很容易搞错，实际上学生想要表达的应该是"请给我一杯咖啡，谢谢"。

＊有的一点儿大吗？（高二）

该句结构杂糅，像是词汇随意组合在一起，让人摸不着头脑，不知道学生要表达的是什么。

（二）汉语祈使句偏误特点

从以上偏误分析的情况来看，韩国学生习得汉语祈使句时发生错序和遗漏的偏误情况很多，除此之外，也形成了一些其他的特点。

1. 错序和遗漏的偏误率较高

主要表现为谓语、状语、介词的位置放错，还有数量结构、状中结构和双宾句结构错序。另外，遗漏也是学生较容易产生的偏误，主要有动词、介词和语气的遗漏，在人称代词作宾语时也容易出现遗漏，如"请给一杯咖啡"，遗漏了作为宾语的"我"。这说明学生对某些词语的意思掌握得不到位，对汉语祈使句的结构还不太熟悉，汉语的语感还没有形成，以至于在造句时频频发生错序的偏误。

2. 汉语水平越高偏误情况越复杂

比如"大一点的，有的吗？""我想喝要咖啡"，学生把"有"和"有的"的用法搞混了；"想喝"已经表达出自己的想法了，再加"要"显得多余。我们认为这与高一和高二学生的汉语水平有关，高二的学生掌握的词汇量更多，语言的选择更多，在表达时如果分不清某些词语的用法，将所学的词都用上，会使语言表达变得更加复杂。

3. 语言客气和礼貌程度较高

大部分学生在实现祈使行为时都用了表示礼貌的敬辞"请"，比如"请再来一份牛排""请给一杯咖啡，谢谢"或将"请"字放到句末"牛排一份请"，敬辞"请"的适当使用会让语言表达更加礼貌得体。另外，不少的学生会通过问候语"您好"来引起对方的注意，而实际上在这些场合中双方的关系是平等的，更有俗话说"顾客就是上帝"，所以用"你好"就可以了。"不好意思，请来一份牛排"也是一样，先向对方致歉，再用敬辞"请"点餐，使得语言表达过于客气、委婉。

四、韩国学生习得汉语祈使句偏误原因及教学建议

（一）韩国学生习得汉语祈使句的偏误原因

1. 受母语负迁移影响

母语负迁移是第二语言习得过程中不可忽视的问题。韩语语法体系里也存在祈使句这一语法现象，但内在结构却是不一样的。因此，学生在习得汉语祈使句

的过程中不可避免地会将汉语祈使句与韩语中的祈使句进行比较。从问卷调查中可以发现，韩国学生在学习汉语祈使句时发生错序的偏误是最多的，这与韩语的句法结构有很大的关系。在表达否定祈使句时，汉语否定祈使句的谓语常常是"否定祈使标记＋动词"，而韩语否定祈使句的谓语是"动词＋否定祈使标记"。鞠金城认为韩语否定祈使句的标记比较单一，主要使用"ー지말다"作为祈使句否定标记[1]。比如：

不要说话了。（汉语表达）

말하지마세요．（韩语表达）

"말하다"是说话的意思，"(으)세요"是表示请求命令的非格式体终结词尾，放在"지말다"后共同形成否定祈使的表达。对初级汉语水平的韩国学生来说，学生可能会造出"说话不要"的句子来，直接将中文词语套到韩语的句子结构中使用。

另外，数量名结构的表达在中韩两种语言中也有所不同，韩语习惯把作定语的数量结构放在名词的后面，比如"연필（铅笔）한자루（一支）""아이스크림（冰淇淋）두개（两个）"，语料中不少学生常常会把"一份牛排""一杯咖啡"说成"牛排一份""咖啡一杯"，作为名词谓语句单独说是可以的，但和其他句子成分一起出现时，如"请再来一份牛排"，就不能说成"请再来牛排一份"。

2. 受第一外语影响

英语是韩国大邱观光高中学生的必修课之一，受试学生的第一外语均为英语，这对韩国学生习得汉语祈使句也存在较大的影响。比如：

我想要一个汉堡包。（汉语表达）

I want a hamburger.（英语表达）

在这个句子中，"想"是一个能愿动词，后面必须加上其他动词才能表达完整的意思，与英语中"want"的意义并不是完全对等的关系。汉语中一个词往往有多种意义或用法，这也是学生学习汉语的过程中遇到的一个较大的难题。因此，学生在表达时会简单地将"want"翻译成"想"，出现"我想一杯咖啡""我想一份牛排"等类似的表达。另外，也有较多将敬辞"请"放在句末的偏误语料，比如"一份牛排请"，是直接套用了英语当中"A steak, please"的表达方式。

3. 受本国文化影响

韩国是一个受传统礼教文化和长幼尊卑观念影响较大的国家，在韩国生活时间长了就会发现韩国人在人际交往的过程中总是以礼相待，这主要体现在点头、

---

[1] 鞠金城. 韩汉祈使句对比研究［D］. 上海：上海外国语大学，2014.

鞠躬、行礼等肢体语言上。在语言上，韩国人也格外礼貌，给人一种十分客气的感觉，比如说话时总是小心翼翼，显得谨慎又委婉，这种说话方式也会潜移默化地影响韩国学生学习汉语祈使句。在交流中，学生往往为了显得礼貌而使用敬辞，但如果不分场合地使用敬辞来加强礼貌程度，其实是违反汉语会话的交际性原则的。比如学生在点餐时说："不好意思，请来一份牛排。"本来是想礼貌地引起服务员的注意，但听起来却有一种做了错事在先的感觉。

4. 学习者自身原因分析

本次调查的对象都是17—18岁的高中生，相较于初中生，性格更加内敛。其次，本人所在的学校是一所私立职业高中，学生的专业分别是酒店管理、旅游烹饪、外语专业，相较于普通高中来说，职业学校的学习氛围比较轻松，学生们的压力也比较小，因此常常有迟到或早退的现象出现。酒店管理和旅游烹饪专业重视发展学生的实际操作能力，这样一来必然忽视了口语表达能力的重要性，而外语专业的学生以英语学习为主，花费在英语上的时间更多，长此以往也是不利于学生学习汉语的。学生毕业后大都从事服务业，从着装到形态都会严格要求，这种整齐划一的态度在一定程度上也会影响学生的口语表达，造成语言表达不灵活、过于礼貌客气等问题。

（二）汉语祈使句教学建议

本文将从汉语教师、课堂和学习策略三个方面提出教学建议，降低学生习得汉语祈使句的难度。

1. 汉语教师自身素质方面的建议

（1）提高对汉语祈使句的认识

对母语是汉语的人来说，运用祈使策略达到自己的目的是信手拈来的一件事情。但对第二语言的学习者来说，即使是简单的祈使句，如"请往这边走"，在使用时也很容易产生错误。因为祈使句的正确使用，不仅指语法上的正确使用，也包括语用方面的正确使用，这不仅要求学习者有一定的汉语基础，而且要求学习者了解汉语中的基本交际原则。因此，作为教师，我们要不断提高自身的知识储备，这既包括汉语基础知识，也包括汉语的习惯表达方式以及重要的交际原则等。

（2）加强母语和目的语的对比

韩国观光职业高中的学生汉语祈使句中由于受母语负迁移影响而出现偏误的情况是比较多的。对于这种情况，教师应提前了解目标句在韩语中对应的说法，预设学生可能会犯的错误，思考如何规避由母语负迁移产生的偏误。通过加强学生母语和目的语的对比，可以让学生清晰地了解两种语言的相似之处与不同之

处,从而降低学生形成偏误的概率。比如祈使句"来一只北京烤鸭",在教学时教师要着重强调动词"来"的位置,与韩语"북경오리한마리를주다"中的动词"주다"加以对比,学生在下次运用中就会注意,从而减少偏误的发生。

2. 课堂教学方面的建议

(1) 采用归纳总结法

高中学生已经具备一定的逻辑思维,对知识点的归纳总结会让学生觉得汉语是有规律可循的,教师可以首先给予刺激,接着强化学生的祈使行为,最后达到规范学生使用汉语祈使句的目的。比如偏误率较高的错序情况:

*请给咖啡我。

请给我咖啡。

将偏误句和正确句式进行比较,强调在"给+双宾语"的结构中,双宾语的顺序为"间接宾语+直接宾语",间接宾语"我"要放在直接宾语"咖啡"的前面,因此,正确的句子应为"请给我咖啡,谢谢"。

(2) 坚持精讲多练教学原则

精讲多练一直是对外汉语教学中一条重要的教学原则。特别是汉语祈使句的习得,依赖一定的情境,这就要求教师要善于利用课堂上的真实情境,落实精讲多练的原则,帮助学生有效地达到祈使的目的。在一堂课当中,经常有学生向老师提出去洗手间的请求,教师不妨抓住这个典型情境,帮助学生掌握与之相关的祈使表达,比如:

A. 老师,我想去洗手间。(直接表达想法)

B. 老师,我想去洗手间,可以吗?/行吗?(委婉)

C. 老师,我肚子疼。(超委婉)

3. 学习策略指导方面的建议

(1) 了解学生汉语祈使句的学习策略

在韩国大邱观光高中进行汉语教学时,不管是原语民教师(对来自国外的在韩国任教的外语教师的称呼)还是韩国汉语教师,在课堂上往往更关注课本内容和教学目标的达成,而忽视了学生的学习策略对学生习得汉语祈使句的影响。为了更好地了解学生的学习策略,在教学搭档的帮助下,本人与大邱观光高中汉语成绩较好的学生围绕"你是如何学习汉语祈使句的"这一话题进行了简单的访谈。

学生A:我在长春上过学,常常和中国朋友一起去看电影、吃火锅、旅游,不知不觉学会很多汉语祈使句的表达。同学有不懂的地方会来问我,让我很有自豪感。

学生B:在汉语句子下面标注韩语意思时,我会不自觉地比较它们的不同，记在我的笔记本上。这样复习起来很方便，我想学习好汉语，以后去中国留学。

以上两位学习者采取的是积极的学习策略，学习动机更加强烈、持久，有利于汉语祈使句水平的提高。但也有两位学习者在访谈中表现出学习动力不足的一面。

学生C：我对汉语祈使句不太了解，并且觉得汉字很难，汉语的声调也很难掌握。

学生D：我很喜欢课堂的游戏环节，但其他时候我都会做自己的事。

学生C对汉语祈使句没有形成基本的认识，对汉字和声调产生了畏难情绪，这种畏难情绪会迁移到汉语其他方面的学习中去，进而影响汉语祈使句的学习。学生D则倾向于"在游戏中学"的学习策略，回避其他环节的学习，长此以往也不利于汉语祈使句的学习。

这提醒我们，在合作教学的过程中，教师应分工协作，既要注重教师的教，也要注重学生的学。对于学生的畏难情绪和回避策略，教师应该鼓励学生主动开口，对学生的进步及时表扬，提高学生习得汉语祈使句的能力。

（2）引导学生形成正确的汉语祈使句思维模式

首先，从祈使句的认知方面着手，让学生明白祈使句是用来表达"希望某人做某事或不做某事"的句子，有请求、乞免、建议、劝阻、命令和禁止6个类别，大量运用在口语当中，形成汉语祈使句的基本认识。

其次，重点观察学生运用祈使策略的行为，针对学生习得汉语祈使句时呈现出的错序和遗漏偏误率较高，汉语水平越高偏误情况越复杂，语言过于客气和礼貌的特点，教师应在不影响学生汉语学习积极性的情况下，及时纠正，只有反复纠正才能让学生形成正确的祈使句思维模式，从而减少偏误的出现。特别是随着祈使句的难度变大，教师在鼓励学生的同时也要加大祈使句的纠正力度，引导学生规范地使用汉语祈使句，保证学生在长时间学习汉语后，运用汉语祈使句的能力越来越强。

结　　语

本文围绕韩国大邱观光高中学生汉语祈使句习得情况展开分析，发现韩国学生在祈使策略的选择倾向上存在运用礼貌、委婉的祈使策略程度较高，整体上倾向于使用单一的祈使策略，高二学生相对于高一学生来说运用的祈使策略更为丰富等现象。学习汉语的时间长短对学生习得祈使句有一定的影响，但随着祈使句的难度变大，学习汉语的时间对习得祈使句的影响并不明显。在提醒语、关键行为语和附加行为语上，高二学生由于学习汉语的时间较长，词汇量更多，语感更为丰富，在表达祈使行为时语句更加完整。

其次，韩国学生习得汉语祈使句的偏误类型主要有错序、遗漏、误加和误代，并呈现出错序和遗漏的偏误率较高、汉语水平越高偏误情况越复杂、语言客气和礼貌程度较高的偏误特点。究其原因，主要受母语负迁移、第一外语英语、韩国文化以及学习者在学习策略和学习态度等方面的影响。对此，本文认为汉语教师应提高对汉语祈使句的认识，加强母语和目的语的对比。在课堂教学方面，采用归纳总结法，坚持精讲多练教学原则；在学习策略指导方面，利用韩国独特的搭档教学模式，汉语教师应多了解学生的学习策略，引导学生形成正确的汉语祈使句思维模式。

对外汉语教学视角下的汉语称谓语研究述评

陶 然[①]

引 言

中国的文化博大精深、源远流长,在汉语称谓语系统中也体现了这一点。汉语称谓语是汉语中一个复杂且庞大的系统,其中分支错综复杂,涉及礼教、道德等各个方面。汉语称谓语不仅有着深刻的文化内涵,而且伴随着社会的不断发展还相继产生新的意义,与此同时汉语称谓语的使用也随之发生变化。在日常生活交流中,汉语称谓语是很常见的,我们称呼某一个人或者某一类人的时候就会使用到汉语称谓语。伴随着语言学理论研究的不断深入和广泛传播,汉语称谓语的研究成果越来越丰富,本文主要从汉语称谓语本体研究和对外汉语教学两个方面进行回顾。

一、与汉语称谓语相关的本体研究

汉语称谓语在语言系统中占有重要地位。从学界已有的现代汉语称谓语系统研究来看,我国学者对汉语称谓语本体研究一直都比较关注,且研究成果丰富。通过查阅相关文献,发现我国学者对汉语称谓语进行了多方面研究,不仅包括汉语称谓语的概念、分类,还涉及某个特定汉语称谓语、某个特定群体使用的汉语称谓语及其文化等。

(一)汉语称谓语的概念

汉语称谓语到底是什么,大部分人都只有比较模糊的概念。关于汉语称谓语

[①] 陶然,扬州大学2018级汉语国际教育专业硕士生。

具体概念的界定，学术界一直存在争议。提到汉语称谓语，不得不提的就是称呼语。

第一种，汉语称谓语和称呼语是等义的。在《汉语大词典》中"称谓"被解释为"称呼，名称"。孙维张指出所谓称谓换一种说法就是称呼，是指人们在日常交际过程中怎样称呼别人或者别人对自己的称呼，在一定程度上用来表示被称呼者的职业、地位和身份①。第二种观点，汉语称谓语和称呼语是包含与被包含的关系。在《现代汉语词典》（第7版）中，"称谓"被解释为人们由于亲属或者其他方面的相互关系，比如父亲、师傅、哥哥、妹妹等。李明洁提出现代汉语语汇中凡为完成表述功能并具有一定指称作用的词汇都可以称为指称语；指称语中指人的那一部分就称为称谓语；而在称谓语中具有自我描述功能的则是面称语②。第三种观点，称谓语与称呼语是两个具有密切联系但又有一定差异性的概念。李彦春提出称呼就是在日常交流中当面招呼表示彼此关系名称的词语，称谓语则是对他人介绍、表明他人身份的词语。即汉语称谓语和称呼语因实际用途不同被划分为不同的概念③。

（二）汉语称谓语的分类

学术界对汉语称谓语的研究不仅要涉及具体概念的划分，而且涉及汉语称谓语具体分类的研究。

汉语称谓语的分类散见于各种论文著作当中。大家最熟悉的就是分为背称和面称两种。崔希亮认为"面称就是称呼性称谓，背称就是指称性称谓。如亲属称谓的'爸爸、妈妈'是面称，'父亲、母亲'是背称。有些称谓面称和称谓同形，如'舅舅、老王'等。"崔希亮按照汉语称谓语的交际功能将它分为9个层次，分别为代词称谓、亲属称谓、社交称谓、关系称谓、职衔称谓、谦敬称谓、姓名称谓、亲昵称谓和狎昵称谓④。李树新将称谓语分为对称、叙称、自称。卫志强将称谓语分为六类：姓名或名、亲属称谓、表示身份的名称或身份名称前加姓氏、职业或职务名称、某些等义于称呼名词的词汇形式、隐称呼⑤。郑尔宁按照交际功能将社会称谓语分为社交、关系、职衔、谦敬、亲昵和戏谑六个部分⑥。曹炜将汉语称谓语分为亲属称谓语和社会称谓语两大类，又将亲属称谓语

---

① 孙维张. 汉语社会语言学 [M]. 贵阳：贵州人民出版社，1993.
② 李明洁. 现代汉语称谓系统的分类标准与功能分析 [J]. 华东师范大学学报（哲学社会科学版），1997（5）：92-96.
③ 李彦春. 令留学生头疼的称呼 [J]. 北京师范大学学报（人文社会科学版），2000（6）：122-126.
④ 崔希亮. 现代汉语称谓系统与对外汉语教学 [J]. 语言教学与研究，1996（2）：34-47.
⑤ 卫志强. 称呼的类型及其语用特点 [J]. 世界汉语教学，1994（2）：10-15.
⑥ 郑尔宁. 近二十年来现代汉语称谓语研究综述 [J]. 语文学刊，2005（2）：120-122.

细分为直系亲属面称称谓语和直系亲属背称称谓语。如爸爸、妈妈、爷爷、奶奶属于直系亲属面称称谓语，例如祖父、祖母、母亲、父亲属于直系亲属背称称谓语。同样，旁系亲属称谓也被分为面称和背称两类①。本文暂且采用马宏基、常庆年在《称谓语》② 一书中的分类方法，即汉语的称谓语分为亲属称谓语和社会称谓语两个系统。

（三）针对某个特定汉语称谓语的研究

代瑛主要分析社会政治经济环境与民族思维方式对"同志"这个称谓语的影响，探究它的词义随着社会发展所产生的演变，并揭示了这个称谓语演变的规律③。邢颖阐述了"小姐"这一汉语称谓语在不同历史时期的不同含义，揭示汉语称谓语与社会变迁各因素之间的关系④。刁晏斌通过对"您""先生""同志""爱人"四个称谓语使用情况考察和分析，阐述一个民族或社会在特定历史时期的思想意识和心理状态⑤。

（四）针对某个特定群体使用的汉语称谓语的研究

许晶列举了四类大学校园常用的汉语称谓语，揭示汉语称谓语与传统文化的关系⑥。葛星考察女性称谓语的现状，提出使用女性称谓语应当遵循得体原则和尊重原则⑦。周梅芳通过对当代大学生使用的社会称谓语进行调查，分析了其中存在的"凝固化"现象，并揭示了拟亲属称谓语使用频率高、女性社会称谓语缺位、对年轻人用"喂"或者无称谓频数高于中老年人、"女士、同志"这两个社会通称在大学生中不流行这四个特点⑧。

（五）从文化角度对汉语称谓语的研究

叶南提出汉语称谓语系统中的亲属称谓语体现了我国文化中的等级观念，社会称谓语体现了官本位观念，虚拟亲属关系称谓语体现了亲和观念⑨。李慕杰从汉英文化的差异入手，探究汉英称谓语的异同，帮助读者了解差异背后蕴含的文

---

① 曹炜. 现代汉语中的称谓语和称呼语 [J]. 江苏大学学报（社会科学版），2005（3）：62-69.
② 马宏基，常庆年. 称谓语 [M]. 北京：新华出版社，1998
③ 代瑛. 浅析称谓语"同志"与社会政治环境、民族思维方式之间的关系 [J]. 南方论刊，2007（10）：58-59.
④ 邢颖. "小姐"称谓语的演变及其社会原因 [J]. 科教文汇（中旬刊），2007（10）：196.
⑤ 刁晏斌. "文革"中一组称谓语使用情况考察 [J]. 大庆师范学院学报，2007（4）：113-115.
⑥ 许晶. 现代大学校园称谓语解析 [J]. 吉林广播电视大学学报，2006（1）：45-47+49.
⑦ 葛星. 论新时代社交场合的女性称谓语 [J]. 中华女子学院山东分院学报，2008（3）：43-45.
⑧ 周梅芳. 当代大学生社会称谓语使用中的"凝固化"现象 [J]. 浙江海洋学院学报（人文科学版），2008，25（12）：52-56.
⑨ 叶南. 论汉语称谓语的文化内涵 [J]. 西南民族学院学报（哲学社会科学版），2001（6）：220-222.

化根源与价值观念，更好的促进文化交流和跨文化交际①。陆亚芳从人们对亲属、陌生人、同事同学的称谓三个方面来解读语言中的文化内涵②。

关于汉语称谓语的概念以及分类，学术界是一直存在争议的。所谓汉语称谓语，将其定义为与他人交流过程中称呼交流对象的语言符号。汉语称谓语不仅仅是语言现象，也是一种社会现象，而且与社会发展密不可分。从表面上看，汉语称谓语只是对某个人或者某一类人的称谓，实际上不同的汉语称谓语代表着人与人复杂的社会关系，鉴于每个人所秉持的文化信仰、价值观念、身份地位不同，在与别人的交流过程中对汉语称谓语的选择也不尽相同。

二、汉语称谓语与对外汉语教学研究

（一）汉语称谓语教学研究

温象羽通过对13名留学生学习汉语称谓语时出现的情况进行分析，深入探讨产生偏误的原因，提出在对外汉语教学过程应当遵守的教学原则、突出教学重点并提出相应的教学方法③。凌德祥根据对外汉语教学中的问题，关于汉语称谓语中的面称问题进行了有价值的总结分析④。周健认为在对外汉语教学中，16个汉语称谓语才是教学的重点，这16个汉语称谓语在口语中经常使用，对外汉语教师在教学中要分阶段，要有层次性。此外，还要结合具体的语境，注意不同的语言的对比以及不同文化背景所产生的影响⑤。李忠平对汉语称谓语的分类、特性进行研究，并在对外汉语教学方面提出"因材施教"的教学策略，对对外汉语教学提出分阶段、结合语境、情景教学的教学建议⑥。代玲玲揭示汉语称谓语的文化内涵包括以礼相待的理解文化、等级森严的宗法体质、"允执其中"的谦敬哲学、"家国同构"的政治模式，从词汇、口语、文化三个角度分别阐述教学策略⑦。

（二）从对外汉语教学角度的汉语称谓语教学研究

丁夏提出汉语称谓语词汇的教学离不开汉民族文化背景，应当注意汉语称谓

---

① 李慕杰. 汉英称谓语中文化差异初探 [J]. 北京第二外国语学院学报，2005（2）：58-60+57.
② 陆亚芳. 汉语称谓语的文化内涵 [J]. 东华大学学报（社会科学版），2006（2）：35-37.
③ 温象羽. 称谓语：对外汉语教学中的一个难点 [J]. 天津师大学报（社会科学版），1997（6）：75-80.
④ 凌德祥. 现代汉语面称系统的不对称性与对外汉语教学 [J]. 南京大学学报（哲学·人文科学·社会科学版），1998（1）：183-189.
⑤ 周健. 汉语称谓教学探讨 [J]. 语言教学与研究，2001（4）：31-38.
⑥ 李忠平. 析对外汉语教学中的称呼语教学 [D]. 长沙：中南大学，2007.
⑦ 代玲玲. 对外汉语教学中的称谓语研究 [D]. 合肥：安徽大学，2011.

语的民族性、丰富性与变异性，对对汉语教学中的称谓语教学进行讨论，并给出了对外汉语教材的编写意见①。李彦春指出留学生学习汉语称谓语过程中，由于汉语称谓语系统本身不够规范以及汉语称谓语本身丰富的语义，教师的教学策略应当作出相应的调整，通过总结学生在习得的过程中出现的偏误，做出相应的改进提高②。陈佩秋指出日本留学生在使用汉语拟亲称呼时出现的问题，分析出现这种偏误的原因，避免留学生在交际中重复出现错误③。王春霞探讨了欧美留学生汉语称谓语的教学，寻找汉语称谓语教学中存在的问题，揭示称谓语系统的文化差异，以期找出第二语言教学中称谓语教学的具体办法和有效途径④。何洪霞采用访谈和问卷调查两种方式，分析留学生拟亲称谓语接受度、社交称谓语选择因素以及习得因素、教材学习内容满意度，探讨学生社交称谓语使用出现的偏误原因，并提出相应的教学对策⑤。刘笛以中高级泰国学生作为研究对象，通过书面语料和问卷调查两种方式对学生出现的社会称谓语偏误进行分析，最后从汉语教师教学和教材编排两方面提出针对性的教学策略⑥。叶晶对该教材中出现的社会称谓语进行统计分析，以马达加斯加塔那孔院本科学生为研究对象，通过调查问卷以及录音访谈方式考察学生对教材中社会称谓语的掌握情况，分析他们对教材中社会称谓语的使用情况，并进一步对学生使用社会称谓语出现偏误进行原因分析，针对马达加斯加塔那孔院学生社会称谓语的学习提出教学建议⑦。

（三）基于对外汉语教材的汉语称谓语研究

刘琳通过对《发展汉语》初级、中级、高级六本教材中出现的汉语称谓语进行统计，主要是分析教材中汉语称谓语的数量、内容、练习三个方面，总结出汉语称谓语数量还比较少，与《大纲》相比较各级词汇分布不均匀，在内容编排方面缺乏连续性，对汉语称谓语练习得非常少，缺少专门的练习板块。通过对以上教材中汉语称谓语的考察与分析，作者提出了汉语称谓语在教材中编排的建议。但是作者的研究方面仅限于对教材的研究与分析，对如何更好将汉语称谓语融入教材的编写并没有进行阐述⑧。陈凤梅主要对《博雅汉语》系列教材中的社会称

---

① 丁夏．称谓与文化——从对外汉语教学的角度看汉语称谓词语［J］．清华大学学报（哲学社会科学版），1995（4）：99-104．
② 李彦春．令留学生头疼的称呼［J］．北京师范大学学报（人文社会科学版），2000（6）：122-126．
③ 陈佩秋．日本留学生拟亲称呼语偏误分析［J］．汉语学习，2002（6）：74-75．
④ 王春霞．汉英称谓系统在第二语言教学中的对比研究［D］．西安：陕西师范大学，2007．
⑤ 何洪霞．留学生社交称谓语运用调查研究与教学探讨［D］．长春：吉林大学，2008．
⑥ 刘笛．中高级阶段泰国学生汉语社会称谓语偏误分析［D］．南宁：广西民族大学，2014．
⑦ 叶晶．《新实用汉语课本》社会称谓语教学情况考察［D］．南昌：江西师范大学，2016．
⑧ 刘琳．称谓语在《发展汉语》（精读）中编排情况的考察与分析［D］．呼和浩特：内蒙古师范大学，2012．

谓语和亲属称谓语进行考察，总结出《博雅汉语》在亲属称谓语和社会称谓语编写方面存在的长处和缺点[1]。吴萌主要是对《对外汉语本科系列教材》（一年级）中的汉语称谓语进行探究，通过调查问卷的方式来考察汉语学习者对汉语称谓语的掌握情况，从侧面得出教材中汉语称谓语编写的不足[2]。尚丽敏基于《汉语教程》教材中亲属称谓语和社交称谓语的数量、出现频率、使用类别和生词翻译进行统计分析，并对比 HSK 大纲中汉语称谓语的收录情况，针对现阶段对外汉语的汉语称谓语教学中存在的一些问题，提出词汇教学和文化教学并重的教学策略[3]。周薇薇以《汉语教程》系列教材为研究对象，分析汉语称谓语的出现频次、称谓形式以及注释方式，并与《汉语水平词汇与汉字等级大纲》中收录的汉语称谓语进行对比分析，指出其汉语称谓语在教材编写方面存在的问题，提出相关建议[4]。杜钰以博雅新旧版系列教材为研究材料，对其中涉及的各种称谓语进行量化考察，对第一版与第二版汉语称谓语编写变化进行对比研究，找到《博雅汉语》系列教材在汉语称谓语编写方面做出的改进与存在的问题[5]。

（四）不同国别留学生的汉语称谓语习得研究

郭风岚、松原恭子就跨文化交际中日本留学生使用汉语称谓语所出现的问题进行了考察，并对日本留学生使用汉语称谓语进行统计与分析，着重探讨了对汉语第二人称代词的学习和对汉语泛化性亲属称谓的认同距离问题[6]。田昊罡从欧美留学生汉语社交称谓语学习使用情况入手，通过问卷调查的方法并应用中介语理论详细分析了欧美留学生在汉语称谓语学习和使用过程中产生的实际问题，并提出相应教学策略[7]。林猷碧通过调查问卷比较中国学生与泰国留学生对汉语社会称谓的理解、使用情况，并对问卷结果进行分析，找出产生偏误的来源，从学习者、教师和教材三个方面分别提出称谓语的教学意见[8]。

（五）对外汉语教学角度下汉语称谓语的泛化

商萍通过发放调查问卷的方式进行定量分析调查，探究亲属称谓语在使用过

---

[1] 陈凤梅．《博雅汉语》系列教材中的称谓语研究 [D]．昆明：云南大学，2012．
[2] 吴萌．对外汉语教材中的称谓语编写研究 [D]．大连：大连理工大学，2014．
[3] 尚丽敏．基于教材调查的汉语称谓语及对外汉语教学研究 [D]．郑州：河南大学，2014．
[4] 周薇薇．《汉语教程》称谓语编写研究 [D]．安阳：安阳师范学院，2017．
[5] 杜钰．汉语教材称谓语编写研究 [D]．北京：北京外国语大学，2018．
[6] 郭风岚，松原恭子．日本留学生对汉语部分称谓的适应与认同 [J]．语言教学与研究，2000（4）：45-50．
[7] 田昊罡．欧美留学生汉语社交称谓语学习使用情况的调查及教学策略研究 [D]．上海：上海外国语大学，2009．
[8] 林猷碧．泰国留学生汉语社会称谓使用调查及分析 [D]．济南：山东师范大学，2013．

程中出现的泛化问题，进而总结实际教学原则和教学策略①。张方飞在理论上对亲属称谓语的泛化问题进行解析，在研究教学大纲上亲属称谓语泛化的基础上，还对新兴词语亲属称谓语的泛化进行研究②。宋丹丹以亲属称谓语"大妈"的泛化使用为研究对象，探究现代社会人们对这一称谓语的认知，以及分析影响现代人使用和拒绝使用称谓语"大妈"的社会因素③。

综上所述，从研究的内容和角度来看，目前对汉语称谓语的研究在不断深入和拓展，对外汉语的称谓语教学研究也开始从多角度入手，特别是将汉语称谓语研究与对外汉语教学结合起来，使汉语称谓语研究更具有使用价值和实用价值，使它能够为实际教学服务。前人的研究成果、理论建树有很好的借鉴意义，但是，我们不能在前人研究成果中停滞不前，应该对汉语称谓语展开更加具体细致的研究，为今后对外汉语教学实践提出更加合理有效的意见，也为今后相关方面的研究提供一点帮助。

总 结 与 展 望

（一）对前人汉语称谓语研究的总结

1. 研究的内容比较广泛

针对汉语称谓语内容的研究，前人已经从汉语称谓语的概念、分类、某个特定称谓语、某个特定的群体使用的称谓语、文化角度以及汉语称谓语的泛化等等方面分别进行了细致阐述。研究的内容涉及汉语称谓语的各个方面。

2. 研究的角度更新颖

在对汉语称谓语本体知识研究取得一定成就之后，研究者转变研究方向，逐渐将研究的视角转向了对外汉语教学。汉语称谓语在对外汉语教学中也至关重要。正确、恰当地使用汉语称谓语有利于我们与他人进行良好的沟通，促进人与人的交流，但是对汉语称谓语的错误理解与使用也同样会成为人们交流的一大障碍。在对外汉语教学中，如何将汉语称谓语准确教授给学生是值得思考的问题。汉语称谓语在对外汉语教学中是一个难点，对于留学生的日常交际及他们在第二语言的学习上又是一个重点。将汉语称谓语与对外汉语教学相结合，这是一个相辅相成、相互促进的过程，既有利于促进汉语称谓语的发展，也有利于提高对外汉语教学水平。

---

① 商萍. 现代汉语拟亲属称谓语研究——从对外汉语教学角度 [D]. 长春：吉林大学，2013.
② 张方飞. 亲属称谓词泛化及其在对外汉语教学中的应用 [D]. 大连：辽宁师范大学，2013.
③ 宋丹丹. 汉语亲属称谓语的社会化应用——以"大妈"为例 [D]. 上海：上海大学，2015.

（二）对未来汉语称谓语研究的展望

1. 细化汉语称谓语的研究

学术界对汉语称谓语做了全方位、多角度的研究，涉及某个称谓语、某类称谓语、称谓语与对外汉语教学的关系等等。与汉语称谓语相关的论文也如雨后春笋般涌现，无论是在具体描写还是理论上都有一定的建树。汉语称谓语是一个庞大且复杂的系统，我们应当在把握语言事实的基础上，揭示汉语称谓语发展演变的历程。将庞大的汉语称谓语系统划分为一个个不同的小点，针对这些小点再寻找角度进行深入挖掘，与其他的研究方面相结合，有助于了解汉语称谓语的全貌。

2. 注重汉语称谓语本体知识的系统性

汉语称谓语从实质上来说是属于词汇学研究的范畴，在将汉语称谓语与其他方面结合时，应当基于本体知识的研究。汉语称谓语的发展演变分为不同的时期，不同时期汉语称谓语的语义语用方面都发生了演变，这些都需要切实考察，只有做好这些基础性工作，才能进一步揭示汉语称谓语的发展规律，为其他相关研究提供一定的借鉴。任何时候都不能放松对本体知识的探索，要不断总结并提出自己的理论和方法，加强理论建树。

3. 加强对汉语称谓语时代性的研究

语言既不属于经济基础也不属于上层建筑，语言无法脱离社会的发展。在这个网络迅速发展的年代，知识、各种信息呈爆炸式增长，新型的汉语称谓语也如雨后春笋般涌现，比如白骨精、精英、帅锅、北漂、酱紫、菜鸟、美眉等。我们应该如何看待运用这些新型称谓语？这些汉语称谓语是否符合传统的语言学理论？是否代表着社会发展到一定阶段人类称谓语的转变？原有的汉语称谓语在语义语用等方面也发生了很大的改变，我们又应当如何应对？这些都是今后我们在汉语称谓语方面应该思考的问题。

汉语作为第二语言习得顺序研究述评

刘嘉玲[①]

引　言

自1984年引进中介语理论以来，国内产生了一大批汉语作为第二语言习得的研究成果，这些研究成果大多为偏误分析。近几年，关于习得顺序的研究开始兴起，虽然目前的研究成果不算很丰富，但是从研究趋势来看，习得顺序的研究有很大的发展空间。

施家炜指出，习得顺序（acquisition orders）研究指研究学习者习得多个不同语言项目时的序列，即有的语言项目一定是在某些语言项目之前习得[②]。相关的研究如：某些语法结构的习得是否存有一个自然顺序？该顺序是否一成不变？是否不受母语背景、性别、第二语言水平等因素的影响？如果有这样一个自然顺序，究竟是怎样一个顺序？它与第一语言习得的顺序是否一致？汉语作为第二语言习得顺序的研究成果将对汉语学习者习得汉语有很大的帮助。因此，本文就知网上出现的相关期刊类文献（1996—2018年）进行统计，从文献总体情况、研究内容、研究方法、研究对象四个方面来分析汉语作为第二语言习得顺序的研究现状与发展趋势。

一、文献总体情况

我们对知网上与汉语作为第二语言习得顺序相关的期刊类文献进行了梳理。这些期刊包括《世界汉语教学》《语言文字应用》《语言教学与研究》《汉语学习》《华文教学与研究》这五种专业权威性强且引入CSSCI中文社会科学引文索引来源的期刊，也包括一些其他包含汉语作为第二语言习得顺序的期刊，因为每类期

[①] 刘嘉玲，扬州大学2018级汉语国际教育专业硕士生。
[②] 施家炜. 国内汉语第二语言习得研究二十年[J]. 语言教学与研究，2006 (1)：15-26.

刊收录的相关文献太少，所以合称为其他类期刊。统计了这些期刊1996—2018年这23年来收录的74篇文献。接下来将从发文量与文献类型两个方面分析。

（一）发文量

将1996—2018年分为六个时间段：1996—1999年、2000—2003年、2004—2007年、2008—2011年、2012—2015年、2016—2018年（前五个时间段为4年，第六个时间段为3年）。分别统计了《世界汉语教学》《语言文字应用》《语言教学与研究》《汉语学习》《华文教学与研究》这五类期刊与其他类期刊在这六个时间段内的发文量，如表1所示。

表1　1996—2018年期刊发文量　　　　　　　　　单位：篇数

期刊	年份						
	1996—1999	2000—2003	2004—2007	2008—2011	2012—2015	2016—2018	总计
A	3	2	1	1		1	8
B			1			1	2
C			3	4		1	8
D	1		1	5	2	1	10
E				4	2		6
总计1	4	2	6	14	4	4	34
F		1	1	9	19	10	40
总计2	4	3	7	23	23	14	74

（注：A为《世界汉语教学》，B为《语言文字应用》，C为《语言教学与研究》，D为《汉语学习》，E为《华文教学与研究》，F为其他类期刊，总计1为A至E文献总和，总计2为A至F文献总和。下同。）

由表1可以看出，《世界汉语教学》《汉语学习》这两类期刊较早涉及汉语作为第二语言习得顺序研究，随后，《语言文字应用》《语言教学与研究》《华文教学与研究》及其他类文献也开始发表相关文献。为了更清晰地查看这些文献的数量变化，将时间段细化，每两年为一个时间段，2018年为单独一个时间段，如图1所示。

根据图1可知，从整体上看，1996—2018年汉语作为第二语言习得顺序研

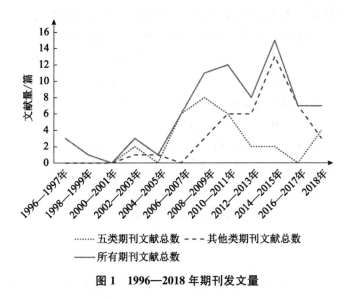

图1 1996—2018年期刊发文量

究的数量呈上升趋势,文献发表基数不大。1996—2005年间,相关文献的发表数量较少,这期间每个时间段的数量均不足4篇。此后8年(2004—2011年)数量呈明显上升趋势,5类期刊文献与其他类期刊文献数量基本都在增加(五类期刊类文献量从2008—2009年时间段有下降趋势)。2012—2017年间,五类期刊类文献数量在逐步减少,相应的,其他类期刊文献数量在增长,到2014—2015年时间段达到高峰,有15篇文献,随后又出现下降趋势。2018年时间段只有一年,总文献量为7篇,几乎达到高峰阶段(2014—2015年)的一半数量,可以想见相关研究的文献量还会上升。汉语作为第二语言习得顺序研究目前仍旧处于起步阶段,有很大的发展空间。

(二)文献类型

根据对74篇文献的梳理,将其分为两类:调查与研究类、理论与综述类。表2为文献的分类。

表2 文献类型分类

文献类型	调查与研究类	理论与综述类	总计
篇数	59	15	74
百分比(%)	79.7	20.3	100

由表2可知,1996—2018年期间,文献集中在调查与研究类,占79.7%,有20.3%的文献为理论与综述类。调查与研究类文献是指研究者通过一系列的调

查，采用一定的研究方法，得出相应的习得顺序。如施家炜通过对北京语言文化大学"汉语中介语语料库系统"语料研究、测试与问卷调查、个案追踪三种语料收集手段和研究方法，横向规模研究与纵向个案研究相结合，探索外国留学生习得22类现代汉语句式的顺序①。理论与综述类文献则是指关于二语习得顺序的理论思考。如丁雪欢分析了英汉语习得顺序的一致性与差异性，并综合考察了其背后的影响因素②。冯丽萍、孙红娟对习得顺序研究中的样本收集、确定习得标准、样本分析三个环节的方法进行了总结③。接下来我们将进一步考察调查与研究类文献，对研究内容与研究对象、研究方法展开分析。

二、研究内容与对象分析

（一）研究内容

毕晋等在做习得研究时，将研究内容分为四类：语音习得、汉字习得、词汇习得和语法习得，其中语法习得包括词类习得、句型句式格式习得、语篇习得和修辞习得④。本文将在此基础上，再结合实际情况对汉语作为第二语言习得顺序的研究内容进行划分：语音习得顺序、词汇习得顺序、词类习得顺序、句型句式格式习得顺序、句法成分习得顺序以及标点符号习得顺序，见表3。

表3 研究内容分布情况

研究内容	语音习得顺序	词汇习得顺序	词类习得顺序	句型句式格式习得顺序	句法成分习得顺序	标点符号习得顺序	总计
篇数	3	6	15	23	11	1	59
百分比（%）	5.1	10.2	25.4	39.0	18.6	1.7	100

从表3可以得出，汉语标点符号习得顺序的考察最少，仅有1篇，2018年发表于《语言文字应用》上。其次是语音习得顺序的研究，这3篇研究内容均为汉语元音习得，占5.1%。词汇习得顺序研究次之，主要为词义习得顺序的考察，占10.2%。句法成分习得顺序的研究共有11篇，占18.6%，其中，趋向补语的习

---

① 施家炜. 外国留学生22类现代汉语句式的习得顺序研究[J]. 世界汉语教学，1998（4）：77-98.
② 丁雪欢. 母语与二语习得顺序过程的异同及其原因分析——基于英汉语中习得顺序过程研究结果的考察[J]. 语言文字应用，2006（2）：81-88.
③ 冯丽萍，孙红娟. 第二语言习得顺序研究方法述评[J]. 语言教学与研究，2010（1）：9-16.
④ 毕晋，肖奚强，程仕仪. 新世纪以来汉语作为第二语言习得研究成果分析——基于四份CSSCI中国语言学来源期刊文献的统计[J]. 语言与翻译，2017（4）：74-82.

得顺序研究是热点，共有 9 篇。词类习得顺序研究包含的项目较多，数量由多到少依次为副词、动词、形容词、介词、动词等。研究内容最多的为句型句式格式习得顺序，占 39.0%，尽管研究角度不同，但是"把"字句、"被"字句、比较句三个句式关注度较高。根据对具体研究内容的考察，可以发现研究内容种类较丰富，研究重点在趋向补语、"把"字句、"被"字句等语法层面的习得顺序考察，语音习得顺序仅局限在元音上，汉字习得顺序也并未出现。在汉语作为第二语言习得顺序的研究领域，还有值得探索的空间。

（二）研究对象

研究对象是汉语作为第二语言习得顺序调查与研究类文献必不可少的一部分，该类文献通过对一定对象的研究，得出相应的结论。接下来将分析研究对象的语言背景和语言水平。

1. 母语背景

该类文献有 33.9% 的研究对象为外国留学生，没有对研究对象的母语背景进行区分，考察的是整个外国留学生的习得顺序，侧重共性研究。有 66.1% 的文献对研究对象进行筛选，侧重于差异性研究。在这些文献中，近一半是按母语（或国家）角度来选择研究对象的。也有少数将研究对象限定在东南亚、中亚等地区，极少数从洲际来考察。详情见表 4。

表 4 研究对象母语背景详情

划分标准	按母语背景划分		按其他标准划分		总计
	不区分母语背景	区分母语背景	按洲际划分	按地区划分	
篇数	20	29	1	9	59
百分比（%）	33.8	49.2	1.7	15.3	100

大多数文献侧重于差异性研究，考虑到母语背景的不同会对习得顺序产生相应的影响，因而选取特定的母语背景的学习者为研究对象。可以看出，该类研究正朝精细化方向发展。

2. 语言水平

上述文献对研究对象的语言水平的选择也各不相同。按照不分阶段、一个阶段、两个阶段、三个阶段、四个阶段及其他分为 5 大类，然后在每个大类下划分出各个小类。大多数文献是按初、中、高阶段划分的，有少数是按 HSK 水平划分的，本文将其归为相应的阶段，也有少数是依照研究对象的学期、年级、学习时长划分的，本文将这类归为其他类。

表 5 研究对象语言水平详情

阶段	不分阶段	一个阶段				两个阶段			三个阶段		四个阶段	其他	总计
		初级	中级	高级	其他	初中	中高	其他	初中高	其他	无等级初中高		
篇数	12	2	0	3	0	4	6	1	25	2	1	3	59
百分比(%)	20.3	3.4	0	5.1	0	6.8	10.2	1.7	42.4	3.4	1.6	5.1	100

毕晋等[①]把一个阶段和不区分阶段的研究归为静态研究，把两个阶段及以上的研究归为动态研究。本文也采用该归类方法，从表5可以看出，汉语作为第二语言习得顺序的研究更倾向于采用动态研究，相关文献达71.2%，余下的28.8%的文献则为静态研究。习得顺序的研究考察的是一个动态的过程，而动态研究应涉及的阶段多，因此能更加全面地将这种动态过程描写出来。同时，在这些动态研究中，大多数文献关注初、中、高三个阶段，覆盖面较广。

三、研究方法

根据对文献的梳理，将汉语作为第二语言习得顺序的研究方法分为以下三个部分：语料收集、确定习得顺序的方法、检验方法。下面将依次对这三个部分进行分析。

（一）语料收集

冯丽萍等对语言习得顺序领域常用的语言样本收集方法的分类如下：从被试数量的角度可以分为个案研究和群体研究；从时间的角度可以分为横向研究和纵向研究。在样本形式上，分为非语言样本、语言样本、学习者的报告。在语料来源上，分为自然样本和诱发样本。在冯丽萍的分类方法下，结合实际情况，将文献中的语料分为三类。第一类为自然语料，指研究对象在自然状态下所产生的语料，涉及作文语料与访谈获取的语料。第二类为诱发语料，这类语料是由研究者依据研究目的而设置的相应的任务诱发研究对象产生的语料，主要来源为问卷与测试、平时作业与试卷。第三类则为自然语料与诱发语料结合。详情见表6。

---

① 毕晋，肖奚强，程仕仪. 新世纪以来汉语作为第二语言习得研究成果分析——基于四份CSSCI中国语言学来源期刊文献的统计［J］. 语言与翻译，2017（4）：74-82.

表 6　语料收集详情

语料收集	自然语料	诱发语料	自然语料与诱发语料结合	总计
篇数	32	17	10	59
百分比（%）	54.3	28.8	16.9	100

从表 6 中可以看到，研究者倾向于使用自然语料，且其中大部分自然语料来自北京语言大学 HSK 动态作文语料库。也有部分研究者采用诱发语料，该类语料以问卷与测试为主，常用的测试题有填空、选择、造句、修改病句、翻译、根据指定题目或图片写话等。有 16.9% 的文献将自然语料与诱发语料结合。冯丽萍等指出自然语料可以真实、自然地反映他们使用目的语的情况，但自然语料中目的语的使用会受到不同策略的影响，例如过度使用、回避使用、随机使用等。实验和问卷等方法虽然可以通过研究设计和因素控制得到比较"纯净"的诱发语料，但即使是非常严谨、巧妙的设计，仍然无法保证它与自然语料的同质性。因此，在条件允许的情况下，建议多种方法结合使用，保证结论的客观性与科学性。

（二）确定习得顺序的方法

汉语作为第二语言习得顺序的确定方法主要有使用频率排序法、正确率排序法（也称作准确率排序法）、错误率排序法（也有称为偏误率排序法）、正确使用相对频率法、习得区间法、蕴含量表法、依据初现时间排序等。由于部分文献使用了不止一种方法，且组合方式多样，为了统计方便，本文只统计每种方法出现的次数，详见表 7。

表 7　确定习得顺序的方法详情

确定习得顺序的方法	使用频率排序法	正确率排序法	错误率排序法	正确使用相对频率法	习得区间法	蕴含量表法	依据初现时间排序法	其他方法
次数	17	31	7	16	3	6	2	6

正确率排序法受到大多数研究者的青睐，然而准确率无法排除学习者策略对语料分析结果的影响，因而在具体实施中，研究者往往会结合其他方法展开习得顺序的分析。使用频率排序法与正确使用相对频率法也是常用的方法。"蕴含量表可以比较完整地展示习得的顺序，描写数据具有一定的客观性和系统性，并能够揭示一定的习得规律。""蕴含量表在国外第二语言习得研究领域主要用来考察

或者构拟学习者在习得二语语音项目、语法项目时的顺序。"① 蕴含量表在语言习得顺序研究领域具有很大应用价值，然而国内较少使用该方法，研究者应该充分发挥蕴含量表的价值。

（三）检验方法

施家炜在研究外国留学生 22 类现代汉语句式的习得顺序时，对按正确使用相对频率进行排序的可行性进行了卡方检验，对语料库韩语组与英语组、男生组与女生组 22 类句式排序的等级进行了斯皮尔曼等级相关系数（Spearman rank correlation coefficient）显著性检验，对语料库 22 类句式在 6 个学时等级上的排序进行了肯德尔 W 系数（the Kendall coefficient of concordance）分析。此后，也有少量文献采用了 Pearson 相关系数、Spearman 秩相关系数、肯德尔 W 系数、卡方检验。前 3 个相关性系数反映的都是两个变量之间变化趋势的方向以及程度，其值范围为-1 到 1，0 表示两个变量不相关，正值表示正相关，负值表示负相关，绝对值越大表示相关性越强。而卡方检验用于评价两个无序分类变量的相关性。对得出的结论进行一定的验证，能使得结论更具有科学性。

结　　语

通过对知网上与汉语作为第二语言习得顺序相关的期刊类文献的梳理，发现：①汉语作为第二语言习得顺序研究在数量上基本呈上升趋势，但是阶段性发文量较少，目前仍处于起步阶段；②文献类型以调查与研究类为主；③研究内容较丰富，倾向于句型句式格式习得与词类习得顺序；④从研究对象上看，侧重于差异性研究，表明该类文献正朝精细化发展；同时也注重动态研究，与语言习得顺序相适应；⑤研究方法为语料收集、确定习得顺序的方法及检验方法。其中语料收集建议多种方法结合使用，确定习得顺序的方法可以进一步优化，适当使用检验方法能提高结论的科学性。

---

① 吴继峰，王亚琼. 第二语言习得顺序研究工具——蕴含量表评介［J］. 云南师范大学学报（对外汉语教学与研究版），2014，12（1）：40-47.

近十年国内二语习得中口语纠正性反馈研究述评

阮思瑶①

纠正性反馈在第二语言教学法中常被称为"纠错",根据 Rod Ellis 的观点,"纠错反馈是关于教师如何纠正学生错误的一项研究"②,此项研究已开展几十年之久。在第二语言学习的过程中,学生需要大量的语言输入和输出,这必然也伴随着错误的产生,二语习得中口语纠正性反馈关注的焦点是教师对学习者的纠正性反馈是否真正有效,是否能真正促进学习者语言水平的提高。据统计,关于英语与汉语作为第二语言习得的口语纠正性反馈研究目前已有百余个,主要包括课堂观察研究、实验性研究、综述分析研究,常用的数据收集方法有课堂观察、问卷调查和访谈等。其中,课堂观察类的研究占大部分,且总体上注重纠正性反馈与第二语习得关系的理论研究,并提出相应的教学反思,为二语教学提供了重要的指导。

本文选取部分具有代表性的中国知网数据库中收录的 2010—2019 年有关国内二语习得中口语纠正性反馈的期刊与学位论文作为数据来源,主要采用文献研究法及内容研究法对其回顾梳理,并进行总结和思考。无论是英语还是汉语作为第二语言,关于其纠正性反馈的研究大都以观察性和描写性为主,研究方向主要集中在 4 个方面,即纠正性反馈的效果如何、哪些因素会影响纠正性反馈效果、对待学生的错误采用哪种纠正性反馈方式、对以往纠正性反馈研究成果有哪些总结与思考。

一、纠正性反馈对二语习得的有效性研究

为了验证纠正性反馈是否对学习者的第二语言习得产生正面的推动作用,不

---

① 阮思瑶,扬州大学 2018 级汉语国际教育专业硕士研究生,主要研究方向为第二语言习得。
② 李少锋,Rod Ellis,束定芳. 纠错反馈时机对不同二语水平学习者的教学效果研究(英文)[J]. 外语与外语教学,2016 (1): 1-14, 146.

少学者对纠正性反馈对二语习得的效果做了研究。范娜采用完成英语故事的方法对学生进行一对一的口语实验，探讨了重述和引导这两种纠正性反馈方式在大学英语学习中的有效性。结果发现，这两种纠正性反馈对学生错误的自我修正均有效，但重述的效果更佳①。秦丹凤、黄姣玲通过对大学英语口语课堂的实证研究证实了纠正性反馈对学生口语准确性的促进作用，尤其是语音和语法方面。同时提出了保证纠正性反馈有效性的原则，即注意纠正性反馈的及时性、准确性、针对性和选择性②。陈彩云在英语课堂教学环境下进行实证研究，分析了不同重铸类型（集中重铸和非集中重铸）对中学生英语条件句习得的影响。实验表明重铸这种纠正性反馈对学生习得是有效的，集中重铸组和非集中重铸组学生的后测学习效果明显好于控制组的学生，集中重铸组的学生学习效果更好③。万方梅从大学基础英语课堂教师口头纠正性反馈角度出发，采用课堂观察与录音相结合的手段探究教师课堂纠正性反馈方式的效果，发现当学生与老师的态度一致时，纠正性反馈对学生错误的自我修正最为有效④。

英语教学界关于纠正性反馈对口语学习效果的研究大多是采用课堂实验与观察的方法进行，与英语教学界关于纠正性反馈的研究相比，对外汉语教学界的研究起步较晚，因此关于对外汉语课堂纠正性反馈的研究方面成果较少。

陆熙雯、高立群采用了一个课堂教学实验和一个实验室实验，探讨了对外汉语课堂中教师提供的纠正性反馈对学习者习得的影响，其中重点研究了重述与第二语言习得的关系。实验结果显示，纠正性反馈有助于短期和长期的第二语言习得，重述有助于第二语言习得⑤。符琦通过对对外汉语口语课堂的观察及录音收集了8位教师的语音资料，并在学生偏误与教师纠正性反馈的基础上分析汉语教师课堂上纠错性反馈的有效性。总结出纠正性反馈是否有效要看学生的偏误是否被修正和学生对纠正性反馈的方式是否出现焦虑⑥。娄蓉（2019）着重选择元语言提示、重述、明确纠正、组合纠音、引导和其他同学纠错这六种纠正性反馈方

---

① 范娜. 重述和引导对中国英语学习者在师生互动中自我修正的影响[D]. 重庆：重庆大学，2011.

② 秦丹凤，黄姣玲. 纠正性反馈与大学英语口语准确性提高的实证研究[J]. 江西广播电视大学学报，2015（1）：58-61.

③ 陈彩云. 集中重铸和非集中重铸对高中学生英语条件句习得的影响[D]. 扬州：扬州大学，2016.

④ 万方梅. 高校英语课堂教师口头纠正性反馈有效性的研究——以武汉华夏理工学院基础英语课堂为例[D]. 武汉：华中师范大学，2018.

⑤ 陆熙雯，高立群. 对外汉语课堂互动中纠正性反馈对习得的影响[J]. 世界汉语教学，2015，29（1）：95-110.

⑥ 符琦. 对外汉语课堂纠错反馈有效性研究[D]. 北京：中央民族大学，2016.

式，结合自身课堂教学经验和对教师的访谈对纠正性反馈在韩国留学生"zh、ch、sh"语音偏误中运用的有效性进行了分析。从学生对偏误的修正与教师访谈的数据分析来看，纠正"zh、ch、sh"偏误比较有效的方法是元语言提示、重述和组合纠音①。

上述关于纠正性反馈在第二语言习得过程中有效性的研究既有理论上的也有实证上的，总体上看来纠正性反馈促进了二语学习者的习得。

二、纠正性反馈效果的影响因素研究

如果说纠正性反馈总体上对二语学习者的习得起到的作用是积极的，那么纠正性反馈的效果到底受到哪些因素的影响也是一个需要研究的问题。学者从学生个体差异、学习环境、教师纠错需考虑的因素、纠正性反馈时机及教学建议等角度进行了探讨，其中与纠正性反馈时机相关的研究较多。

不同学者研究的方法不同，比较有代表性的有：张凯、王慧敏通过语言重构任务实验，探讨了两种纠正性反馈对英语口语准确性、流利性发展的影响，研究显示二语习得的效果受反馈时机的影响②。叶书涛探讨了学生偏好与教师纠正性反馈效果之间的关系，调查研究可知学生对纠正性反馈方式的偏好影响学生对错误的修正率，且学生对纠正性反馈的偏好是这样的顺序："元语言纠错＞重述＞提示诱导＞重复＞请求澄清＞直接纠错。"③周梦琳通过一项实验来探究口头纠错反馈时机与目标语法结构的交互影响，即时反馈组、延时反馈组和控制组围绕英语过去式和比较级进行了三个小时的实验，分别完成了一个描述任务和一个主题活动。研究表明不同的纠正性反馈时机对不同语法教学的效果不同，因此要选取恰当的时机进行纠正性反馈④。

在对外汉语教学界，徐静薇对影响纠正性反馈效果的因素进行了探讨，如课堂教学中教师的主体作用、纠错的时机等，提出了因生而异、重点突出、及时且恰当、培养语感与减少错误这四大原则，以期在对外汉语口语教学实践中达到良好的纠错效果。但由于是课堂经验的提取，所以缺少真实课堂数据予以佐证⑤。

---

① 娄蓉. 试论纠错反馈策略在纠正韩国留学生语音偏误的运用——以 zh、ch、sh 为例 [J]. 汉字文化，2019（12）：54-55.
② 张凯，王慧敏. 反馈时机对中国英语学习者口语准确性和流利性发展的影响 [J]. 中国海洋大学学报（社会科学版），2017（1）：103-108.
③ 叶书涛. 学生偏好对高中英语课堂纠错反馈效果影响的研究 [D]. 南京：南京师范大学，2017.
④ 周梦琳. 纠错反馈时机对两种不同语法结构的教学效果影响研究 [D]. 湘潭：湘潭大学，2018.
⑤ 徐静薇. 对外汉语口语教学中的纠错技巧 [J]. 科技信息，2009（23）：148，151.

段铸亲以汉语教师志愿者为研究对象，采用问卷调查及访谈的研究方法探究影响对外汉语口语课堂中教师纠正性反馈的因素，从结果可看出学生的个体因素（年龄、性别、焦虑程度和汉语水平）以及课堂练习的类型都会对纠正性反馈方式的效果产生影响①。宋一鸣从教师课堂教学中的纠错策略和影响反馈效果因素等方面进行研究，总结出时间的长短、学生个体因素、教学内容及研究环境都会影响教师纠正性反馈的效果②。张雪梅通过对对外汉语口语课堂的观察及纠正性反馈的语料转写情况，分析纠正性反馈方式使用的整体情况并深入探讨影响同一纠正性反馈方式学生理解回应率的因素。结果发现，汉语水平、偏误类型、学生性格、纠错时机四类因素对同一纠正性反馈方式的理解回应率有影响③。

不同的课堂环境、教师性格、反馈时机、学生个体差异等因素都可能会影响纠正性反馈的效果与学生的二语习得。关于纠正性反馈效果的影响因素研究都是与纠正性反馈方式本身紧密结合的，国内还有很多相关文献中都或多或少提到了影响纠正性反馈效果的因素并提出了相应教学建议，这为二语口语教学的实践发展提供了充分的理论基础。

三、课堂纠正性反馈方式的研究

一般来说，教师纠正性反馈在具体实践中分为纠错、重述、澄清、提示、引导、重构。针对英语和汉语作为第二语言的口语课堂，学界的研究角度大致可分为课堂中纠正性反馈方式的使用次数、学生对教师纠正性反馈方式的接纳度与教师所使用的纠正性反馈方式的调查分析等。而针对学生的不同偏误究竟采用哪种纠正性反馈方式更有利于学生语言水平的提高，这是学界关注的热点问题。

英语教学界主要采用实验和课堂观察的手段对纠正性反馈方式进行了一些研究。杨颖莉、林正军运用实证研究的方法检测不同纠正性反馈方式对大学英语课堂学习者习得过去式的作用，研究采取"前测—后测—延时后测"的实验设计，将学生分为重述组、提示组和控制组，分别以口试和笔试测试学习者过去式的习得情况。实验发现提示性纠正性反馈方式更能引导学生注意到目标语法形式，对

---

① 段铸亲. 汉语教师志愿者纠正性反馈的形式及影响因素研究［D］. 北京：北京外国语大学，2018.
② 宋一鸣. 对外汉语口语教学中的纠错反馈研究［J］. 文化创新比较研究，2019，3（24）：97-98.
③ 张雪梅. 对外汉语初级口语课堂纠错反馈与理解回应研究——以桂林电子科技大学留学生为例［D］. 桂林：广西师范大学，2019.

学生学习英语的作用显著①。郑璐杰通过实证研究检测不同类型的纠正性反馈方式对大学英语学习者语音能力发展的影响，同样采用"前测—后测—延时后测"的方式。结果表明，提示性反馈方式对学生英语语音能力发展的促进效果最为显著。总体来说，英语教学界关于纠正性反馈方式的成果颇为丰富，而对外汉语教学界对纠正性反馈方式研究的手段和英语教学界是有相同之处的②。

  对外汉语教学界比较有代表性的学者有：仲清通过对 CIEE（美国国际教育交流协会）上海学习中心部分课堂的教学录音分析，结合对调查对象的汉语课堂焦虑度量表的统计研究对外汉语教师使用的即时纠正性反馈方式与学生课堂焦虑度之间的关系，并就研究结果提出相关建议。研究发现，重述式纠正性反馈对于降低课堂焦虑度起到明显的作用，而元语言提示这种方式的使用与学生的焦虑度呈正比③。曹贤文和牟蕾以汉语二语师生互动中的重铸和诱导两种纠正性反馈方式为例，对学习者的语言修正与形式学习的关系进行了实验研究，在互动反馈实验中，作者作为主试与被试的学生们一对一互动，对被试语言表达中出现的错误给予重铸或诱导两种反馈，并对实验过程录音，再进行文字转录、标注和分析。实验发现，汉语二语互动中纠正性反馈方式的使用明显有利于语言形式的学习，且与重铸反馈条件下由他人提供的纠正相比，诱导反馈条件下学习者自己生成的纠正对促进语言形式的学习具有更为持久的影响④。梁燕采用课堂实验的方法探讨元语言和重述这两种纠正性反馈方式哪种更有利于学生的汉语口语表达能力的提高，在实验中记录所有教师对于元语言及重述这两组学生的纠正性反馈环节，并将所有的记录转写成话轮形式进行对比分析。结果证明，这两种纠正性反馈方式都对初级汉语水平留学生汉语口语表达能力的提高有积极的作用，但元语言式反馈方式比重述式反馈方式更有利于学生口语表达能力的提高⑤。宋峻炜通过对对外汉语口语课堂的实录转写，将初级与中级水平课堂中出现的纠正性反馈进行语料整理和分析研究。研究结果表明，初中级对外汉语口语课堂中，在纠正性反馈方式的选择上，教师均倾向于"重述"这种方式，针对学生的不同类型偏误，

---

  ① 杨颖莉，林正军. 重述与提示反馈对英语过去式习得作用的研究［J］. 外语与外语教学，2012（2）：60-64.
  ② 郑璐杰. 不同纠正性反馈对英语语音能力作用的实证研究［J］. 齐齐哈尔大学学报（哲学社会科学版），2018（9）：142-145.
  ③ 仲清. 对外汉语即时纠误反馈与学生课堂焦虑度研究［J］. 合肥学院学报（社会科学版），2011，28（3）：122-126.
  ④ 曹贤文，牟蕾. 重铸和诱导反馈条件下语言修正与形式学习的关系研究［J］. 世界汉语教学，2013，27（1）：86-94.
  ⑤ 梁燕. 元语言式和重述式纠正性反馈对初级汉语水平留学生汉语口语表达能力的影响［J］. 文教资料，2016（10）：31-33.

不同水平口语课堂中教师在纠正性反馈方式的选择上存在差异①。

尽管学界通过课堂观察与实证等方式对纠正性反馈方式做了很多研究，但究竟哪种纠正性反馈方式更有利于学习者口语水平的提高，并未得到一致的结论。可以得知的是，在口语课堂的环境中，学生难免犯错误，因此教师的纠正性反馈很有必要。

四、纠正性反馈的综述性研究

国内也有学者对纠正性反馈的研究进行了综述。刘雄姿从纠正性反馈的态度研究、类型和使用频率、不同纠正性反馈方式等三种研究主题进行效果对比，对近十年外语教学口语课堂中纠正性反馈的相关研究进行总结，归纳出当前研究的进展和缺陷，并提出新的研究方向，即实验性研究②。陈香、蒋景阳将英语口语课上的重述式纠正性反馈作为研究基点，并对此类研究的成果进行分析概述，指出重述这种纠正性反馈方式研究的重点和发展方向，即对于重述作用的研究更应该多做一些延后的研究，以探究重述的延后效应③。张曼通过综述十年（2008—2017）国内大学英语课堂的口头纠正性反馈实证研究，为今后研究提供参考建议，如深入研究教师的反馈类型对于不同水平的英语学习者的影响、综合考虑影响教师反馈方式的多种因素等④。

在对外汉语教学界，也有一些综述类研究成果。靳洪刚对第二语言纠正性反馈研究成果进行了梳理，并对对外汉语今后的发展方向提出了一些指导性的建议。他从纠错反馈的心理学定义、纠错反馈的研究流派及相关的实证性研究三个方面对已有的研究进行详细的梳理，并对 Chaudron，Lyster，Oliver & Leeman，Leeman 等人的实证性研究进行分析，最后提出对外汉语今后研究发展应该从总结现有纠错反馈研究，建立纠错数据库，探索、寻找和分析纠错反馈效应的行为标记，以及设计多重实证实验，对认知过程和汉语习得关系进行研究等几方面着手⑤。卫澜在总结纠正性反馈研究成果的基础上认为，自然环境与实验条件下的

---

① 宋峻炜. 对外汉语初、中级口语课堂纠错反馈研究［D］. 北京：北京第二外国语学院，2017.
② 刘雄姿. 外语课堂教学中纠错性反馈研究综述［J］. 兰州教育学院学报，2010，26（5）：73-74，138.
③ 陈香，蒋景阳. 重述作为口语纠错反馈手段的研究及延后效应［J］. 齐鲁师范学院学报，2014，29（1）：138-145.
④ 张曼. 国内大学英语课堂教师口头纠正性反馈实证研究述评［J］. 读与写，2018，15（6）：8，15.
⑤ 靳洪刚. 第二语言纠错反馈研究成果与对外汉语今后研究方向［J］. 汉语国际传播研究，2013（1）：72-92，219.

研究互为补充，但对某些问题的研究还不够深入，今后要多考虑控制实验变量的方式，推动纠正性反馈的进一步发展①。祖晓梅对近20年来纠错反馈对二语习得的作用研究进行综述，得出三个结论：一是纠错反馈对二语习得的效果总体上是积极的；二是纠错反馈方式不同影响习得效果；三是学习者语言形式、教学环境等因素都会影响纠错反馈的效果②。祖晓梅、邓葵以纠正性反馈的实证研究成果为依据，从二语习得的互动-认知理论和社会文化理论的角度出发阐述了汉语课堂纠正性反馈十项原则，对对外汉语的口语教学实践起到了指导作用③。

由此可见，在对外汉语综述性研究中，研究者除了对以往成果的分类概述，也都为对外汉语纠正性反馈研究的今后发展方向提出了思考，且大都认为研究者应该为实证方面的研究多做一些深入的探讨。

除了上述四种主要的研究方向，近两年英语教学界和对外汉语教学界关于口语课堂纠正性反馈现状的调查研究也开始兴起。黄敏以英语专业的55名本科生和4名英语教师作为研究对象，通过课堂观察法记录英语口语课中学生和教师的口语错误与纠错策略，还采用访谈法对学生和教师进行访谈。在了解英语专业大学生口语课上错误类型的基础上分析英语教师口语纠错现状，旨在引起教师对英语口语教学的重视④。曹晓玉通过随堂观察记录对外汉语课堂上真实的纠错情形，并结合示范课的视频进行分析，发现口语课堂上的纠错的概貌，即纠错的类型、纠错的主体、纠错的时机以及纠错的策略，进而提出了对教学的启示⑤。董佳君通过对课堂观察、问卷调查与访谈对初级口语课堂纠错的现状进行研究从而发现课堂纠错存在的问题，如教师忽视交际性练习中的语音错误、打断学生的发言、方式单一且不符合学生的接受能力等，并从教学、学生、教师这三个方面进行原因分析，提出初级口语课堂纠错的遵循原则⑥。

综合以上国内关于二语口语课堂中纠正性反馈的研究，不难发现，纠正性反馈的成果从理论到实证再到调查研究都在不断地发展完善。

---

① 卫娴. 更正性反馈研究综述 [J]. 首都师范大学学报（社会科学版），2013 (S1)：80-88.
② 祖晓梅. 纠错反馈对二语习得的作用研究述评 [J]. 语言教学与研究，2014 (5)：26-34.
③ 祖晓梅，邓葵. 基于二语习得理论和实证研究的课堂纠错反馈原则 [J]. 世界汉语教学，2019，33 (1)：117-129.
④ 黄敏. 大学英语教师口语纠错现状调查研究——以贵州省A学院为例 [J]. 海外英语，2018 (2)：102-103.
⑤ 曹晓玉. 对外汉语教学课堂纠错现象的调查与研究 [J]. 现代语文（学术综合版），2017 (8)：147-151.
⑥ 董佳君. 对外汉语初级口语课堂纠错问题研究 [D]. 沈阳：沈阳师范大学，2018.

结　　语

近十年国内二语习得的口语纠正性反馈取得了丰硕的研究成果，这些成果对今后纠正性反馈研究的新发展具有重要的启发意义。纵观国内纠正性反馈的文献，除了上述对主要相关研究成果的归纳综述，如下几个问题仍需讨论：

（一）与教学实践结合的实证性研究不足

国内已有的二语习得中口语纠正性反馈研究大都着眼于理论基础上教师的不同纠正性反馈方式，且众多学者已对纠正性反馈的效果及方式进行了深入的探讨，多以定性研究为主。然而，目前对学生理解回应的关注度和与教学实践相结合的纠正性反馈的实证研究相对较少，缺乏一定的科学性和实践性。实证研究具有鲜明的直接经验特征，是对理论的一种检验，它不像课堂观察带有较多的主观性色彩。洪芸对汉语口语课堂录像进行转写，重点考察了教师纠正性反馈与学生理解回应的规律，她认为"学生的理解回应可以测量出纠错反馈的效果，学生在教师的纠错反馈话轮之后没有回应，但是在第三个话轮中却体现出学生的修正"[1]。因此在接下来的研究中，可以在已有研究成果的基础上结合自然教学多进行数据的收集，如设计实验获取较客观的定量分析，更多地开展口语方面纠正性的实证研究。

（二）对纠正性反馈方式的分类缺少思考

目前多数研究以 Lyster 和 Ranta 对纠正性反馈方式的分类为基础，普遍参考明确纠错、重述、澄清请求、元语言提示、引导和重铸这六种一般教师纠错的方式，但可能在具体课堂环境中此分类存在互相交叉或者不完整的缺点。在课堂中，不完全是教师给予学生纠正性反馈，还有同伴组合纠错和学生自我纠错，将来的研究可以以教师纠正性反馈方式的分类为基础，根据英语和汉语作为第二语言的特点和具体教学实践，不仅考虑教师纠错的方式，还采取课堂观察等方法对同伴组合纠错与学生自我纠错的方式给予关注。学习者在接受纠正性反馈的过程中成长，研究者也需在实际口语教学中重新审视纠正性反馈方式的类型，对目前的分类进行扩充及完善，以便更好地研究纠正性反馈与二语习得之间的关系。

（三）研究较少从学生自身纠正角度出发

错误是学习者学习过程中语言进化的动力，纠正性反馈使学习者能对自己的错误做出理解回应，对学习者的习得起到促进作用。现有的研究大多是从教师给

---

[1] 洪芸. 纠错反馈与理解回应的实证研究 [J]. 汉语学习，2013 (6)：105-112.

予纠正性反馈的角度出发，探究教师纠正性反馈的有效性及影响因素等，鲜有学者关注学生的自我纠正性反馈。在英语教学界，马冬梅曾从交互角度出发对口语课堂活动后学生的自我纠错及同伴纠错做了定性与定量分析，并得出自我纠错和同伴纠错都是纠错的好方式，学生自己有一定的纠错能力[①]。在二语口语课堂，学生自己对错误的纠正可能没有教师在课堂环境下给予纠正性反馈那样迅速和直接，然而有的学生对知识的再次理解及内化需要一个过程，在第二次的互动中他们会对自己之前的错误做出理解回应并成功纠正。语言是人类的交际工具，让学习者掌握并运用第二语言进行交际的能力也是第二语言教学的重要目标。如果第二语言的学习只是教师单向地提供正确的语言形式或纠正性反馈，那么学生会失去自我检测语言的机会，所以在教师给予纠正性反馈的同时，也要鼓励学习者对错误进行自我纠正，进而提升口语输出的质量。总之，学生自身对错误的纠正性反馈也是一个值得研究的角度。

---

① 马冬梅. 英语教学中小组口语活动后的学生自我纠错[J]. 外语教学与研究，2002（2）：131-135.

来华印度医学留学生汉语学习动机研究综述

陈晋豫①

引 言

  动机被视为第二语言学习中最有影响的学习者个体差异因素之一，近年来，来华医学学历留学生人数连年增长，规模持续扩大，成为留学生教育发展中最为活跃的领域之一，人数增长以临床医学本科生（MBBS）留学生为主。生源以印度留学生为主。鉴于医学留学生学习汉语的特殊性和重要性，本文主要以印度医学留学生为研究对象，并对留学生汉语学习动机的类型进行归纳梳理。

一、有关汉语学习动机的研究

  学习动机是指"引发和维持学生的学习行为，并使之指向一定学习目标的一种动力倾向""直接推动学生进行学习的一种内部动力，是激励和指引学生进行学习的一种内趋力"。刘珣也认为"第二语言习得的动机是推动学习者学习并达到掌握第二语言学习目的一种强烈愿望"②。可见动机是第二语言学习过程中的关键因素。
  近些年随着汉语热的兴起，我国学者才开始研究汉语学习动机。大体可以从研究内容和研究对象两方面进行综述。
  从研究内容来看，现有研究可以分为以下七大类。
  第一类是单纯对汉语学习动机类型及其影响因素的研究。如江婷婷分析了泰

---

① 陈晋豫，扬州大学 2018 级汉语国际教育专业硕士生。
② 刘珣. 对外汉语教育学引论 [M]. 北京：北京语言大学出版社，2007：218.

国留学生的学习动机类型、强度以及汉语学习时间对学习动机的影响①。余娜对安徽大学初级阶段留学生的汉语学习动机的静、动态情况进行了调查和比较差别,分析了特点,并总结归纳了影响其学习动机的内外部因素②。排孜丽耶·吐尔松对伊犁师范学院的哈萨克斯坦留学生汉语学习动机的影响因素和策略进行了分析,并对如何培养留学生的学习动机进行了初步探索③。

这一类研究大都是在以往研究的基础上分析动机的分类以及个体影响因素与学习动机的关系,基本没有涉及不同阶段学习者动机强度的分析,而且研究对象大都是东南亚和中亚地区的留学生,没有针对印度留学生的研究。

第二类是学习动机与学习策略的研究。沈亚丽对上海交通大学不同级别的汉语留学生汉语学习动机与学习策略及其相关性进行了研究,发现学习者的级别对他们的学习动机和学习策略影响较大④。王茂对西南大学文学院初、中、高三个级别的泰国留学生进行问卷调查,发现学习动机与学习策略随着学习者汉语级别的不同而有区别。结果发现,所有泰国学生学习动机中工具型学习动机最强,情感策略与社会策略是他们使用最频繁的学习策略,而认知策略则对他们的学习动机影响最大⑤。和平对来华中亚留学生进行了学习动机和学习策略的研究,研究发现,不同级别的留学生学习动机都很强,经常运用的学习策略是元认知策略、认知策略、情感策略和社会策略,学习动机和学习策略有一定的联系⑥。邢程对初级阶段越南留学生学习动机和学习策略进行研究,研究发现初级阶段的越南留学生使用最多的策略是交际策略,使用最少的是元认知策略⑦。杨林伟对初级阶段老挝留学生学习动机和学习策略进行研究,研究结果表明老挝留学生汉语学习策略整体得分从高到低为交际策略、元认知策略、认知策略以及交际策略⑧。

综上所述,这一类的研究分析了不同学习动机和学习策略的相关关系,但是研究还是没有涉及不同阶段学习者学习动机强度的变化,以及不同阶段的学习者的动机类型和动机强度的关系,而且提出的相关教学建议比较少。

第三类是学习动机与激发策略的研究。黄年丰调查了暨南大学华文学院留学

---

① 江婷婷. 泰国留学生汉语学习动机的调查研究 [D]. 上海:复旦大学,2013.
② 余娜. 安徽大学初级阶段留学生汉语学习动机调查研究 [D]. 合肥:安徽大学,2014.
③ 排孜丽耶·吐尔松. 哈萨克斯坦留学生汉语学习动机的影响因素及策略——以伊犁师范学院为例 [J]. 语文学刊,2015(4):137-138.
④ 沈亚丽. 来华留学生汉语学习动机与学习策略及其相关性研究 [D]. 上海:上海交通大学,2008.
⑤ 王茂. 泰国留学生汉语学习动机与学习策略研究 [D]. 重庆:西南大学,2012.
⑥ 和平. 来华中亚留学生汉语学习动机与学习策略调查研究 [D]. 济南:山东师范大学,2014.
⑦ 邢程. 初级阶段越南留学生学习动机和学习策略研究 [D]. 桂林:广西师范大学,2005.
⑧ 杨林伟. 初级阶段老挝留学生学习动机和学习策略研究 [D]. 昆明:云南师范大学,2014.

生的学习动机并分析学习动机的特点和对汉语学习所起的作用,探讨提高留学生学习动机的途径,比如转换教师角色,激发学生学习的兴趣;创造成功条件,满足成就需要,增强学习信心;创造环境条件,努力使汉语学习接近母语习得过程;加强中华文化知识教学等①。李瑷卉通过对渤海大学就读的语言类留学生进行问卷调查,提出激发留学生的汉语学习动机的策略,如激发留学生学习兴趣、建立语言成就感、增加课外活动等②。李素珺以中南民族大学的外国留学生为样本分析,提出了激发外国留学生汉语学习动机的几点建议,如教师应调整教学目标和难度、简化教材内容、增加文化内容、灵活调整教学策略、展示教师个人形象、增强教学吸引力、关心学生生活、注重师生的情感交流等③。王泽蒙对匈牙利学习者汉语学习动机及激发策略进行了分析,研究发现学生在学习动机三层次中,学习情境层面动机最强,其次是语言层面,最后是学习者层面。并分别从教师教学方面、学生学习方面和其他相关方面提出激发学生学习动机的相关策略④。

关于学习动机的激发和培养,这类研究相对比较多,也从侧面反映出一个问题,即留学生的汉语学习动机总体而言不太强,并随着时间的变化和各种因素的影响,学习动机的强度逐渐减弱。现有的研究为激发留学生学习动机提供了有效建议,促进了留学生学习汉语。

第四类是学习动机与教学策略的研究。柳杉杉以辽宁师范大学国际教育学院的韩国留学生为研究对象,设计问卷调查韩国留学生的汉语学习动机类型和学习情况,并在此基础上,结合自身实际教学经验,从创设教学情境、运用奖励制度、组织竞赛活动以及提高课堂参与度四个方面提出相应的教学对策激发学生的学习动机⑤。张冉冉通过发放问卷的方式对云南省的部分老挝留学生进行汉语学习动机的调查,并从教材及教学内容的选择、教师角色的转变、课堂教学和课外活动中增强老挝留学生的学习动机⑥。陈越婷对太原市几所高校的留学生进行调查分析,描述了留学生汉语学习的现状,并提出了针对性的教学策略,如结合学习者的内外动机,提高教师的素质及教学态度,加强中华传统文化教学⑦。

关于学习动机和教学策略的研究,也从侧面反映出我们目前对留学生的教学

---

① 黄年丰. 外国来华留学生学习动机调查和对策 [J]. 中国成人教育, 2008 (5): 113.
② 李瑷卉. 来华留学生汉语学习动机及对策研究 [D]. 锦州: 渤海大学, 2014.
③ 李素珺. 外国留学生汉语学习动机差异与激发策略——以中南民族大学为例 [J]. 湖北经济学院学报 (人文社会科学版), 2017, 14 (4): 122-124.
④ 王泽蒙. 匈牙利大学生汉语学习动机及激发策略分析 [D]. 北京: 北京外国语大学, 2014.
⑤ 柳杉杉. 韩国留学生汉语学习动机调查与教学对策 [D]. 大连: 辽宁师范大学, 2015.
⑥ 张冉冉. 老挝留学生汉语学习动机调查及教学策略研究 [D]. 昆明: 云南大学, 2015.
⑦ 陈越婷. 太原市留学生汉语学习动机现状及教学策略研究 [D]. 太原: 山西大学, 2015.

策略存在一定的问题。现有的研究从学习者、教师、学习环境、语言等角度提出了一些切实可行的策略，促进了留学生学习汉语，并希望可以对提高留学生汉语的教学起到一定的帮助作用，提高我国汉语教学的质量。

第五类就是汉语学习动机与汉语成绩关系的研究。孟伟对留学生学习动机与成绩的相关性研究中，主要对汉语学习者的年龄、学习形式、语言背景等几个方面进行了相关性研究，结果表明高年级外国留学生的汉语学习成绩与外在学习动机存在显著的负相关[1]。刘宁通过对英语为母语的美国学生的学习动机进行了问卷调查，对美国在校大学生学习汉语的动机和学习成绩的相关性进行了研究。研究结果表明内部动机与汉语学习成绩有显著相关，因此对外汉语教师在教学中，应多重视学生内部动机的启发和增强，以达到良好的教学效果[2]。陈天序以北京语言大学汉语进修学院的留学生为样本，以留学生动机问卷为调查工具，重点讨论初级阶段来华留学生学习动机及其对学习成绩的影响。研究结果发现，成绩较好的学生学习动力源于语言学习本身，而成绩较差的学生多是因外界影响而学习[3]。

汉语成绩是他们学习效果的表现形式，学习者的汉语成绩对其学习动机有很大的影响。根据上述研究发现，汉语学习动机越强的学习者，汉语成绩越优秀。但是这类研究着重强调学习动机和学习成绩的相关性，忽略了学习者学习汉语的真正目的，而且没有根据研究结果深入分析各种影响因素对汉语学习动机和汉语成绩的关系，也没有提及不同阶段的学习者学习动机强度的变化对汉语成绩有直接的影响。

第六类是关于汉语学习动机的动态研究。甘泉关于韩国留学生本科生汉语学习动机变化进行了动态研究，结果表明，韩国留学生在学习汉语过程中具有融合型动机、二语效价、工具型动机和语言使用焦虑等八种学习动机。导致这些动机强化或消退的因素则有十种，分别为对学习的信心、对学习的兴趣、学习中遇到的困难、自我效能感、对教材满意度、对教学方法满意度、学习努力程度、学习集体、课外参加汉语活动和继续学习的愿望。并针对大一至大四不同阶段的韩国留学生分别提出了相应的教学对策[4]。王婷婷通过访谈，课堂观察，收集学生的学习自传、学习日记、教师的教学日志等方法，考察来华留学生汉语学习动机的动态变化过程，并从动态变化发展的角度考察学习者的汉语学习动机，发现来华

---

[1] 孟伟. 外国留学生汉语学习动机及与成绩间关系的研究 [D]. 长春：东北师范大学，2007.
[2] 刘宁. 美国大学生学习汉语动机和学习成绩相关性的研究 [D]. 大连：辽宁师范大学，2010.
[3] 陈天序. 初级阶段来华留学生学习动机及其对学习成绩的影响 [J]. 海外华文教育，2013（4）：428-434.
[4] 甘泉. 韩国留学生本科生汉语学习动机变化动态研究 [D]. 上海：复旦大学，2012.

留学生学习过程中动机的变化发展趋势，找出不同变化趋势的影响因素①。张南关于长期在华留学生汉语学习动机的消减原因进行了探究，研究发现，动机消减主要原因集中在外界客观环境的负面影响、自我效能感的降低、教学与学生自身需求之间的矛盾等几个方面，针对这几个方面，进行相关的解决策略探讨并提出解决思路②。

关于汉语学习动机的动态研究比较少，研究发现学习者的学习动机类型和动机强度会不断发生变化，调查者很难跟踪调查。教师、学习目标、学习内容的难易、课程设置、语言学习环境、语言自信及来自家长等方面的压力等因素都可能影响学习者学习动机的变化。

第七类是汉语学习动机与文化认同。陶宇坤通过问卷调查与访谈相结合的方式研究了广西大学在校泰国留学生的学习和生活情况，试图弄清泰国留学生学习汉语的动机以及对中国文化认同的感受，从而进一步探索这种认同感与汉语学习动机之间存在的关系③。武玉天奉通过外国来华留学生对中国文化认同情况的调查，针对留学生学习汉语的动机进行研究。研究结果发现，文化认同是来华留学生在学习汉语时很需要的影响因素，不同年龄的留学生的学习动机与文化认同的关系存在着某些不同的变化，各种动机类型与文化认同的相互关系随着年龄的变化而产生差异④。Moniba Ali Abdalla Mohamed 对部分苏丹来华汉语留学生进行了问卷调查，研究发现，当这些苏丹籍汉语留学生对中国文化的文化认同感不断提高时，他们的汉语学习动机就会更强烈⑤。所以应激发他们对中国传统文化、人文风貌、社会风情的浓厚兴趣并提高心理认同程度。

随着汉语热的兴起，越来越多的外国人选择来到中国学习汉语。他们带着不同的目的与动机来到中国，从学习汉语开始了解中国的历史与文化。文化认同极大地影响了来华留学生的汉语学习动机，并进而影响汉语学习的各个方面，是留学生汉语教学研究中的一个重要课题。

从研究对象来看，有关来华医学留学生汉语学习动机的研究如下：

当前，医学留学生的群体越来越庞大，但是我国国内针对这一群体的汉语学习动机研究很少，只有为数不多的几篇。如詹利珍调查和分析了来华巴基斯坦医学留学生汉语学习动机的情况，并探究了在不同个体背景下来华巴基斯坦医学留

---

① 王婷婷. 留学生汉语学习动机动态变化的实证研究 [D]. 上海：华东师范大学，2016.
② 张南. 长期在华留学生汉语学习动机的消减原因探究 [D]. 西安：陕西师范大学，2013.
③ 陶宇坤. 留学生汉语学习动机及其与中国文化认同关系研究 [D]. 桂林：广西大学，2014.
④ 武玉天奉. 来华留学生文化认同与汉语学习动机的相关研究 [D]. 天津：天津大学，2014.
⑤ Moniba Ali Abdalla Mohamed. 文化认同对苏丹留学生学习汉语的动机影响 [D]. 保定：河北大学，2016.

学生汉语学习动机的区别，最后针对来华巴基斯坦医学留学生的汉语教学提出了一些参考建议①。郝晓丽对泰山医学院来华医学留学生的汉语学习动机进行了研究，分析了该群体的学习动机类别、学习动机强度以及不同影响因素对学习动机类型和学习动机强度的关系②。本研究也发现医学留学生的见习经历、年级对汉语动机的类型和动机强度具有一定的影响。李静以医学留学生汉语学习动机为切入点，归纳分析出医学留学生汉语学习的主要动机类型为工具型动机，并以工具型动机特点为基础提出创新汉语教学管理机制和教学模式的构想③。戴嫕以南京医科大学印度MBBS留学生为例进行了研究，发现他们的汉语学习动机总体强度不高，在五种动机因子中，相对较高的是交际媒介动机和语言兴趣动机，学习情境动机和文化融入动机偏低，对汉语学习成绩影响最大的是证书动机④。苏叶对温州医科大学部分在校留学生进行了问卷调查及访谈，基于需求分析研究医学留学生汉语学习的动机及其对教学的启示，并为探索新的医学留学生汉语教学模式提供借鉴⑤。

综上，关于来华医学留学生汉语学习动机的研究比较少。为数不多的几篇文章主要是对医学留学生的汉语学习动机类型和汉语学习情况进行了实证研究，也提出了一些可供借鉴的教学建议，但是这些研究的研究对象都是多个国家的医学留学生，几乎没有单独研究印度医学留学生的汉语动机类型和动机强度的文章。

二、来华印度医学留学生汉语学习情况的研究

郑辉关于印度医学留学生初级汉语单字调习得实验研究中，以10名印度医学留学生为研究对象，分别采取听辨实验与声学实验的方法利用语音软件对其单字调发音的调域、调型、调值及时长情况进行分析并与标准普通话的发音样本进行对比，试图找出印度医学留学生在汉语单字调习得方面的偏误及原因，并以结论为基础给出相应的教学策略⑥。闫彩云对印度医学留学生汉语初级阶段语言与文化的学习难点进行调查总结，并根据教学实践在语音、汉字、词法、语法和文

---

① 詹利珍. 来华巴基斯坦医学留学生的汉语学习动机研究 [D]. 昆明：云南师范大学，2017.
② 郝晓丽. 来华医学留学生汉语学习动机研究 [D]. 济南：山东大学，2010.
③ 李静. 医学留学生汉语学习工具型动机强度的可控性研究 [J]. 语言教学与研究，2014（6）：37-43.
④ 戴嫕. 印度MBBS留学生汉语学习动机及其与成绩的关系研究——以南京医科大学为例 [J]. 现代语文（语言研究版），2014（11）：118-120.
⑤ 苏叶. 医学留学生汉语学习动机的调查和分析——以温州医科大学为例 [J]. 温州医科大学学报，2018，48（7）：544-547.
⑥ 郑辉. 印度医学留学生初级汉语单字调习得实验研究 [D]. 保定：河北大学，2015.

化交际方面提出了一些具体的教学对策①。鲁丹以昆明医科大学在读的 55 名来自印度全英文授课的 2011 级 MBBS 留学生为研究对象，采用问卷调查和访谈的方式，以认知心理学和学习策略理论为理论基础，分析了他们的听力理解学习策略与听力成绩的关系，并据此提出了相应的教学建议②。马欣以印度 MBBS 留学生为研究对象，通过谈话录音的方式，对印度留学生进行了为期四个月的跟踪调查，从中发现印度留学生汉语量词的使用情况和使用策略，并在量词教学、研究和教材编写方面提出了自己的一些见解③。徐衡以南通大学医学院的 94 名一至五年级的印度留学生为研究对象，研究了印度医科留学生的汉语语法学习策略的使用情况，并探讨了性别、年龄和学习成绩与语法学习策略的使用之间的关系④。并根据调查情况对语法教学提出了建议，以帮助留学生们在今后的汉语语法学习中通过使用策略来有效提高语法水平。

上述研究表明，针对来华印度医学留学生的研究主要集中在汉语的语音、语言与文化的学习、听力理解的学习策略以及汉语量词的使用情况上，关于印度医学留学生来华学习的动机并未涉及，需要进一步深入调查，这有利于促进汉语教学的发展。

总 结 与 思 考

本文梳理了 21 世纪以来国内有关汉语学习动机研究的成果，这些研究成果的主要特点可以概括如下：

（一）汉语学习动机的研究类型逐渐多样化

关于汉语学习动机的范围越来越广泛和多样化，有涉及汉语学习动机类型及其影响因素的研究、汉语学习动机与学习策略的研究、汉语学习动机与激发策略的研究、汉语学习动机与教学策略的研究、汉语学习动机与汉语成绩关系的研究、汉语学习动机的动态研究以及汉语学习动机与文化认同等方面的研究。

（二）针对某一专业领域的动机研究较少

汉语学习动机的研究针对某一专业领域的研究比较少，来华医学留学生作为留学生中一类特殊而庞大的群体，是我国汉语国际推广的重要对象之一，他们学习汉语具有某些特殊性和重要性。然而针对医学这一专业领域有关留学生汉语学

---

① 闫彩云. 印度医学留学生汉语初级阶段学习难点调查与教学攻略 [D]. 保定：河北大学，2014.
② 鲁丹. 印度医学专业留学生汉语听力理解学习策略研究分析 [D]. 昆明：云南师范大学，2014.
③ 马欣. 印度医学专业留学生量词习得研究 [D]. 保定：河北大学，2014.
④ 徐衡. 印度留学生汉语语法学习策略调查研究 [D]. 南京：南京大学，2013.

习动机的研究为数不多。因此要加强关于来华医学留学生汉语学习动机的研究。

（三）针对某一国别的某个专业领域的动机研究更是为数甚少

动机被视为第二语言学习中最有影响的学习者个体差异因素之一，与其他国别的留学生相比，印度MBBS留学生在汉语学习上一直存在滞后现象，针对印度医学留学生汉语学习的研究为数不多，几乎没有单独研究印度医学留学生的汉语学习动机类型和动机强度的文章。因此，在这些方面还需要进一步深化研究。

总体而言，经过近十几年的发展，汉语学习动机的研究已取得了长足的进步，但不可否认的是，与英语学习动机研究相比，汉语学习动机的研究还有很大的研究空间，仍有很多方面值得我们去深化和开拓。